KB234684

제5개정판

북한학

제5개정판

북한학

홍승원 지음

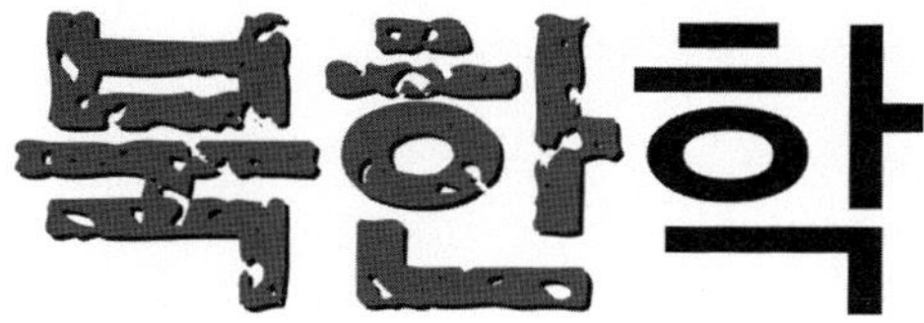 한국학술정보㈜

 **머리말**

  북한은 우리에게 누구인가. 물론 함께 살아가야 할 한 핏줄인 동포들이다. 그래서 인류가 가장 바람직하다는 자유민주주의 사회 품에서 함께 살아가기 위해 우리는 부단한 노력을 펴고 있다.

  그래서 줄기차게 다양한 방안들을 구상도 하고, 머리를 맞대고 펴보기도 한다. 그럼에도 남북 간에는 좀처럼 거리가 좁혀지지 않는다. 남북 간 대화창구는 수시로 열리면서 한쪽에선 무자비한 군사 침공을 서슴지 않는 화전(和戰) 양면 전술이 펼쳐진다. 2010년 천안함 폭파, 그해 말 서해안의 연평도 주민들을 향한 무차별 폭격이 바로 그렇다. 그래서 여전히 북한의 참 모습 바로알기는 헷갈린다. 때문에 지금까지 우리 사회에 "민족은 하나"란 깃발아래 무성했던 통일담론들은 잠시 접어두고, 북한 내면세계 바로 알기 쪽으로 방향을 바꿔야 한다. 그리고 우리 사회에 중구난방으로 펼친 북한 접근의 시각, 태도, 방법들을 다시 정리해보자는 것이다. 당장 북한의 2010년만 해도 그렇다. 남한의 해군 천안함을 피격해 50여 명의 젊은 장병들을 희생되고, 급기야 연평도까지 초토화시켜놓았다, 그래놓고 내부에선 세계의 이목이 집중되는 가운데 3대 권력세습을 벌리고 있다. 이런 명백한 현실, 결코 통일가치의 측면으로만 볼 일인가. 접근시각, 방법이 다르다고 명백한 사실이 각색되어선 안 된다.

아무튼 다양한 판단 해석들은 북한 연구자들의 책임인 만큼, 계속 다양성들에 대한 간격을 좁혀 나가야 한다. 더욱 이런 문제들은 학교 교육차원에서 정리가 시급하다. 따라서 이 책에서는 북한교육의 상위목표를 다음 3개의 축을 전제로 하고 있다.

첫 번째 축은 북한 체제의 내부속성 이해와 북한주민들이 겪는 경제난, 인권탄압에 대한 방안을 찾는 길이고, 두 번째 축은 북한 이해의 연장선상에서 통일에 대한 방안 이상가치의 제시다. 그리고 마지막 축은 북한은 분명 대한민국 체제를 부정하는 의사가 살아 있는 한 안보의식 함양이다.

2011년도 신학기에 맞춘 이 교재는 북한 이해의 새로운 틀 정립을 위해서 위의 3가지 중심축을 중심으로 하위의 학습목표를 제시했다. 그리고 수강학생들에게 북한이라는 연구대상을 보다 개관적으로 분석하여 이해의 폭도 넓히자는 점도 감안, 편제의 골격을 다음과 같이 구성했다.

이번 개정판은 1장에서 7장까지 편제를 새로 구성하고, 미흡하지만 북한의 정치, 행정, 경제, 군사 및 사회문화와 각 부문별 실태까지를 분석·정리했다.

특히 3대 권력 승계를 펴는 가운데서 겪는 경제 식량난, 그 와중에 북한 내부의 변화, 특히 하부로부터의 상향화되는 변화 조짐들은 북한체제 붕괴론과 연계 시키면, 더욱 시사하는 바가 크다. 주민들 가치관의 변화와 적극적인 일탈(逸脫) 징후들은 통일의 향방에 큰 변수가 된다. 그래서 이 교재에서는 북한의 변화의 유형별 양태를 단원별로 구분·정리했다.

그리고 이번 5차 개정판은 그동안 몇 차례 펴온 졸서(拙書)들의 연장이다. 초판인 1996년 공저로『북한학 개론』(1996)으로 시작해, 재개정판『북한정치사회이해』(1999), 3차 개정판『북한정치행정론』(도서출판 '다남', 2002)과 4차 개정판인 김정일 체제의 변화에 맞춘『새로 편 북한체제론』(한국학술정보(주), 2007)에 이어, 이번에 5차 개정판을 펴게 되었다. 특히 이번 5차 개정은 3대 권력 승계의 출범과 2012년 강성대국 진입을 놓고 벌어지는 북한 내부의 변화 방향에 초점을 맞추었다.

끝으로 이 책을 펴는 데 많은 도움을 주신 선생님들께 감사를 드린다. 우선 필자에게 북한연구에 눈을 뜨도록 생전에 가르침을 주신 고(故) 김창순 북한연구소 이사장님께 고마움과 거듭 명복을 빌고, 20여 년간 아주대와 평택대에서 이 교재를 활용할 수 있게 길을 열어 주신 김영래 동덕여대 총장님과 평택대 진세혁 교수님께 감사드린다. 정리가 부족한 원고를 제5차 개정판으로 기꺼이 받아 펴낸 한국학술정보(주) 채종준 사장님께도 심심한 감사를 드린다.

모쪼록 이 책이 2011년 신학기를 맞아 북한의 문을 두드리는 학생들의 길잡이가 될 것을 거듭 기대하면서 몇 자 서문(序文)을 줄인다.

2011년 2월 초순

신학기를 앞둔 이른 아침에

홍승원

목 차

제Ⅲ장 북한의 외교와 군사

제Ⅶ장 교육, 문화 예술

 표 목 차

제 Ⅰ 장

북한 이해와 체제 수립

1. 북한 이해의 관점

1) 북한 이해의 시대적 요청

북한 이해의 본격화 동기는 1990년 초 탈냉전으로의 국제질서의 흐름 속에서 남과 북의 남북 기본 합의서를 채택, 서로에 대한 인식의 변화가 싹트기 시작했고, 2000년 6·15 남북정상회담을 통해 교류협력의 증대와 함께 대결과 흑백논리에서 어느 정도 벗어나 화해·협력이 형성, 새로운 눈으로 상대방을 보는 남북관계의 변화가 시작되었다.

물론 그렇다고 남북 간에 근본적인 변화가 온 것은 아니다. 아직도 군사적으로 휴제협정체제 하에서 적대관계로 첨예하게 대치하고 있다. 현실적으로 상대는 곧 제1의 적(敵)일 뿐이다.

천안함 침공, 연평도에 대한 무차별, 이것만 놓고 보아도 북한군과 정권은 현실적인 주적이다. 이런 현실은 결국 2000년 이후 남북 관계를 유연성 있게 정의해 놓고 펴온 따뜻한 화해 분위기의 찬물을 끼얹은 격이 됐다. 결과적으로 북한의 군사적인 대남의지만 더욱 고조시킨 결과가 됐다.

그래서 2004년 국방백서에서 사라진 '적'이란 표현이 6년 만에 다시 등장하기에 이르렀다.

2010 백서에 "북한은 대규모 재래식 군사력, 핵·미사일 등 대량살상무기의 개발과 증강, 천안함 공격, 연평도 포격과 같은 지속적인 무력도발 등을 통해 우리 안보에 심각한 위협을 가하고 있다. 이러한 위협이 지속되는 한, 그 수행 주체인 북한정권과 북한군은 우리의 적이다"[1]라고 명시한 표현에서도 안보란 생존가치를 외면할 수 없다. 그 바탕 위에서만 북한 동포도 품어야할 민족적 가치가 존재한다.

결코 냉혹한 생존 가치보다 환상적인 통일담론이 우선될 수는 없다.

10여 년간 북한을 보는 가치의 파행적 진행으로, 많은 문제를 낳았다. 북한에 대한 막연한 환상과 미화로 북한 본질이해를 왜곡시킨 일도 많았다. 이로 인해 보수와 진보, 세대 간, 집단 간 대북인식의 차이가 선명하고, 이로 인해 남남갈등에 언쟁을 높이며 '삿대질'까지 난무하고 있다.

이런 상황을 전제해 놓고, 그럼 2011년 대학에서의 북한 이해는 어떻게 전개할 것인가. 이제 대학에서 북한학 강좌가 개설된 지도 20여 년, 그리고 각계에서 기능별로 접근 차원의 연구와 자료발굴도 계속돼 왔다.

---

1) 『국방백서』(국방부, 2011); 『중앙일보』, 2010. 12. 28.

그 결과 연구의 성과도 많아졌고, 최근엔 과연 북한은 우리에게 누구이고 의도하는 바가 무엇인지도 분명해 졌다. 그리고 북한 내부의 변화도 다양해졌다.

이런 변수들은 우리에게 북한 이해도 한 차원 달라져야 함을 일러준다.

따라서 몇 가지 대안들을 꼽으면, 첫째, 북한이란 특수체제 연구에서 불가피한 현상이긴 하나, 연구자의 가치 지향성에 따라 당위성 주관적으로 전개해 온 그간의 연구경향을 객관화시키는 일이다.

둘째, 그간 총론 위주의 북한연구 경향도 이젠 각론화되어야 한다. 이는 북한도 나름대로 변화하는 사회란 점을 전제로, 각 분야를 기능별로 접근하는 각론을 펴야 한다.

셋째, 북한에 연구의 최대 걸림돌인 정보, 자료 활용의 한계를 극복하는 일이다.

2) 북한 이해를 위한 몇 가지 연구방법

북한 이해에서 현상적 수준을 넘어 보다 체계적으로 이용하는데 지금까지 나온 연구 방법론은 크게 두 가지로 구분된다.

그 하나가 전통적인 연구방법인 외재적(extenal) 접근법이며 다른 하나는 수정주의 시각에서의 내재적(immanent) 접근법이다. 이 두 가지 접근법은 1990년 초 한국사회에 이른바 '북한 바로 알기' 운동이 전개되면서부터 연구자들의 큰 관심을 불러왔다. 이 두 가지 접근법은 연구과정에서 상호 충돌과 대치를 지속하면서 지금까지

오고 있다.

첫째, 외재적 접근법이란 무엇인가. 북한이라는 연구대상을 외부적인 시각으로, 분석하는 전통적인 방법론이다. 예컨대 자유민주주의와 자본주의적 시각에서 북한의 전반적 현상을 분석하는 것이다. 즉 2차 세계대전 종식 후 1950년대 냉전시대부터 1990년대까지 시민적 민주주의나 자본주의의 산업화, 개방화의 근거인 물량의 법칙을 기준으로 하는, 일반화된 대 북한 접근법이다.

큰 장점으로 외재적 접근법은 북한의 실상을 이해하는 데 크게 기여해 왔다.

결국 과거 북한을 적으로 간주하고, 대항 이데올로기의 허구성을 고발하는 데서는 크게 기여한 것이다. 냉전시대의 국제정치 상황에서 공산정권을 보다 체계적으로 이론화하였고 국제의 변동법칙의 원리를 전망하는 데도 크게 기여했다.

특히 경제 생활상의 격차를 중점적으로 이해해 북한 주민의 참혹한 생활상을 알렸고, 무참하게 짓밟히는 인권의 참상을 알려, 세계적 공감과 지원을 얻어내는 데도 기여했다.

하지만 단점도 많았다. 모든 문제들을 이데올로기 시각으로만 맞춘 나머지 부작용도 야기하였다. 무엇보다 서구적 우월주의에 선입견으로 부정적인 면만을 그만큼 북한체제의 부정적 측면만을, 그것도 의도적으로 흑백논리를 앞세워 확대 재생산해 온 측면도 있었다. 바로 무차별적인 안보교육인데 이는 안보 대결논리에선 가능하나 통일논의에서 수용이 어렵다. 또한 기존의 산업화에 근거한 수렴이론으로 사회주의를 '밖'에서, 그것도 자본주의 '잣대'를 대고 분석했기 때문에 결국 당위성, 주관성, 일관성에 치우친 나머지 북한을 균형 있게 볼 수 없게 만든 점이 한계다.

둘째, 내재적 접근법은 지금까지 자본주의 척도인 외재적 접근법의 한계를 극복하자는 대안으로 제시된 사회주의 시각에서 출발한 접근법이다. 북한이라는 대상을 분석할 때 북한이 설정해 놓은 사회주의 이념에 따라 형성된 특수한 현실을 고려하여 각종 사회현상을 이해하는 방법이다.

사회주의 사회의 '안'에서 북한 사람들의 삶의 '잣대'로 분석한다는 것이다. 즉 '북한의 신발을 신고 안경을 쓰고' 들여다본다는 것이다.

즉 북한 스스로가 설명하는 가치와 논리를 기준으로 이해하자는 것이다.

실제 내재적 접근법은 1990년대 한국에 소개되면서 동구권 붕궤 이후 북한 사회 내의 발전논리와 주체사상으로 체제원리를 설명 하는 데 큰 도움을 주었다. 특히 사회주의 붕궤는 민족 위주의 자주성, 즉 '우리민족끼리'라는 바람을 불러일으키는 데도 한몫을 했다.

하지만 이 논리 역시, 의도적이든 무의도적이든 북한체제의 긍정적인 면만을 지나치게 부각시키는 오류를 범해 왔다.

가령 북한 내에서 지금 벌어지는 비참한 굶주림, 2만 명이 넘어선 탈북행렬, 반인륜적 인권탄압 등은 입도 벙긋 않고 북한이란 특수성을 감안해 비켜가자는 주장이 바로 그렇다.

가령 최근 북한의 천안함 격침, 연평도 폭격 등 호전적인 만행을 보고도 침묵, 또는 남한에서 원인을 제공했다는 식으로 해석하거나, 역사적인 필연적 산물쯤으로 가볍게 보는 오류까지 범하고 있다.

뿐만 아니라 남한의 모순을 측정하는 도구로 내재적 접근법을 활용한다. 남한은 친일정부, 재벌 독점사회로, '미제의 앞잡이'로 남한 사회를 몰아 부치는 도구로까지 활용한다. 이른바 자학사관으로 남한사회를 투영하고 있다. 뿐만 아니라 북한이란 특수체제를 종합적으로 체계화시켜 객관적으로 비춰주는 확대경 역할도 미흡했다. 아무튼 접근법들 모두가 북한 이해를 돕기 위해 나왔고 또한 이들 방법론이 기여한 바도 매우 크다.

하지만 모든 사회현상을 완전무결하게 이해할 수 있는 왕도(王道)가 세상에 없듯이, 이 두 가지 방법도 모두 한계를 지니고 있다.

아무튼 외재적이나 내재적 접근법을 주장하는 학자들의 논쟁을 놓고 볼 때 이데올로기의 개입을 배제한 채 북한이란 대상을 연구함이 얼마나 어려운가는 이제 확인됐다.

그런 가운데 최근 지금까지 접근법들의 한계를 극복키 위해 새로운 제3의 대안이 제시되고 있다. 이 접근법은 인간의 내적인 생활세계를 중심으로 한 북한 주민들의 생활 상태를 기준으로, 그 사회의 특징을 분석하는 것이다. 인간이 천부적으로 갖는 권리인 인류의 보편적 가치기준에 근거해 윤리적 판단을 내리는 인식 방법이다.

바로 북한주민의 생활세계를 기준으로 그 사회의 특성을 이해하는 인류학적 내관적 접근법이다.

오늘 북한경제의 파탄이나 하루 43명의 영아 사망률 세계 1위, 남북한 간 평균 수명 10년 차이, 탈북자 2만 명, 휴대전화 걸다가 총살당하는 인권탄압 등을 놓고 볼 때, 이는 내재적 판단에 앞서, 인간의 천부적 조건에 맞춰져야 한다.

이러한 새로운 연구방법을 전제로 하여, 북한 이해를 위해 몇 가지 현실적인 과제를 풀어야 한다.

첫째, 북한 이해에서 자기방법 중심의 연구태도를 버려야 한다. 예컨대 분명히 자본주의가 우세한데, '불문곡직'하고 남쪽 '잣대'로만 보지 말자면, 이는 인류의 보편적 가치를 거부하는 것이다. 사회주의 몰락 후 오히려 요즘 서구사회에서 전체주의 시각이 다시 평가되는 점은 어떻게 볼 것인가.

둘째, 현실 관점의 균형을 잃지 말아야 한다. 예컨대 선(善)과 악(惡)으로 구분해 놓고 좋고 나쁘다는 '일도양단'식의 단순한 구분은 금물이다. 물론 편 가르기식 냉전논리는 불식돼야 하고, 무턱대고 '북한 끌어안기'만이 해법이라는 무모함도 불식돼야 한다. 가령 북한 인권문제는 전략이 아닌 인류의 보편적 가치인데 이마저 '민족'이란 허울로 덮을 수는 없다.

셋째, 북한연구의 체계화인 과학화다. 본래 북한사회의 폐쇄성으로 북한 주민들의 태도 측정이 불가능할 뿐더러, 그들이 북한사회를 보는 심정적 정서 측정조차도 어렵다.

이런 상황임에도, 추측성 분석에 그럴듯한 '포장'을 펴는 경향이다.

그러다 보니 '대북 정세분석이 빗나가도 책임을 안 진다'는 현상에, 북한 엿보기 수준의 정보가 난무하고, 여기서 자기 멋대로 주장을 펴도 제재가 없다.

넷째, 북한은 여전히 정치중심 체제를 지탱하고 있다. 아직도 정치라는 큰 줄기에 각 분야들이 '포도송이 매달리 듯' 주렁주렁 매달려 돌아가는 사회다. 즉 모든 사회분야들이 정치의 울타리에서 한 묶음이 되어 돌아간다. 그래서 아직 북한 이해의 순서가 정치영역 부터가 된다. 북한 이해에서 경제·사회·문화 영역에 관한 연구가 미흡했던 이유도 여기에 있다.

그러나 북한사회도 변하는 가운데, 우리의 통일시각도 더 이상 북한 당국자들이 주체가 아닌, 북한사회 주민들, 특히 헐벗고 굶주리는 동포들이 주체가 돼야 한다. 그러자면 연구방향도 각론 쪽으로 잡아나가야 한다.

이런 특수 상황 때문에 우리는 주관적이나 편견에 기초한 감정적이 아닌, 북한현실을 정확히 파악해, 체계적이고 과학적으로 직관하는 사회과학적 상상력이 동원돼야 한다.

그리고 북한사회를 구성, 지속시키는 북한적인 요소가 무엇인가도 규명해야 한다.[2]

2. 북한체제의 구축-전개

1) 공산화 유형과 북한적용

지구상에서 공산화의 시초는 소련에서 1917년 10월 볼셰비키(Bolsheviks)란 과격파 혁명세력들이 폭동을 일으켜 공산주의체제(communist System)를 세운 것이 처음이다.

그 후 1940년 2차 세계대전을 전후한 시기에 탄생한 16개 공산국가들이 나왔다. 이미 나온 소련을 비롯해 중국, 유고. 폴란드, 체코, 헝가리, 동독, 루마니아, 불가리아, 북한, 몽골, 베트남, 쿠바, 캄보디아 등이다. 거의 동시에 나온 공산국가들이지만 정권 탈취과정

---

2) 박재규, 『북한 이해의 길라잡이』(법문사, 1997), p.10.

은 다양하다.

이를 유형별 몇 가지로 구분하면 다음 몇 가지 공통점이 나온다.

첫째 유형은 자국(自國)의 독자적인 노력으로 집권한 공산국가들을 꼽을 수 있다. 이 유형의 대표적인 국가는 1917년의 러시아의 볼셰비키혁명 그 자체이다. 1917년 페트로그라드(현, 상트페테로브르크)의 노동자 50여 만 명의 총파업으로 시작된 러시아 2월 혁명은 병사들의 합세로 제정러시아를 마비 시켰다. 따라서 마지막 황제 니콜라이 2세가 자진 퇴위되고 새로 러시아 최초의 사회주의 체제가 세워졌다. 이를 두고 '부르주아적 민주주의 혁명'으로 규정했다. 이 혁명의 특징은 직업혁명당이 모체가 되어 노동자, 농민을 주도 상부로 이동 무력폭동을 통해 의회로 진출해 성공한 '하부로부터'의 자생적 혁명유형이라고 한다.

이 혁명은 '자본주의는 불공평한 경제적 · 정치적 법칙의 절대적'이란 슬로건으로 혁명을 유도해 세계혁명의 시발이 됐고 따라서 마르크스 - 레닌 혁명의 효시로 인정받게 됐다.

둘째 유형은 유고슬라비아, 알바니아를 비롯하여 중국, 베트남, 캄보디아 등 인도차이나 3국과 쿠바 같은 유형인데 이 유형도 자생적 혁명과정이라고는 하지만 위의 러시아 혁명처럼 하부로부터의 자생적이 아닌 오랜 내전이나 또는 자국의 민족운동이 자연스럽게 공산주의로 진입한 경우로 이를 토착 공산주의 혁명(Indigenous Revolution)이라고 한다.

첫째와 둘째 유형은 기본적으로 그 나라의 국내혁명 과정을 겪었다는 데서 자생적 공산화유형으로 구분된다.

첫째, 중국의 경우는 오랫동안 왕조 - 봉건 - 식민지 시대를 거처

오면서 형성된 중화 민족주의가 혁명사상(紅紀)이다. 역사적으로 핍박을 받아오면서 형성된 농민의 정신력이 곧 혁명의 핵심무기란 것이다. 바로 이 혁명성은 1930년대 일본이 중국침략, 그리고 1940년 2차 대전 때 적군의 점령지(농촌)에서 명분과 호소력을 쌓았고, 그 혁명성이 마르크스-레닌주위와 결합돼 중국이 공산화를 이루었다. 이는 곧 중국 농민의 역사적 혁명의식이 마르크스-레닌주의를 불러들인 격이다.

둘째, 유고의 경우는 순수한 민족해방전선혁명이 공산화로 연결된 경우이다. 2차 대전 중 독일 나치군 이 알프스 산을 넘어 오면서 여기에 대응키 위해 유고슬로비아 민족을 규합, 인민위원회를 구성해 치열한 산악전을 폈다.

결국 이 산악전을 펴면서 독자적으로 민족, 언어, 종교가 다른 세력과 연합 공산혁명을 유도한 경우다.

즉 다른 위성국가들과 다른 독자적, 자생적이란 점이 다르다. 때문에 유고는 끝까지 독자노선을 펴면서 1948년엔 스탈린의 1국1당주의 품속을 빠져나와 스탈린 독재 붕궤에 일조를 했고 1950년 초엔 유고의 티토 대통령 주도하에 비동맹 국가들을 주축으로 한 제3세계권을 탄생시키는 주역이 됐다.[3)]

이런 독자노선은 결국 정책노선까지 정통공산주의 형태에서 벗어나게 했다. 바로 노동자 중심의 자치행정으로 바꿔 말해 공산주의 정치는 인정하나 생산수단은 노동자에게 위임하는 기능주의적 융합형태의 정책을 일컫는다.

셋째 유형은 몽고, 북한, 폴란드, 체코슬로바키아, 불가리아, 형

---

3) 『한국의 자기발견』(한국정신문화연구원, 1981), p.210.

가리, 루마니아, 북한, 동독의 경우로 일방적으로 외부로 부터 강요된, 혁명(Revaluation from without)유형이다.[4]

첫째 유형처럼 하부로부터 상향화 단계를 거친 것도 아니고 둘째 유형처럼 자생적도 아닌, 국민들 의사와는 관계없이 일방적으로 타의에 의해 외부에서 점령된 공산화유형이다.[5]

몽고의 경우를 제외하고는 제2차 대전 중 소련의 군사 점령을 통해 공산화가 이뤄졌다.

물론 점령된 배경이나 조건은 나라들마다 다양하다.

2차 대전 중 지정학적으로 소련군에 유리했거나(루마니아), 소련군에 점령당한 국가로부터 포위되어 서방과 교통이 차단된 경우(체코), 소련군이 지나가는 길목에 놓였다가 결국 점령군을 불러들인 격리된 경우(폴란드), 2차 대전 중 독일 나치에 개입했다가 독일 패전 기미가 보이자 잽싸게 소련에 휴전통보를 낸 것이 곧 점령으로 이어진 경우(헝가리)들인데, 결국 국내세력들 간에 자중지란으로 오락가락 하다가 점령된 경우 등 그 동기도 다양하다.

그럼 북한은 어떤 과정을 거쳤는가. 북한은 처음부터 소련군 점령이 가장 유리한 조건에 놓여 있었다. 지정학적으로도 그렇고, 거기다 소련이 2차 대전의 전승국(戰勝國)이란 이점 때문에 더욱 유리했다.

통상적으로 셋째 유형을 두고 통상 스탈린의 소비에트화 패턴이라고 부른다.

---

4) 『북한정치론』(북한연구소, 1976), pp.72~74.
5) 로버트 C. 터커, "마르크스주의와 공산주의 혁명 유형", 『공산주의』(한국정신문화연구원, 고려원, 1982), pp.114~117.

이 유형의 국가들의 공통점을 정리하면,

첫째, 소련이 한 나라를 점령할 때는 모스크바에서 키운 점령국 출신자를 화물열차에 태워 보낸다. 이유는 점령국의 지도자로 세우기 위해서다. 그래서 '화물열차 정권'이라고 한다. 독일의 울부리이트, 호네커, 헝가리의 라코시, 폴란드의 코믈카, 체코의 코트발트, 루마니아의 안나, 북한의 허가이·김일성·최용건 등이 전형적으로 이런 분류에 해당되는 인물들이다. 이들은 대개 소련 시민권을 가지고 소련 점령군과 함께 귀국, 자연스럽게 최고위직에 앉게 된다.

둘째, 2차 대전을 전후해 외부로부터 점령된 공산국가들은 대체로 순수한 연립단계, 명목상의 2차 연립단계, 공산당 1당지배 등의 3단계를 거쳐 점진적으로 공산화된다.[6]

제1단계로 순수연립 단계는 진주한 소련군이 사회적 기반과 이념 정강이 서로 다른 막강한 토착 민족주의들과 공동의 단기목표를 정해놓고 연합전선을 형성, 연립정부를 세우는 단계이다.

초기 폴란드에서 농민당 활동을 보장해 준 것이나 체코 의회에서 공산당과의 연립이 그렇고, 북한에서 소련군이 조만식 등 민족세력과 연대를 형성, 자치기구인 평안남도 건국준비위원회와 조선공산당 평남지부를 합쳐 평남 인민위원회로 전환시킨 것이 1단계 사례다. 명분은 '광범위한 세력을 망라한' 조직체 구성이라고 하지만 내용은 좌우연합을 통한 자파세력 확장을 위한 첫 작업이다.

제2단계에서는 공산당이 실권을 장악하면서 명목상의 연립단계

---

6) 2차대전 후 스탈린의 소비에트화 과정의 유형을 체계적으로 분석한 대표적인 학자로 Hugh Seton-Watson을 꼽는다. 그는 "The East European Revolution"(New York: Frederick A. Praeger. 1950). pp.167~229에서 혁명 수출 공작은 위의 분석대로 3단계를 거치며 점진적으로 완성되어진다.

를 유지하는 형태이다. 제2단계의 특징은 제1단계에서 우호관계에 있던 토착 민족세력들도 반대당으로 몰린다는 것이다.

예컨대 이로 인해 동구(東歐)에서는 토착 민족세력과 농민세력의 저항이 강력했는데 거의 압박과 테러를 통해 숙청했다. 루마니아 농민당 지도자 마니아, 불가리아의 페트코프, 폴란드의 이코라이치크 등인데 이들은 투옥, 처형, 국외로 추방된다. 북한의 경우 현준혁의 총살, 조만식의 연금이 그 사례다. 그리고 좌파 사회민주주의 성향의 사회민주정당은 공산당에 병합시켜, 자연스럽게 흡수, 통일노동당 또는 통일사회당으로 개칭하였다. 북한의 경우 여운형이 이끄는 인민당의 자연스런 흡수가 그 본보기다.

이 단계에서[7] 연립정권은 공산당이 지배하는 간판일 뿐 공산당 일색의 단일정당으로 변한다. 북한에서도 5도행정국이란 잠정 정부형태를 만들어 치안을 소련군정이 장악한 후 민족세력 조만식을 신탁통치 반대이유로 연금시켰다.

조만식을 연금을 시켜 놓고도 다양한 회유책을 폈다. 치스차코프 사령관까지 나서 '신탁통치 결정서에 서명만 해주면 조선의 대통령으로 만들어주겠다'[8]고 했지만 조만식이 완강히 거절, 결국 숙청되고 제2단계의 막을 내리게 됐다.

제3단계에서는 실질적인 공산당 단일의 일원체제(一元體制 monolithic-system) 형태로 탈바꿈한다. 즉 단일계층제(單一階層制 Hierarchy)의 중앙집권적 조직, 공산당 1당 독재단계로 접어든다. 3단계의 특징은 2단계에서 용케 살아남은 정당이 강제적으로 공산당으로 합당

---

7) 앞의 책, 『북한정치론』, p.76.
8) 『고당 조만식 회상록』(고당기념 사업회, 1995) 및 김창순 『북한 15년사』(서울: 지문각, 1961) 참조.

되면서 통일노동자당(United Workers Party) 또는 통일사회당(United Socialist Party)의 성격으로 바뀐다.

여기서부터 점령국들은 소련의 위성국가로 전락한다. 새 지도자는 위에서 소개한 소련에서 소련식에 익숙한 인물들을 화물열차에 태워 수입해서 충원한다.[9]

3단계로의 이행속도는 점령과정에서 저항이나 정치적 조건, 점령국의 역사, 전통 및 정치의식 수준, 지정학적 위치, 반파쇼 저항운동의 차이에 따라서 점령 속도와 양상이 약간씩 다르다.

이른바 사회민주주의 세력과 농민저항이 강했던 동구권 3국인 폴란드, 체코슬로바키아, 헝가리는 소련군에 대한 저항이 극렬했다. 그 때문에 불가리아, 유고슬라비아, 알바니아보다도 소비에트화의 템포가 느렸다.

반면 농민세력의 저항이 미약했고, 사회민주주의 세력이 전무한 북한이나 알바니아의 경우는 속전속결로 이뤄지는데 1945년 말에 이미 3단계로 진입됐다.

2) 소련군 입성과 김일성의 등장

(1) 소련군정의 성격

소련군과 김일성은 북한에 언제 들어왔는가.

소련군 입성 동기는 2차 대전 중 소련이 대일전쟁에 참전한 것

---

9) 양호민, "북한의 소비에트화", 『북한공산화연구』(고려대 아시아문제연구소, 1972), pp.2~4.

이 결정적 이유다.

1941년 12월 태평양전선을 펴온 미국의 이해와 유럽에서 독일과 전쟁을 종결시켜 가던 소련의 이해가 맞물리면서 비롯됐다. 소련은 제정러시아 때부터 태평양 진출을 위한 동방정책의 요충지로 만주, 한반도, 일본을 꼽아왔다.

그런 가운데 미국 입장에서는 소련 개입이 없이는 2차 대전 마무리가 어렵다고 보고 소련을 끌어들인 것이다.

소련의 대 일본전 참전 결정은 1943년 모스크바 외상회담에서 부터였고[10] 1944년 10월의 영 · 소 정상회담, 1945년 2월의 얄타 밀약회담을 거치면서 소련의 대 일본전 참전의사가 구체화돼 왔다.

소련군의 한반도 진출은 연해주의 제1극동방면군의 일부가 일본 관동군의 퇴로를 차단하면서 태평양 함대와 협력하여 웅기, 나진, 청진 등에 병력을 상륙시킬 임무를 띠고 있었다.[11]

이에 따라 소련 제1극동군 25군의 남방부대는 전장 4천Km에 걸쳐 전선을 펴면서 1945년 8월 9일 경흥을 먼저 점령했다.[12] 계속 바다와 육지, 하늘에서 전개, 8월 12일 웅기, 나진에 육전대를 상륙시켰고, 8월 13일 청진(함경북도 도청소재지) 상륙작전을 개시하였으나 일본군의 저항으로, 8월 16일에야 청진 시가지가 해방됐다. 계속 8월 19일엔 대진, 22일 원산, 24일에는 평양지역에 점령군 본대가 투입, 25일 점령사령부를 설치, 3만 명의 일본군 무장을 해제하고 8월 말까지 북한전역을 점령했다.[13]

---

10) W. Averell Harriman & Elie Able, Special Envoy to Churchill and Stalin 1941~1946(New York : Random House 1975), p.243.

11) 오충은, "38선 획정과 소련의 한반도 개입", 『신동아』(1985. 10). pp.519~520.

12) 박흥순, "건국과 UN의 역할"(대한민국건국 60주년기념 국제학술회의, 2008. 7. 23), p.23.

계속 소련군은 그 여세를 몰아 한반도 전체를 점령할 수 있었으나 미국이 제안한 38도선 분할 안을 받아들여, 38도선의 5㎞ 이남 지역, 개성까지만 점령하였다. 38선은 미·소 양군이 일본군을 무장 해제시키기 위한 잠정적인 분계선이므로 38선 일대에서 사람과 물자의 이동을 금지시켰다. 8월 24일에는 경원선 철도를 동두천에서 차단하였고 다음날엔 경의선까지 차단하였다.

그리고 동·서양 안의 남북선박 왕래도 차단하고, 9월 6일에는 우편, 전화, 전보 등 체신시설까지 차단, 그로부터 남북 간 모든 통신이 두절됐다.[14] 이런 재빠른 조치는 9월 8일 미군이 서울에서 조선총독의 항복을 받고 본격적인 군정실시 이전에 이미 취해진 조치다.

그럼 북한지역에서 소련 점령군은 어떻게 정책을 폈는가.

한마디로 조선해방을 돕기 위한 주둔군으로 둔갑, 북한주민들의 자치권을 부여하는 유화책을 펴 나갔다.

점령사령부 내의 정치사령부는 실질적 북한 통치기구로 일찍이 소련으로 귀화한 한인 2세들을 귀국시켜 적극 활용했다. 이들은 우선 부서의 책임자로 임명되면서 주민들에게 자치권을 최대한 부여해 나갔다. 그러나 직접 행정을 챙기지는 않고, 지도나 자문을 하는 수준이었다. 결국 위성국의 속성을 감추기 위해 한 발 물러서서 간접통치를 편 것이다.

이 조치는 소련군정의 지령에 따른 것으로, 남한에서 미군정의 직접통치와 차별화를 위해 나온 치밀한 전략이다. 겉으로는 한국인

---

13) "극동군 제1전선 사령부가 북조선에서 작전 중인 제25군의 전투행동 총화에 관하여 소련 극동군 사령부에 보고한 전투보고", 국토통일원 번역,『소련과 북한과의 관계』, 1945~1980, p.37.

14) 홍승원, "남북 간 통신교류진단" (델타마띠끄 문명과 정보문화, 1989. 4. 21. 체신의 날 기념. 학술강연회 발표문).

의 자율성을 철저히 존중하는 듯한 효과를 얻자는 전략이다.

그러나 내용적으로는 치밀한 직접통치를 펴 나갔다. 점령통치의 지휘계통만 보아도 하바로브스크의 극동군 사령부에서 원수급인 5성 장군이 군사위원회를 통해 평양주둔 제24집단군 - 민정사령부 - 인민위원회 - 지역사령부(지역에 소련군 배치. 신의주, 청진, 개성, 12만 명)를 원격 조정해 나갔다. 지시 내용도 북한 선거에 흑백선거용 문구사용, 삐라내용 통제, 김일성 연설문 작성 대행 등 사소한 부분까지 통제했다. 그리고 드디어 1945년 9월엔 스탈린이 직접 북한에 단독정부 수립의 비밀지시까지 내렸다.

그럼 같은 시기에, 남한에 진주한 미군은 어떻게 점령정책을 폈는가.

소련군의 북한 점령 후 9월 6일 남북 간 모든 통로까지 차단한 후, 한 달 늦은 1945년 9월 8일 미군은 서울에 입성, 조선총독의 항복을 받고 부터 남한에서 군정을 시작했다.

미군의 통치스타일은 점령군으로의 직접통치였다. 북한에서 소련군이 해방군으로 간접통치를 편 성격과는 정 반대의 친정통치 방식이다.

점령 지휘라인도 동경 맥아더 사령부 - 미 국무부 - 백악관으로 연결되는 비효율적인 운영에, 통치방식도 매끄럽지 못한 미숙함, 그대로였다.

당시 남한에는 이승만중심의 반공보수 세력, 여운형 중심의 사회민주 혁신계, 박헌영 중심의 남로당 등 다양한 이념의 정당 사회단체가 무려 40여 개나 있었다. 바로 미군정이 이들을 상대로 펴온 직접 통치는 '갈팡질팡' 하는 정책 혼선이었다.

본래 미국식 직접 통치는 한 민족에게는 오해의 소지가 많았다.

법치 원칙주의를 앞세운 개인주의식 서구문화나, 거기다 군사용어
까지 등장한 것은 당시 남한주민들에게는 익숙하지 못할 뿐 아니
라[15] 거부의식까지 나오게 된다.

(2) 김일성의 입국과 항일운동의 진실

김일성이 어떻게 소련군에 간택돼 북한에 들어왔고, 언제 어디서
무엇을 하다가 들어왔는가. 이 문제는 분단 반세기가 훨씬 넘은 지
금까지 우리 사회에서 극명히 평가가 엇갈리고, 한쪽에선 여전히
'갑론을박'에 논란이 분분하다.

그럼 그의 북한 입성과 항일무장투쟁의 진실은 과연 무엇인가.

먼저 김일성의 북한 입국과정부터 정리해 보자. 김일성의 입국은
일본군이 예상보다 일찍 소련에 항복하면서, 1945년 9월 19일 전
함(戰艦)을 타고 원산항을 통해 입북한 것이 지금까지의 북한 연구
계의 정설이다.[16]

그럼에도 북한의 공식적인 견해는 다르다. 김일성이 조선 인민혁
명군을 이끌고 소련군과 함께 일본을 격파하면서 조선을 해방시켰
다는 주장이다.

결국 조선 인민혁명군이 소련군과 함께 연합작전을 펴면서 귀국
했다는 주장인데, 그 증거는 어디에도 없고, 북한식의 지나친 과장

---

15) 박흥순, 위의 발제논문, p.3.

16) 서대숙, 『현대 북한의 지도자』(을유문화사, 2000) p.60 및 서대숙 『북한지도자 김일성』(서주석 옮김)
    (서울청계연구소, 1989) pp.54~303. 임은, 『김일성왕조비사』(서울: 한국민서, 1982) p.120. 이밖
    에 김일성입국일자에 대해 김창순에 따르면 9월 초순경, 오영진이나 한재덕에 따르면 10월 초순을 꼽
    고 있다. 극작가 오영진 씨와의 대화에서 자신의 부대가 2차 대전 중 낙하산으로 평양비행장에 투하할
    예정이었으나 실행을 못했다고 피력한 바도 있다.

일 뿐이다.

실제로 당사자인 김일성도 해방 직후 직접 대 일본전을 펴지 못했음을 간접적으로 시인한 바 있다. 그럼 이런 주장이 어떻게 나왔는가. 모두가 김일성 우상화 작업을 펴면서 계속 의도적으로 확대시킨 결과다.

다음은 김일성의 소련에 선택된 과정이다.

김일성은 1945년 10월 14일 소련군정의 레베데프 소개로 평양시민들에게 공식적인 인사를 하면서 처음 모습을 드러내게 된다.

소련 군부가 김일성을 선택한 이유는 '조선의 차바에프'라 부를 정도의 그의 빨치산 경험이 배경이란 것이 지금까지의 정설이다.

1940년 전반기에 그가 소련에 체류 중에 소련 측이 그에 대한 정보를 충분히 확보했기 때문에 귀국 후 간택한 것으로 전해지고 있다. 그러나 또 다른 견해는 토착 공산주의자들의 파벌과 점령정책의 특성상 토착세력과 멀리해야 하기 때문에 국내 정치파벌과 무관한 '수입된 화물열차 공산지도자'를 선택할 필요 때문이다.

이 같은 이유로 국내에 뿌리를 둔 화려한 지도자들에 비해 상대적으로 경력이 불리한 김일성을 간택한 것이다.

그밖에 김일성을 비롯한 조선인들의 소련에 협조적인 첩보활동을 통하여 쌓은 소련으로부터의 신뢰가 지도자를 선택해야 할 결정적인 순간에 중요한 요소로 반영되었을 것으로 본다.

그가 지도자로 선택된 이후, 권력을 강화하고 계속 유지할 수 있었던 것은 인민민주주의 혁명과정이 동구라파에 비해 순탄했기 때문에 정권장악이 손 쉬었고, 또한 김일성의 능력으로도 평가된다.

일단 김일성은 소련의 전폭적인 지지와 자신의 능력이 결합되어 여타 유력한 파벌들을 누르고 올라섰다. 그 때문에 김일성은 오직 소련의 입장만을 대변했다는 논리는 지나친 단선론적(單線論的)인 해석이다.

그렇다면 김일성의 항일운동 진실은 무엇인가.

이 문제는 지금도 남한사회의 보수, 진보 간 편을 가르는 '뜨거운 감자'다. 그동안 '가짜 김일성' 논란에 대한 시비도 이와 일맥상통하고 있다.

지금까지 밝혀진 경력을 정리하면, 김일성은 1912년 4월 15일 평안남도 고평면 남리(현재의 만경대)에서 태어났고 그의 본명은 김성주다. 그는 13세 때인 1925년 만주로 건너가 1926년 천도교인 최동오가 숙장(塾長)으로 있던 남만주 화전형의 화성의숙에 입학한다. 그리고 이듬해에 길림성 육문중학(毓文中學)[17]에 입학하면서 진보주의 사상에 눈을 뜨게 된다.

그 과정에서 조선 공산청년회라는 조직의 멤버가 되면서 일본 첩보자료에 이름이 오르게 된다. 그 후 1929년 가을 일본의 토벌작전에 체포되어 수개월간 감옥살이를 하게 된다. 1932년 출옥 후 중국인민혁명군이 동북 항일연군으로 연결되면서 만주일대에서 항일투쟁을 폈다는 것이 지금까지의 정설이다.[18]

동북항일연군은 조선인과 중국인 혼성으로 중국공산당이 조직한 유격 부대로 장백현의 국경수비 임무를 맡은 부대다. 김일성은 이 부대 제1로군(路軍)의 제2군 제6사(師)의 사장(師長)이 되었다. 김

---

17) 김정일 위원장이 2010년 8월 중국을 비공식 방문, 방문목적은 김정은의 3대 권력세습을 앞두고, 정통성을 강조하기 위해 김일성주석이 다녔던 중국 지린 성 지린시 위원(毓文)중학교를 찾았다.

18) 김창순, 앞의 책, 『북한정치론』, p.59.

일성이 비록 중국 공산당의 지도 밑에 있는 부대에 있었으나 부대원의 과반수는 조선인이었다. 그는 6사장 시절 해방 후 권력 장악에 큰 영향을 준 일을 해냈는데, 바로 1937년 6월에 강행한 보천보 전투다.

이 전투의 전말은 김일성이 100명 남짓의 유격대원을 이끌고 조선 국경을 넘어와 함경남도 보천보 지역에서 일본 경찰을 살해한 사건이다.

북한은 보천보 전투를 만주에서 동북항일연군의 위력을 과시한 항일무장 투쟁의 효시로 보고 있다. 그러나 김일성 부대의 역할이 무엇이고 몇 명의 전투원이 누구를 얼마나 죽였는지 구체적 전과는 아직 규명되지 않고 있다. 서대숙 교수는 북한이 보천보 전투를 너무 과장하고 있다는 견해를 펴왔다.[19]

유격대가 일경 100명 이상을 죽이고 60여 명을 포로로 잡았다는 것부터가 과장이란 견해다. 김일성도 그의 회고록 '세기와 더불어' 제6권에서 '보천보 전투는 대포도 탱크도 없이 진행한 조그만 싸움이었다'고 했고 "크게 한 것은 아니나 안 한 것보다는 낫다"고 사실에 가깝게 실토했다.

그럼 문제는 무엇인가. 규모나 전과가 얼마인가가 중요한 것이 아니다.

김일성 동북항일연군의 일개 사장(師長)수준으로 유격대를 이끌고 국경을 넘어 조선 땅을 밟았다는 사실만으로도 국내에 처음 진입한 사례여서 중요하다. 또한 보천보 사건을 계기로 "만주국 치안 숙청 3개년계획"하에 대대적 토벌 작전을 펴서 동북항일연군이 패

---

19) 서대숙, 앞의 책, 『현대 북한의 지도자』, p.12.

망되면서 항일유격대에 큰 타격을 주었다. 그럼에도 보천보 사건을 의도적으로 확대 포장해오면서 이 사건의 진실을 훼손하고 있다.

그 후 김일성은 1938년 일본 관동군의 대대적인 토벌에 쫓겨 계속되는 1941년 3월 우수리 강을 건너 훈춘 현을 거쳐 연해주 하바로브스크 부근 비야치고 지방으로 도망간다.

그곳에서 소련 극동군 산하의 88여단에 편입했다. 이 부대는 소련 극동군 소속으로 1942년 일본의 군사정보 수집을 위해 만든 비밀정찰 부대다. 당시 김일성의 계급은 소련군 대위였고 장남 김정일도 여기서 낳았다.[20] 여기서 스탈린주의에 익숙해지면서 유격전도 습득했다. 동북 항일연군 동지들인 최용건, 김책, 이을설, 이두익, 최현, 전문섭 등과도 여기서 만나 동고동락 하면서 끈끈한 우정을 쌓다가 해방을 맞게 된다.

다시 그의 활동을 요약하면[21] 1934년부터 약 6년간 만주에서 활동했고 동북항일연군이 일본군에 패배한 이후, 해주에서 해방을 맞았고 1945년 9월 19일 88여단의 빨치산 동료 80여 명과 함께 원산항을 통해 귀국했다.[22]

---

20) 당시 야영에서 김정숙과 함께 활동하던 김정일 유모 이재덕(중구 거주)의 증언, 『조선민주주의인민공화국』(서울: 중앙일보사, 1992), p.376. 북한은 김정일이 1942년 2월 16일 백두산의 항일유격대 밀영에서 태어났다고 주장하고, 이 지역을 '고향집'이라고 부르고 성역화했다.

21) 서대숙, 앞의 책, 『현대 북한의 지도자』, p.43.

22) Dae-Sook. Suh. Kim il Sung: The North Korean Leader(New York Columbia University Press 1988) pp.15~54 및 (3) 김학준: 북한 50년사(서울: 동아출판사, 1995), p.80.

3) 단독정부 수립과정

(1) 「조선민주주의 인민공화국」 형성-수립

① 5도 행정국

소련이 북한에 진주한 이후 첫 번째 당면 과제는 프롤레타리아 독재정권 수립 준비였다. 그 첫 작업이 일본으로부터 접수한 행정권을 맡을 인민위원회를 조직해서 행정공백을 메우는 작업이다.

그때 일본인들이 떠나면서 치안유지를 위해 자치기구로 발족시킨 건국준비위원회 평남지부(대표 조만식)와 서울에서 올라와 만든 조선공산당 평남지부(대표 현준혁)를 통합, 1945년 8월 27일 '평안남도 인민정치 위원회'를 발족시켜 모든 행정권을 이곳으로 이양시키고 각 지방 인민위원회를 조직해 나갔다.[23]

같은 해 10월 8일에는 소련 점령군 주재로 북조선 5도 인민 위원회 연합회의가 열리고 10월 28일 '5도 행정국'을 정식 발족시킨다.

평남 인민위원회가 모체인 '5도 행정국'은 행정집행기관으로 산업 · 교통 · 농림 · 재정 · 교육 · 보건 · 사법 · 보안 · 체신 등 10국을 둔 사실상의 '미니정부'였다.

물론 정식 정권이라고 하기엔 미약했고 기간도 짧았다. 그러나 첫째, 지금까지 지방인민위원회의 느슨함과 산만성을 없앴고 행정의 효율성과 통일성을 기하는 데 크게 기여했고,[24] 둘째, 비록 기간은 15일의 짧은 기간이나 외부 개입 없이 공산 · 민주세력이 합

---

23) 『2009 북한개요』(통일연구원, 2009). p.55.
24) 김창순, 앞의 책, 『북한정치론』, p.62.

작한 최초의 정부였고, 셋째, 다음해 1946년 2월 수립된 북조선 임시인민위원회로 행정 10국 업무 모두를 자연스럽게 계승하면서 북한 중앙집권제 확립의 결정적 계기를 만들어 준 기초가 되었다.[25] 결론적으로 5도 행정국은 어느 정도 분권화된 연립정권 기간으로 간주된다[26]는 평가를 얻고 있다

② 임시 인민위원회와 단독정부 수립

북조선 임시인민위원회 수립과정은 북조선의 각 정당 사회단체, 시, 도, 군 인민위원들이 모여 소련군의 비호 아래 북조선 인민위원회가 열었다.

「북조선 임시인민위원회」는 발족 즉시 11개의 당면과제 법령을 발표했고 20개의 정강(政綱)을 내놓았다.

「북조선 임시인민위원회」를 「노동계급이 령도 하는 노농동맹(勞農同盟)」에 기초한다고 규정하고, 각계각층 인민들의 이익을 대표하는 진정한 인민정권으로 혁명과 건설의 강력한 무기로 특징지었고, 정강내용도 사회주의를 지향하고 공산당 독재정권의 기반 구축에 초점을 맞추었다.

이때부터 인민위원회에서는 북한의 통치스타일이 '위로부터의 정치'(politics from the top down)로 바뀐 것이다.

그 산하에는 5도 행정국에서 넘어온 10국을 기초로 하고, 3개 부를 더 설치하고 각 국장들은 위원들 중에서 선임하고. 그해 연말에

---

25) 유길재, 남북한 정권기관 형성과정 비교(2006년 한국정치학회 연례학술회의), p.8.
26) 스칼라피노; 이정식 공저, 『한국공산주의 운동사』 p.426 및 홍승원의 『북한 정치사회의 이해』(서울: 지식서관, 1998) pp.36~37.

는 인사문제를 담당하는 간부부, 노동부, 기획국 등이 속속 신설되었다.[27]

이때 남한에선 아직 단독 정부수립에 대한 청사진도 나오기 이전인데, 북한에선 한 발 앞서 '북조선 임시인민위원회'란 정부를 발족시켜 놓고, '민주개혁'이라는 기치를 내걸었다.

그 중 대표적인 개혁이 1946년 3월 5일 토지개혁(土地改革)을 시발로 그 해 6월 10일 나온 노동법 공포, 주요산업 국유화 조치 등 각종 법령을 발포하고 북한전역에 걸쳐 실시하였다.[28]

이들 개혁 중 가장 핵심은 토지개혁이다. 개혁의 근거는 개혁법령에 의해 단행됐는데 지주계급을 말살하여 토지를 경작자에게 되돌려 주는 농촌계급 타파 정책이었다. 북한 전체 면적인 182만 98정보 가운데 55.4%에 해당하는 100만 8,178정보를 몰수했다. 1만여 개의 시·군 인민위원회 조직을 가동해 하부로 부터 분배를 유도해 72만 농가에 98만 정보를 무상 분배했다.

이로써 북한은 해방 이후 한반도에서 최초의 민주개혁 이름으로 과거 봉건, 식민지로부터 내려온 뿌리 깊은 전통적 사회질서를 혁명적으로 바꿔 놓았다.

이 개혁으로 인해 남한은 농민이 개혁의 수혜자 격이 됐고, 북한은 농민이 개혁의 추진자가 된 결과가 됐다.

이렇게 단행된 토지개혁이 단초가 되어 1953년 농업 집단화 추진에 발판이 됐고 이때부터 북한사회에는 계급이 소멸되는 평등사

---

27) 홍승원, 최영택 공저, 『북한학개론』(국제문화개발연구원, 1996), p.33.

28) 김창순, 앞의 책, 『북한정치론』, p.472. 토지개혁이 짧은 기간에 끝날 수 있었던 것은 소련군 주둔 하에서 그 세력을 배경으로 삼고 토지몰수를 강행할 수 있었고, 또 이를 저지할 민주세력이 없던 원인이 크다.

회가 됐고 인간의 소유개념이 박탈당하는 공유화, 협동화사회가 된 것이다.[29] 토지개혁 기간도 1946년 3월 7일부터 불과 20일 만에 끝냄으로써 세계적으로 유래 없는 급속 개혁이었다.

이렇게 사회개혁이 급속으로 진행된 데는 몇 가지 이유가 있다.

첫째, 지주층의 자생적 지지기반이 미약하고 정치조직화돼 있지 못한데서도 저항이 약했다. 거기다 지주들이 피할 수 있는 남한지역이란 선택의 공간이 있었다는 점이다.

둘째, 지주들이 소유한 토지의 경지면적이 남한과는 비교가 안 될 정도로 적었다는 점인데, 실제로 3정보 이상의 농지를 소유한 지주가 전체 농가의 0.4%선 밖에 안 되었다.

그만큼 농촌지역에서 계급적 갈등의 폭이 적었음을 뜻한다.

일단 3월 달에 토지개혁을 마치고 그해 6월에 나온 '북조선로동자 및 사무원에 대한 노동법령'은 양성 간의 평등을 법제화한 것으로 노동자 계급의 사회경제적 지위를 높이고 그 대신 자본가의 권한을 축소시키자는 뜻을 담고 있다.[30]

그리고 그해 8월에 "교통운수, 체신, 은행의 국유화에 대한 법령"을 근간으로 하여 단행한 것이 바로 산업 국유화정책이다. 이 작업 역시 남한의 산업구조와는 대조적으로 일본인 자본가 비율이 높았던 북한의 산업구조의 특성상 별다른 저항 없이 끝냈다.

이런 1단계 사회개혁을 끝낸 기반 위에서 1947년 2월 '북조선인민회의'를 발전시켰고 헌법초안 작성단계로 들어갔다.

---

29) 김창순, 앞의 책, 『북한정치론』, p.474 및 김일성, "토지개혁 총결보고에 대한 결론요지"(1946. 4. 13. 북조선임시인민회의 제1차 확대회의에서), 『김일성선집』 제1권, p.25 인용함.

30) 전상인, "남북한 체제 내 사회갈등과 사회통합 비교"(『남북한 체제비교와 통합모델의 모색』; 세종연구소, 1995), p.322.

그리고 그 다음해 7월 '북조선인민회의' 제5차 회의에서 '전 조선이 통일될 때까지 동 헌법을 북한 전역에 실시할 것'과 이 헌법에 따라 '최고인민회의'의 선거를 실시하기로 결의했다.

이에 따라 1948년 8월 25일 최고인민회의 대의원 선거를 실시하여 북한 21명의 대의원이 선출되고 이들의 최고 주권기관으로서 최고인민회의를 구성하였다.

그리고 그해 9월 8일 '최고인민회의'에서 헌법을 최종 채택·공포하고 김일성을 수상으로 하는 단독정부인 '조선민주주의 인민공화국'을 발족시켰다.[31]

이에 앞서 소련 군정은 1948년 2월 김일성으로 하여금 조선인민군을 창설케 하고 6월에는 조선노동당을 결성케 함으로써 북한의 공산화는 일단 마무리되었다.

그렇다면 북조선 임시 인민위원회의 성격을 어떻게 정리할 것인가.

첫째, 1945년 2월 8일, 5도 행정국을 모체로 합법정부로 진입하는 노·농을 결합한 좌·우 균형을 맞춰 합법적인 정권으로 가는 형태다.

둘째, 북조선 임시인민위원회는 최고 집행권을 행사하고 임시 법령을 제정 공포할 권한까지 가진 사실상의 정부로 계급정권으로의 1단계 이행(移行)에 성공한 것이다.

셋째, 3·8선의 봉쇄다. 무릇 분단(Division)이란 영토의 물리적 분할과 새로운 주권통치를 뜻함인데, 3·8선으로 영토가 분할된 것은 분단의 고착화를 뜻함이다.

넷째, 사회개혁을 통해, 기득권층 수혜자를 퇴장시키는 구질서를 청산, 노동자·농민을 지배세력으로 하는 신질서로의 교체는 결국

---

31) 김열, "北韓의 관료제에 관한 연구"(행정학 박사학위 논문, 동국대학교 대학원, 1989).

김일성이 대중 정치인으로 입지가 구축됐다.

<표 1> 사회주의 경제 구축과정

시 기	개혁내용
1946. 3. 5	토지개혁에 관한 법령 공포
1946. 8. 10	주요 산업의 국유화 법령 공포
1946. 12. 22	지하자원·산림·수역 국유화 법령 공포
1954. 4	협동조합화의 착수
1958. 8	농업·수공업·중소상공업의 협동화 완료
1958. 10~12	협동조합을 리단위로 확대·개편(협동농장으로 개칭)

(2) 점령-정권수립 평가

그러면 소련군이 북한에 들어와서 정권수립까지의 과정을 어떻게 평가할 것인가.

일단 북한은 외부로부터 점령을 통해 공산화된 유형의 나라로 점령 후, 속전속결로 3단계 과정을 통해 성공한 아시아의 유일한 나라다.

소련군부의 정치사령부가 앞장서서 해방된 나라에 해방군의 이름을 달고 들어와 성공시킨 하나의 '작품'이다.

이렇듯 소비에트화 과정이 동구권에 비해 만 1년이란 짧은 기간에 점령과 동시에 체제구축까지 재빨리 할 수 있었던 요인은 무엇인가.

물론 소련군의 치밀한 통치전략의 결과이지만, 당시 북한의 몇 가지 객관적 여건도 한몫 했다.

첫째, 북한에서는 토착(土着)공산주의 및 민족주의 세력의 저항이 미약했다. 특히 평안남북도의 기독교 세력은 강했지만 정치세력화되지 못했고, 일제 때부터 명맥을 유지해 온 토착공산 세력도 활동의 주 무대가 남한이었다. 거기에 토착세력들이 변형된 스탈린주의가 북한 땅에 들어온다는 사실조차 이해를 못한 것도 한몫 했다고 본다.

둘째, 사회개혁에 제동을 걸 수 있는 혁신정당이나 학생세력들이 미약했다. 동구권에서는 소비에트화에 끝까지 진보혁신 세력의 저항을 겪으면서 사회주의로 이행했는데, 북한에는 혁신계 사회주의 세력자체가 없고 보니 식민지 해방과 동시에 사회주의로 이행되었다.

그나마 남한에서도 해방을 맞은 사회주의 성향의 세력들도 정치조직화돼 있지 못하고 우왕좌왕하다가 끝내 막을 내리는 비운을 맞았다.

정권수립 후에 김일성이 실토한 "노동계급을 분열시킬 우익 사회민주주의 사상적 기반이 없어 사상 사업이 유리했다"[32]는 말이 당시의 북한 상황을 뒷받침해 주고 있다.

셋째, 외적 요인으로는 소련은 남북한 분단의 기미가 보이자 우선 북한지역만이라도 조속히 민주기지로 만들어야 하겠다는 조급증에서 친 공산세력을 대동하고 '부랴부랴' 점령을 서둘렀다.

이것은 폴란드가 오데르-나이세 지역의 독일인 소개(疏開)지역에 러시아에서 이주한 친 공산세력을 정착시킨 선례를 북한에서도 그대로 답습한 것이다.

소련은 북한지역의 소비에트화가 빠르면 빠를수록 '전국적 범위'에서 적화가 한층 유리할 것으로 보고 무리해서 점령을 강행한 것

---

32) 『김일성선집 Ⅳ』(평양: 1964), p.138. 공산주의국가들은 서구의 사회주의나 그 정당에 대하여 '우익'이라는 형용사를 첨가하여 '우익사회주의'라고 부른다.

이다.

넷째, 북한의 지정학적·역사적 조건이 동구권과 다르다는 점이다. 2차 대전 후 소련군이 진주한 지역 중에 순수한 식민지역은 북한 하나뿐이었다.

다른 지역은 전승국이거나 패전국이고 국력이 강하거나 약하거나 하는 등 형식과 내용엔 약간의 차이가 있으나 모두가 독립국가란 점이 공통점이다.

끝으로 북한 주민의 민주 정치교육이 취약했음을 꼽을 수 있다.

문맹률이 높고, 일제 식민통치로 인한 주민들의 정치의식 수준이 낮은 요인도 점령속도에 제동을 걸지 못하였다. 예컨대 민주적 자치경험과 정치세력 형성이 미흡한 나머지 점령에 저항할 조직된 세력이 없었다는 결론이다.

결국 이런 요인들이 손쉽게 공산주의를 수용하게 됐고 그 결과가 오늘 독특한 정치문화를 만들어 3대 권력세습이란 전대미문의 이변까지 나오도록 원인을 제공한 것이다.

4) 권력투쟁과 체제정착화

일단 소련 군정에 의해 김일성 체제가 탄생은 했지만 정통성 부재를 안고 태어났기 때문에 태생적으로 취약했다.

조선노동당 정책을 놓고도 각계의 기라성 같은 정파의 입장에 따라 김일성 독주의 견제 움직임이 나왔다. 이런 정치세력 구도 아래서 국내 정치기반이 취약한 김일성은 소련의 지원 아래 테러와 통일전선전술을 통한 회유 등 이중전술을 구사해 가면서 다른 세력들을 제압해 가며 김일성중심의 단일체계를 갖춰 나갔다.

즉 통일전술을 구사하면서 권력투쟁과 정권정착을 동시에 병행할 수밖에 없었다.

(1) 한국공산주의 운동의 시초

여기서 먼저 집고 넘어 갈 부분은 한국에서 공산주의 시작의 역사이다.

어떤 동기에서 한국 땅에서 공산주의가 뿌리를 내렸는가. 결론부터 말해 한국공산주의는 출발부터가 국내에서 자생적인 형성이 아니고 외국으로부터 유입되면서 출발했다.

3·1운동 이후 일제의 강압적인 식민정책이 유화적인 문화통치로 바뀌면서 국내에 새로운 사조(思潮)의 싹이 트면서 중국, 러시아로부터 들어왔다. 즉 해외에 망명한 한인동포들의 약소민족 해방운동 바람이 3·1운동을 계기로 식민통치의 노선이 바뀌면서 1924년 국내로 들어왔다.

당시 해외에는 두 개의 큰 사회주의 운동단체가 있었다. 그중 하나가 1919년 중앙아시아 바이칼 호 인근의 이르쿠츠크 지역을 기반으로 한 한인 공산지부이다. 이 단체가 결성된 동기는 러시아로 귀화한 한인들이 1917년 볼셰비키파들과 함께 러시아혁명에 가담했고 결국 성공함으로써 러시아 정부로부터 응분의 대가를 받게 된다.[33]

---

33) 김창순, "공산주의 민족이론과 정책비판"(북한연구소, 1981), p.160.

이들은 중앙러시아에서 정치적·신분적인 입지가 강화되고 레닌 정부로부터도 군사적 지원과 소련 공산당 연해주 지부를 통해 자금지원도 받게 된다. 그런 힘을 배경으로 1921년 고려공산당을 조직해 4천여 명의 당원을 확보하여 무장조직까지 결성했고 80여 명의 한인청년들을 선발해 정예교육까지 강화해 나갔다.

이들이 1925년엔 국내로 침투해서 고려 공산청년회를 조직하게 되는데 그 조직의 책임비서로 박헌영을 선발해 국내에서 활동을 시작하게 된다.

그리고 또 다른 공산단체는 상해 임시정부 초대 국무총리를 지낸 이동휘가 임정의 문치파(文治派)와 결별하고 1918년에 설립한 한인사회당이다.

이 단체의 구성은 만주지역의병들과 상해 임정요인들을 중심으로 3·1운동 직후인 1920년 한·러 동맹을 맺고 6천여 명의 인원으로 고려공산당을 조직하게 된다. 이들은 주로 망명 조선인이 많은 하바롭스크 지역을 중심으로 활동을 펴는데 당시 일본의 시베리아 침공이 반일정서를 불러오는 데 편승하는 계기가 됐고 그 후 이들도 국내로 잠입해 지하활동을 폈다.

더욱 해외로부터 이들 공산단체들의 국내 잠입을 유발시킨 요인은 3·1운동 직후 국내에서 민족 개량주의와 계몽주의 풍조가 불어오면서 부터였다.

그 여파가 75%의 봉건제적 토지소유의 파행 모순, 사회경제적 조건이 자연스럽게 농민들을 자극하여 공산주의에 대한 친화력을

한편 이동휘가 주도한 한인사회당은 코민테른에 가입한 결과 우선 선전비로 러시아화 400만 루블을 받았으며 또한 앞으로 소비에트 정부가 추진하는 약소민족 해방 전선에 동참키로 했다.

갖게 했다.

그러나 이들이 편 해외에서의 공산주의 운동은 단순한 독립운동의 일환이었을 뿐 공산주의 이론에는 어두웠다.

때문에 민족진영 간에 알력이 나왔고 결국 국내에서도 활동이 잠시였다가 결국 실패로 막을 내렸다.

국내에서 일제가 1926년 이후 8차례에 걸쳐 대대적으로 벌린 공산 활동 소탕작전으로 더 이상 명맥 유지가 어려웠다. 이런 와중에도 지하에서 근근이 명맥을 유지하다가 해방을 맞은 세력이 박헌영을 비롯한 현준혁 등 남로당 세력이다.

(2) 북노당파 숙청

이들 토착공산주의자 중 최초로 숙청된 거물급이 현준혁이다. 그는 해방 직후 서울에서 박헌영과 연결을 맺어놓고 월북하여 '조선공산당 평남지구 도 당부'를 조직하고 조만식이 이끄는 평남 인민위원회 부위원장까지 지낸 거물급 이론가다.

그는 부르주아적 민주혁명을 펴온 이론가로써 북한에서도 많은 지식인들이 그의 휘하에 모였고 북한에서도 그의 인기는 김일성을 앞지르고 있었다.[34] 그의 부르주아 민족주의는 조만식의 민주주의적, 민족주의적 방식과도 연계돼 있고 서울의 박헌영도 간접 지지하기 때문에, 소련 노선 추종자인 김일성에게는 귀찮은 존재였다.

김일성파는 이들을 포섭하려고 여러 방법을 썼으나, 순순히 받아들여지지 않을 뿐 아니라 '북조선 공산당'의 단독 조직을 반대하자

---

34) 김창순, 앞의 책, 『북한 15년사』, p.27.

1945년 9월 28일, 현준혁을 노상에서 살해 거세시켰다.

현준혁이 살해됨으로써 평안도에서의 김일성에 대한 위협은 일단 주춤했다.

그러나 현준혁말고도 일제 때부터 큰 뿌리를 내린 함경도 일대의 국내파 공산세력 또한 안심할 수가 없었다. 함경도에서는 흥남 공장지대를 비롯한 함남 일대에 오기섭, 정달헌, 주영하 등의 뿌리가 깊게 내려 있었다. 물론 이들 세력은 다른 해외파들에 비해 조직이 엉성하기는 했지만 각 도에 당 조직을 만들었고 서울의 박헌영 지시를 받고 있었다.[35]

특히 오기섭은 이론과 조직에서 김일성에게 두려운 존재였고 끝까지 조선에서 공산당은 오직 하나인 1국1당(一國一黨) 원칙을 고수하며 서울의 박헌영을 지지하고 나섰다.

결국 오기섭과 정달헌, 주영하를 반소분자(反蘇分子)로 몰아 숙청하면서 관북지방의 공산세력을 분열, 약화시켰다.

(3) 연안파 숙청[36]

연안파(延安派)란 1934년 10월부터 이듬해 10월까지 1년 남짓 모택동이 장시 성 서금(瑞金)에서 산시 성 연안(延安)까지 1만 2,500km를 행군한 연안장정(延安長征)과 연관이 있는 세력이다. 중국 공산당의 거점지인 연안에서 모택동 세력과 함께 공산주의

---

35) 김창순, 앞의 책, 『북한정치론』, p.90.

36) "북한정권 탄생과정", 『한국의 자기발견』(한국정신문화연구원, 1981), p.320. 연안파 숙청은 1956년 8월 8월 종파사건이 빌미가 되었다. 소련공산당 20차 대회에서 후르시쵸프가 행한 개인숭배비판 연설에 고무를 받았던 연안파 최창익 등이 전원회의에서 김일성의 지도체제에 반기를 들면서 숙청을 당한 것이다.

활동을 펴온 의용군출신들로 화려한 경력을 가진 정치 파벌이다.

이들도 중국대륙에서 해방을 맞아 귀국하기 위해 만주 봉천으로 6천여 명의 군사를 대동하고 집결하였으나 만주를 점령한 소련군이 무장해제를 요구하면서 귀국을 가로 막았다.

소련으로서는 친 중공세력인 이들이 귀국하면 화려한 경력으로 보아 소련이 내세운 김일성파보다 우세할 것이기 때문에 김일성에게 시간을 주기 위해 귀국을 방해한 것이다.

그로인해 이들은 '조선 공산당 북조선 분국'이 창설되어 김일성이 기반을 잡은 뒤인 1945년 10월 말경에 무장을 해제한 채 귀국하게 된다.

이런 과정을 통해 입국한 연안파들은 별도의 공산당 조직을 결성하게 된다. 바로 그들이 만든 당이 '조선 신민당'으로 당시 남북 전역에서 인기가 높았고 당원의 수준과 숫자에서도 공산당을 앞지르게 되었다. 이 정당은 친일 파쇼세력을 제외한 각계각층에 문호를 넓혔고 따라서 소시민 인텔리 계층 등 중간계급들이 선호하는 정당이었다.

이 정당의 인기에 당황한 소련 측은 김일성에게 힘을 몰아주기 위해 '조선공산당 북조선분국'과 '신민당'을 합하여 '북로당'을 만들게 함으로써, 김일성에게 권력을 집중시키는 동시에 연안파를 분열시키는 계기를 마련하였다.

그리고 숙청에 들어가는데 그들의 화려한 면모를 볼 때 일거에 제거하기는 어려웠고 거기에 중국의 이목도 있어 결코 쉬운 일이 아니었다. 연안에서 정치학교장이던 독립동맹 주석 김두봉, 조선공산당 초기 간부였던 최창익, 중공군 팔로군 포병사령관이었던 무정을 비롯하여 박일우, 김창만, 허정숙, 이상조 등 화려한 인물들이다. 그래서 단계적인 각개 격파식의 숙청을 시도했다.

가장 먼저 숙청대상이 무정이다. 그는 아직까지도 남북에서 신비 속의 인물, 전설적 인물로 남아 있고 해방되면서 북한에 혜성처럼 나타났다가 순식간에 사라진 거물이다. 중국공산당과 함께 연안장정에 가담했고 팔로군(八路軍) 포병사령관까지 지냈고 귀국 후엔 제2군단장, 평양방위사령관 등을 역임했으나, 1950년 12월에 한국전쟁의 패전책임을 뒤집어쓰고 숙청당하였다.

다음 내무상과 '조·중연합사' 부사령관이었던 박일우는 박헌영의 쿠데타 음모를 묵인했다는 죄로 1955년 4월에 숙청되었고 같은 시기에 6·25 남침 때 6사단장이었던 방호산이 종파주의, 명령불복종 죄명으로 숙청되었다.

그 후 연안파에 대한 본격적인 숙청은 1956년 8월 29일에 열린 당중앙위원회 전원회의가 계기가 되었다.

이 회의에서 연안파의 최창익, 김두봉, 윤공흠, 서휘, 이필규, 고봉기 등이 김일성파의 경제정책 실패로 주민생활의 궁핍화, 김일성의 개인 숭배주의, 소련 공산당의 스탈린 격하운동 등을 들어 김일성을 대대적으로 공격하고 나섰다. 그러자 김일성은 '확대 전원회의'라는 것을 열어 회의에서 연안파 주장을 방해하였고 모조리 체포, 당에서 축출되었다.

이 사건을 통상 '8월 종파사건'이라 하는데 윤공흠, 서휘, 이필규 등은 형세가 불리함을 알고 중공으로 도주하였다. 연안파 숙청은 그 뒤에도 계속되었다. 1956년 10월부터 '종파 범죄자'들로 몰기 시작한 것이다. 윤공흠과 가까운 김일성대학 총장 유성훈을 숙청하고, 1959년에는 내각과 각 기관에서 80여 명을 해임하였다.

그 후 연안파 두목인 김두봉을 순안 농장 노동자로 쫓아냈고, 최 창익은 투옥시켰다고 한다.

(4) 소련파 2세

넓은 의미의 소련파란 소련 국적을 가진 소련출신 2세와 김일성을 포함한 빨치산 세력을 포함한다. 그중 소련파 2세들의 성격부터 살펴보자. 이들도 넓은 의미에선 소련파에 속하나 출신배경에서부터 김일성세력과는 성격이 다르다. 이들은 구한 말 한일합방 후 만주 땅을 거쳐 중앙 러시아 이르쿠츠크 지역까지 가서 정착한 한인들의 후예들과 카자크스탄, 우즈베키스탄 등에서 들어온 소련 시민권을 가진 한인 2세들이다. 특히 이르쿠츠크 한인 후예들은 선대(先代)가 1917년 러시아혁명에 가담한 대가로 비교적 유복한 가정환경에서 높은 수준의 교육까지 받게 된다.

이들은 소련의 우수한 공과대학이나 정치학원 출신들이다. 거의가 고학력의 행정전문 엘리트들이기 때문에 비(非)정치적이고 실무적 테크노크라트 층에 속한다. 이들은 북한 점령 초기에 소련정부로부터 128명이 입북했다.[37] 때문에 이들은 김일성파와 같은 소련파이긴 해도 소련정부로부터 파견됐기 때문에 갑산파와는 성격부터가 다르다.

이들은 북한에 들어와 초기 사회개혁에 크게 기여했고 북한에서

---

37) U. S Department of state. North Korea: A Case Study in the Techniques of Takeover (Washington, D. C.: G. P. O. 1961) p.13.

그만큼 비중도 커졌다.[38] 그러나 이들도 숙청의 빌미는 잡혔다. 6·25전쟁에서 패주할 때에 많은 당원의 당원증을 불태워 버리고 도망한 일이 죄목이 되었다. 이로 인해 소련파 2세의 대표격인 조직담당 책임자 허가이에게 '문벌주의'라는 죄명을 씌워 당에서 쫓아냈다. 그 후 허가이는 저수지에 투신자살한 것으로 알려졌다. 한데 최근 미국의회 도서관 자료를 통해 허가이의 딸인 허리라의 증언이 새롭게 나왔는데 그의 딸은 허가이는 숙청대상이 되자 자살한 것이 아니라 암살당했다는 주장을 제기하고 있다.[39]

그 후 김열, 박창옥 및 김승화 등 소련에서 최고학부를 나온 소련파 2세들도 6·25전쟁 때 패퇴의 책임을 물어 숙청하였다.

(5) 정통세력 남로당계 숙청[40]

정통세력 남로당계란 넓게 해석하면 해방 전부터 국내에서 공산주의 활동을 했던 토착세력을 말하는데 소련군 점령이 없었다면 이들이 곧 한반도에서 유일한 공산주의 법통(法統)을 잇는 세력이다.

물론 이들 세력의 거점지도 서울이었고 중심인물은 바로 박헌영이다. 때문에 북한정권으로서는 정통성 차원에서도 남로당계는 가장 두려운 존재였다.

대내외적으로도 남로당의 영향력이나 명성은 자타가 공인하는 토착공산주의 간판격이고 당당히 정통성 보호도 받고 있다. 그러

---

38) 기광서, "해방과 전쟁 그리고 외교"(러시아 정부기록 영상기록 시사회: 국가기록원 2006), p.10.

39) 미국 의회도서관은 북한정권 설립에 관여한 고려인 81명의 육필 수기를 마이크로필름으로 최근 제작했다. 이 사진에 허가이의 딸 허리라 씨가 쓴 '아빠는 암살당했다'는 사진이 공개됐다. 연합뉴스 자료 인용, 2007년 2월 9일자. 동아일보 재인용.

40) 김창순, 앞의 책, 『북한정치론』, p.330.

니 북한으로서도 1국1당주의 원칙 때문에 서울의 당을 중앙으로 인정할 수밖에 없었고 편법으로 조선공산당 북조선 분국을 만든 것이다.

박헌영의 개인적인 능력 또한 김일성보다 월등해 최대의 정적이 아닐 수 없기 때문에 남로당을 두려워했다.[41]

박헌영의 공적은 1921년 해외 한인 공산주의 운동의 국내책임자인 고려공청(高麗共靑) 중앙비서로부터 출발했다.

25년 조선공산당 창당, 28년 일제의 검거로 해산, 32년 상해 조선공산당 재건, 41년 경성 콩 그룹을 이끌고 항일투쟁을 펴는 동안 3번의 투옥에 변장, 잠복, 정신분열증을 가장한 탈옥 등 박헌영의 파란만장한 일생은 그 자체가 한국공산주의 운동의 험난한 역사다.

해방 후 재건 조선공산당을 만들어 1929년에 정지된 코민테른의 전통을 잇겠다고 흩어진 세력을 규합하고 나섰다.

한편으로는 미군정하에서 공산당 활동이 허용되면서 찬탁투쟁(贊託鬪爭)과 정판사(精版社) 위조지폐 사건, 국립대학 안 반대 등 각종 테러 폭동과 혼란 조성 및 한국정부 수립 반대투쟁에 나서는 등 해방 후 남한전역에서 벌어진 혼란정국의 중심인물이 바로 박헌영이었다.[42]

결국 1946년 10월 폭동 후 미군정에서 전국에 박헌영의 체포령이 떨어지자 시체로 변장을 해 가며 영구차를 타고 야반도주하듯 개성을 거쳐 해주로 넘어가 서울의 남노당계를 진두지휘하는 순발력까지 보였다.

---

41) 김창순, 앞의 책, 『북한정치론』, p.337.
42) 김창순, 앞의 책, 『북한정치론』, p.344.

이미 북한에는 그를 추종하는 현준혁을 비롯해 이승엽, 이강국, 최용달 등을 입북시켜 국내파 조직을 확대해 나갔다.

이를 간파한 김일성으로서는 당연히 재북 국내파를 먼저 약화시키고 다음 박헌영에 동조하는 연안파와 소련파 2세를 숙청하여 박헌영에 대한 고립작전을 썼다.

일단 초기에는 박헌영을 홀대할 수 없어 부수상 겸 외상자리를 주고 당 부위원장으로 극진한 예우를 갖춰 주었다.

그러나 6·25전쟁에서 예상을 뒤엎고 패배하면서 김일성은 패전의 책임을 그 누구에게든 물어야 했다. 여기서 남로당에 패전의 책임을 뒤집어씌운 것이다.

그러나 대내외 여론이나 김일성세력이 취약한 상태에서[43] 남로당을 섣불리 일망타진할 수는 없다. 그래서 단계적 숙청을 한 것이다. 1952년 12월 노동당 중앙위 제5차 전원회의를 열어 남로당 숙청을 거론했다.

첫째 대상자가 박헌영의 가장 핵심 측근이자 조직의 명수로 남한의 남로당 조직을 주도해 온 이승엽이 지목됐다. 이때 이승엽, 이강국, 임화, 조일명, 박승원, 배철, 백형복, 조용복, 맹종호, 설정식, 이중업 등이 1953년 10월 사형언도를 받았다.

박헌영에 대해서는 거물이고 대내외 눈을 의식해 취급시기를 늦춰오다가 급기야 평북 철산군 별오리에 격리, 수용생활 중 광기로 몸부림을 치다가 1955년 12월 내무상 방학세에 의해 처형되면서 55세로 한 많은 일생을 마감했다.[44]

---

43) 임경석, 『이정 박헌영 일대기』(역사비평사, 2003), p.73.

44) 박헌영에 대한 처형은 1955년 12월에 있었다. 고병철, "한국전쟁과 북한정치체제의 변화"(서울: 경남

그의 **죄상은 참으로 다양하다.** 1919년, 미 간첩 언더우드와 접선함, 1925년, 일경에 체포된 뒤 일제에 가담하여 공산당 지도자를 배신하고 밀정 행위를 함, 해방 후 미국에 매수된 '미제의 고용간첩'임, 반당·종파·사리(私利)에 가득한 인간임, 6·25전쟁 때 남한에 50여만 당원이 지하에서 전투를 갖추고 있다고 허위 유포함, 금강 정치학원의 금괴를 약취한 것 등을 죄목으로 꼽았다.

그의 죄목과 그의 생애가 우연의 일치인지는 모르나 박헌영은 부모가 충남 예산에서 정미소를 운영하는 지주 계급출신의 아들로 태어나 경성 제1고등보통학교까지 나온 수재였다.

특출한 영어실력, 고급인재를 끌어 모으는 용인술, 거기에 변장술에까지 능한 그의 다재다능한 재주들 모두가 죄목이 되어 버렸다.

공산주의 활동을 그렇게 화려하게 했음에도 남북한 어느 공식 '족보'에도 그의 이름 석 자는 찾아볼 수 없다.

이런 중에 2007년 3·1절 기념일을 맞아 박헌영의 첫 부인 주세죽씨의 항일 민족주의 활동을 평가하여 훈장을 추서한 것은 남북한 어느 구석에도 없는 박헌영을 이해하는 데 큰 의미가 있다·

(6) 갑산파 숙청45)

연이은 숙청을 통해 김일성 일파의 지배는 구축됐다.

그러나 1인 지배 속에서도 새로운 분열이 생기고 있었다. 소련 흐루시초프의 수정주의 경제정책이 북한의 경제정책 추진에도 영

대 극동문제연구소, 1992), pp.12~13.

45) 홍승원, 최영택 공저, 앞의 책, 『북한학개론』, p.24.

향을 미친 것이다. 바로 당의 실권을 잡은 '갑산파(甲山派)'와 군부의 실권을 잡은 '군사파' 간에 분열이 생겼다. 갑산파는 경제의 수정주의 노선을, 군사파인 김일성은 항일빨치산 노선강화를 주장하는 등 차이를 보였다. 또한 이념적인 갈등도 벌어졌다.

중국에서 모택동 개인숭배 움직임이 벌어지자 북한에서는 정통 마르크스주의적 자세를 견지하려 했다. 바꿔 말해 김일성 유일 지도자의 이미지에 대한 해체양상이 부분적으로 나타나기 시작했다.[46]

이런 때 당시 부총리 김창만, 조직담당 비서 박금철, 사상담당 비서 이효순 등이 '유일적 지도자 김일성'의 이미지를 훼손했다는 영화내용을 문제 삼아 1967년 모조리 숙청한 사건인데 갑산 파까지 숙청한 것은 결국 '자기 신체의 일부를 도려낸 격'이 된 것이다.

이들의 숙청과 동시에 정권 안정을 곳인 것이고 여세로 유일사상체계 확립의 시초가 돼 간 것이다.

<hr>

46) 이종석, 『조선노동당 연구』(서울: 들녘, 2001).

제 II 장

통치이념과 권력 구조

1. 주체사상

1) 주체의 등장

북한의 주체사상은 언제 어떤 동기에서 나왔는가.

세계 2차 대전 이후 신생 독립국가들의 공통적인 특징이 민족정
서를 바탕에 깔고, 통치 슬로건을 내 놓았다. 반제국주의, 반미, 반
일 등 과거 식민지 모국에 대한 반감을 앞세우는 민족주의 정서에
호소하고 나섰다.

바로 북한 주체의 등장도 이와 맥을 같이 하는데 외세를 배격하
고 우리 것에 대한 소중함을 전제로 한다.

(1) 주체의 등장 배경

　처음 주체는 6·25 한국전쟁이 끝난 후 1955년 12월 28일 김일성이 해주에서 열린 당 선전선동원 대회에서 행한 '사상사업에서 교조주의와 형식주의를 퇴치하고 주체를 확립한 데 대하여'[47]라는 연설이 최초였다.

　이 연설에서 김일성은 소련파, 연안파, 남로당 등 정적들을 공개적으로 공격, 이들은 주체가 없는 사대주의자들과 종파주의자들이라고 비판하고 나섰다.

　그렇다면 왜 그 시점에 주체를 꺼냈는가.

　주체의 출현은 당시의 시대상황과 결코 무관치 않다고 본다. 1953년 한국전쟁이 휴전되면서 불어 닥친 도전을 막기 위한 방편으로서 '주체'를 제기한 것이다.

　대외적으로는 1953년 스탈린이 사망 후, 흐루시초프가 등장하면서 개인숭배를 비판, 스탈린 격하운동이 전개되면서 그 파장이 북한에까지 불어오기 시작했다. 이로 인해 스탈린 치하의 구세력들도 정치적 공세를 취하는 시점도 됐다.[48]

　이렇게 흐루시초프가 스탈린 우상화를 격하시키면서 들고 나온 수정주의 노선 또한 큰 파장을 불러 왔다. 예컨대 공산주의로 가는 길은 다양하다(many way of socilism)는 노선은 당시 동구권 사회주

---

47) 『김일성 저작집』 9권 "사상 사업에서 교조주의와 형식주의를 퇴치하고 주체를 확립할 데 대하여"(평양: 조선노동당 출판사, 1980), p.467.

48) Nikita Khrushchev, Khrushchev Remembers, with an introduction, Commentary and Notes by Edward Crankshaw, translated and Edited by Strbe Talbot(Boston: Little Brown, 1970), p.382. 후루시쵸프도 그의 회고록에서 스탈린 학정의 죄상을 밝히지 않으면 유배 갔던 사람들이 출옥 후 현재의 자신들까지 같은 무리들로 취급해 책임을 물을 것을 미연에 방지키 위해 서둘러 스탈린시대의 청산을 들고 나왔다

의에 폭발적인 영향을 끼쳤다. 그렇지 않아도 스탈린 생존 시부터 폴란드, 헝가리에서는 반소 민족주의 감정이 강했는데 흐루시초프의 수정주의 노선은 화약에 불을 붙인 격이 됐다. 폴란드에서는 1956년 6월 포즈난 노동자들이 '빵과 우유'의 슬로건을 내걸고 시위를 하다가 군대와 충돌, 사망자 53명, 부상자 300명, 체포자가 323명에 달하는 포즈난 사건을 낳았다.

그해 연이은 헝가리의 민주화 봉기는 훨씬 더 강열해 소련군대가 투입해 진압됐다. 이 헝가리 사태는 당원, 지식인, 학생, 노동자에 이르는 모든 사회집단과 대중계급들에게까지 불만이 폭발되면서 전국적 혁명으로 확산됐다.[49] 뿐만 아니라 그 바람은 중국까지 불어왔다.

중국은 스탈린의 개인숭배 비판이 일자 모택동의 권력을 축소시키기 위해 중앙서기처가 설치되었고 총서기에 등소평이 선임됐다. 이 대회에서는 "모택동 사상은 우리 모두의 공작지침이다"라고 된 당장(黨章) 조항을 삭제하고 대신 마르크스 레닌주의 학습에 노력하고 끊임없이 자기의 의식을 높여 나간다"[50]는 구절로 대체했다.

소련이 수정주의 바람은 지금까지 스탈린주의를 모방해온 김일성으로서는 매우 큰 타격이었다. 여기서 당황한 김일성은 외부로부터 불어오는 사조(思潮)의 차단과 주민들의 사상무장을 강화하였다. 그 차단과 단절의 이데올로기로써 주체사상이 나오게 된 것이다.

한편으로 내부적으로도 주체의 출현요인이 나왔다. 1950년 초

---

49) 伊東孝之, 『동구권혁명과 비스탈린화』, p.197; Howard. Davisand Richard. Scase. 한상진. 번역, 체제비교사회학(서울: 느티나무, 1990), p.185.
50) 박찬식 편역,『등소평』(서울: 두레, 1979), p.206.

김일성체제부터가 불안정했고, 정적들로부터 강력한 도전을 받는 불안한 시점이었다. 스탈린의 사망으로 남로당, 연안파, 소련파 등 파벌들이 김일성 1인 독재에 대한 비판 움직임이 나타나고 있었다.

거기다 6·25전쟁 복구비 지원마저도 중국으로부터 많은 원조를 받았다. 이는 곧 중국을 등에 업은 연안파의 입지를 세우는 기회가 됐다. 이런 때 국내에선 전쟁 패전의 책임을 놓고 김일성에 대한 공세까지 강해졌다.[51]

이렇듯 국내외에서 불어오는 어려운 난관을 타개하면서 새로운 명분을 찾기 위해 주체라는 통치 슬로건을 꺼낸 것이다.

(2) 주체의 기원 논쟁

북한은 주체를 꺼낸 후 서둘러 펴온 작업이 주체의 역사적 뿌리 찾기였다. 주체는 어디까지나 통치 슬로건 수준이지, 결코 사상이나 주의는 아닌 만큼 이론적인 체계화가 필요했다.

그 일환으로 가계(家系)의 우상화를 통한 혁명사 다시쓰기 작업의 본격화다. 먼저 사회과학 분야의 자료와 학자들을 총동원 항일혁명운동 역사연구를 추진하면서 1920~1930년대 노동운동, 농민운동, 학생운동에 대한 대대적인 연구 사업을 폈고,[52] 이를 기초로 해서 1983년에 22권의 『조선전사』, 『현대 조선 역사』를 1987년에 『조선통사』로 계속 이어가면서 조선혁명의 역사적 뿌리를 항일빨치산 운동으로 확실하게 연계시켜 놓았다.

---

51) 서재진, 『주체사상의 형성과 변화에 대한 새로운 분석』(통일연구원, 2001), p.23.

52) 김일성은 "레닌의 학설은 우리의 지침이다." 『근로자』(1955. 4)란 글을 통해 1930년대 항일 빨치산 운동을 자기의 것으로 유일 전통화하는 역사의 왜곡을 시작했다.

이때부터 모든 공식 자료들은 한결같이 항일투쟁의 전통은 김일성에 의해 창시되고 김정일에 의해 심화 발전된 '가장 과학적인 혁명사상'이라고 규정해 놓고 있다.[53]

이런 기초 작업을 통하여 일단 2차 대전 후 신생 독립국가들이 앞 다투어 펴온 신(新)민족주의(New nationalism)란 단순 통치슬로건 수준에서 벗어 날 수 있었다.

그럼에도 김일성의 항일 빨치산 운동은 지금도 여전이 논란거리다.

김일성이 언제 어디서 '주체'를 제창했고, 그 근거인 항일운동의 진실은 무엇인가가 논란의 핵심이다.

북한에서 주체라는 용어를 공식적으로 사용한 것은 시초는 1955년 12월, 김일성의 '당 선전선동대회'에서 '사상에서의 주체'란 운을 떼고 부터였고, 주체사상으로 이론체계를 갖추게 된 시기는 1970년대 초반이다.

그러나 북한의 공식입장은 다르다. 시기적으로 한참 거슬러 올라가 '1930년대에 주체사상을 창시했다'고 주장한다.[54] 즉 해방되기 훨씬 전에 이미 김일성에 의해 주장됨으로써 이후 '주체사상'에 의해 인류 역사발전의 새 시대인 '주체시대'가 개막됐다는 주장이다.[55] 보다 구체적으로는 김일성이 만주에서 항일무장투쟁에 나선 시기인 1926년 10월 17일 육문중학 중퇴 후 만주 화전지역에서 타도(ㅌㄷ)제국주의 동맹이란 최초의 혁명적 청년조직을 시작으로, 1930년 6월 말 중국 만주 장춘현의 카륜지역에서 열린 '공청 및 반

---

53) "주체사상의 철학적 원리", 『위대한 주체사상 총서』 1권(평양 : 사회과학출판사 편, 1985), p.5.
54) 『조선중앙연감』(평양, 1982), p.191 ; 『정치사전』(평양, 1973), p.1145.
55) 김정일, 『주체사상에 대하여』(평양 : 조선로동당출판사, 1982), pp.3~4.

제 청년동맹 지도간부 회의'에서 주체사상의 원리를 처음 창시했다는 것이 공식적인 해석이다.[56]

때문에 북한은 주체의 기원인 타도(ㅌㄷ)제국주의동맹, 즉 'ㅌㄷ'가 결성된 날도 1926년 10월 17일로 잡고 매년 이날 행사를 펴고 있다·

'ㅌㄷ'는 여러 공산주의 정파와 관련이 없는 "우리나라에서 처음의 참다운 공산주의 혁명"으로서 김일성이 창시했다는 것이다·

그럼에도 북한은 김일성이 지도자로 추대되었다는 'ㅌㄷ'의 실체를 증명할 만한 자료를 내놓지 못하고 있다·

그리고 북한의 주장이 상식적으로 이해가 안 가는 부분이 많다, 우선 1926년 'ㅌㄷ'가 나올 때 김일성 나이가 고작 14세다. 사색형도 아닌 행동파형의 김일성이 중학교 3학년을 중퇴하고 어떻게 마르크스의 자본론을 읽고 이를 실천에 옮겼다는 것인지, 천재가 아니고는 불가능한 일이다. 문제는 북한이 김일성의 혁명사를 계속 부풀려온 것이, 도리어 주체를 손상시키고 있다. 사실 김일성의 항일투쟁은 크든 작든 규모와 관계없이 북한에 미친 영향만으로도 평가할 만하다. 그런데 지나치게 과대 포장해 항일투쟁을 신화로 격상시키면서 근본을 훼손시키고 있다.

본래 주체라는 용어는 국내 민족세력에서도 종종 나왔다. 예컨대 1945년 10월, 토착 세력인 남로당계에서 '조선인민의 주체는 국내 인민'이라고 주장하였는데, 이 말의 뜻은 만주 항일무장투쟁 경력이 조선혁명의 주체라고 분수없다는 뜻이다.

그래서 처음에는 김일성 자신도 '주체'라는 말을 못 꺼냈다. 그

러다가 1955년 박헌영을 제거한 이후 꺼내기 시작했는데 자신의 정적(政敵)을 제거할 수단으로 남로당계가 사용했던 주체용어를 사용했던 것이다.[57]

2) 주체의 체계화와 내용

(1) 체계화 과정

위에서 밝힌 대로 주체는 김일성에 의해 대내외 정치 환경에 초점을 맞춰 제기된 후 1960년대에 넘어와서는 정치명분으로도 '주체카드'를 꺼내기 시작하여 1966년에는 급기야 중·소 양다리 외교를 펼치며 자주노선까지 선언하게 된다.

이때부터 지금까지의 탁월한 주체성 대신, 단일중심, 단일이념에 대한 다양한 해석들을 내놓았다.

그 후 1967년 12월 최고인민위원회의 제4기 1차 회의에서는 당의 통치 이념으로 '주체사상'이란 말을 처음 사용했다.

김일성은 '국가 활동의 모든 분야에서 자주, 자립, 자위의 혁명정신을 더욱 철저히 구현하자'는 제하의 정부 정강을 발포하고 '주체사상'에 대하여 다음과 같이 언급했다.[58] "공화국 정부는 우리 당의 주체사상을 모든 부문에 걸쳐 훌륭히 구현함으로써 나라의 정치적 자주성을 공고히 하고, 우리 민족의 완전한 통일독립과 번영을 보장할 수 있는 자립적 민족경제의 토대를 더욱 튼튼히 하며,

---

57) 허동찬, 『김일성 평전: 허구와 실상』(북한연구소, 1987), pp.297~298.
58) 안찬일, "북한의 통치이념에 관한 연구"(건국대학교 박사학위논문, 1997).

자체의 힘으로 조국의 안전을 믿음직하게 보위할 수 있도록 나라의 방위력을 강화하기 위한 자주, 자립, 자위의 노선을 철저히 관철할 것이다……"로 규정했다.

그로부터 주체의 지침은 다음 <표 2>과 같은 단계를 거쳐 확립돼 왔다.

<표 2> 주체사상의 이행 과정

내 용	제기된 시기	배 경
사상에서의 주체	당선된 선동원대회 (1955. 12. 28)	- 스탈린 사망, 크레믈린 권력투쟁 - 당내 국내파, 소련파, 연안파 숙청 필요 - 박헌영 처형(1955. 12. 20) 직후
경제에서의 자립	당중앙위원회 3기 12월 전원회의(1956. 12. 11)	- 대외원조 감소, 5개년경제계획 수행차질 - 당내 반 김일성 운동 고조, 8월 종파사건 - 자력갱생의 중국식 발전 모델 시험착수
정치(내정)에서의 자주	당중앙위원회 3기 12월 전원회의(1957. 12. 5)	- 공산권 내 개인숭배 반대운동 - 당내 중국파, 소련파 숙청
국방에서의 자위	당중앙위원회 4기 5차 전원회의(1962. 12. 10)	- 중·소 분쟁과 미·소 공존 모색 - 한국의 군사혁명 (1961. 5) - 쿠바 미사일 위기(1962. 10)
정치(외교)에서의 자주	제2차 당대표자회의 (1962. 10. 5)	- 중·소 분쟁의 확대 - 흐루시초프의 실각과 브레즈네프 등장 - 월남전 확산 - 비동맹운동 발전 - 중국의 문화대혁명
종합체계화	당중앙위원회 4기 5차 전원회의(1967. 6. 28)	- 김일성 1인 지배체계 확립 - 김일성 개인숭배 운동 전개 - 3대 혁명 소조운동 전개
김일성 주의화	당6차 대회 (1980. 10. 10)	- 권력 세습제 공고화 - 온 사회의 주체사상화 운동전개 - 동구권 변화와 우리식 사회주의 고수

※ 통일연구원, 『2009 북한개요』, p.31.

즉 '사상에서의 주체'(1955)를 필두로 해서 '경제에서의 자립'(1956),

'대외정책에서의 자주'(1957), '국방에서의 자위'(1962), '대외정책의 자주'(1966)라는 4대 기본 골격을 내놓고 1967년에 이르러서는 이 모두를 포괄하는 의미의 '주체사상'을 공식적 이데올로기로 공언했다.59)

그리고 1970년 11월, 제5차 당 대회에서 채택된 당 규약에서는 마르크스 - 레닌주의와 함께 '주체사상'이 당의 공식이데올로기로 채택되었다.

이를 명시화한 것이 1972년 12월 채택한 사회주의 헌법인데 여기서 "마르크스 - 레닌주의를 우리나라의 현실에 창조적으로 적용한 조선노동당의 주체사상을 자기활동의 지침으로 삼는다"고 규정했다.

이렇게 두개의 이념이 하나의 이념체계로 통합되어 지도이념으로 나란히 정식화(定式化)된 것이다. 권력 장치도 이때 국가주석제와 함께 권력집중이 제도화되었다.60)

1974년 유일사상의 윤곽이 체계화 단계로 접어든다. 이때 김정일의 권력 후계자화되면서 "김일성 주의"가 공식화됐다. 김일성의 권위를 신격화시키기 위해 주민생활 방식의 규격화를 위해 따라 배우는 교육방법을 실시했다. 바로 1974년 4월에는 '당의 유일사상 체계 확립 10대 원칙'61)이 발표됐다.

---

59) 『북한 이해』(통일부, 통일 교육원, 2007), p.29.

60) 황장엽, 『황장엽 회고록』(시대정신 1998), p.166.
　　이때 비운의 망명객 황장엽 씨가 등장하는데, 1970년대에 이르러 주체사상은 황장엽의 인간중심론적 철학에 의하여 독자적으로 체계화되었다. 주체 내용의 핵심은 "주체사상이란 혁명과 건설의 주인은 인민대중이며 혁명과 건설을 추동하는 힘도 인민대중에게 있다는 사상이다"라는 인간을 근본으로 하는 인본주의에 기초한다고 본 것이다. 인간을 근본으로 하는 인본주의에 기초한다.

61) 수령 김일성을 충성으로 모시라는 '10대 원칙'은 다음과 같다.
　　"1. 위대한 수령 김일성 동지의 혁명사상으로 온 사회를 일색화하기 위해 몸 바쳐 투쟁하여야 한다. 2. 위대한 김정일도 똑같이 적용했는데 지적 통일과 혁명적 단결을 강화해야 한다. 3. 위대한 수령 김일성 동지의 권위를 절대화해야 한다. 4. 위대한 수령의 혁명사상을 신념으로 삼고 주체는 드디어 수령론으로까지 비약되는데 바로 1980년 10월 제 6차 당 대회에서 '주체사상은 현 시대 노동계급의 영생불멸한 지도이념'이라고 하여 마르크스－레닌주의보다 우월한 사상으로 부상시켰다.

그때부터 사회주의 공통이념인 마르크스－레닌주의가 삭제되고 대신 주체를 지도이념으로 완전히 바꾼 것이다.

여기서 비약된 수령론은 주체와 결합돼 자연인의 초인적 위대성을 내놓게 된다. 수령은 뇌수이고 인간유기체를 조정 통제하기 때문에 개인이 아닌 제도란 것이다. 인간의 육체적 생명이 부모에게서 나온 생물학적 유기체이듯, 사회생명체는 수령이란 영생 유기체란 것이다.

그리고 김정일 후계 이후에는 더욱 과감하게 나왔다. 예컨대 김일성 '주체사상'에 철학적 외피(外皮)를 입히는 작업의 시작이다. 주체사상을 '김일성주의'에서도 한 발짝 더 나아가 '사회정치적 생명체론'과 '우리식 사회주의'를 내세워 그 체계와 원리를 확대시키고 있다.

그리고 '온 사회의 주체사상화'는 바로 '혁명의 총체적 임무'라고 강조하고 있다.

수령님의 교시를 신조화해야 한다. 5. 위대한 수령 김일성 동지의 교시 집행에서 무조건성의 원칙을 철저히 지켜야 한다. 6. 위대한 수령 김일성 동지를 중심으로 하는 전당의 사상의. 7. 위대한 수령 김일성 동지를 따라 배워 공산주의적 풍모와 혁명적 사업방법. 인민적 사업 작풍을 소유해야 한다. 8. 위대한 수령 김일성 동지께서 안겨주신 정치적 생명을 귀중히 간직하여 수령님의 크나큰 정치적 신임과 배려에 높은 정치적 자각과 기술로 충성으로 보답해야 한다. 9. 위대한 수령 김일성 동지의 유일적 영도 밑에 전당. 전군. 전국이 한결같이 움직이는 강한 조직규율을 세워야 한다. 10. 위대한 수령 김일성 동지께서 개척하신 혁명위업을 대를 이어 끝까지 계승하여 완성해야 한다". 김정일. "전당과 온 사회에 유일사상체계를 더욱 튼튼히 세우자(1974. 4. 14)". 김정일. 『주체혁명위업의 완성을 위하여』 3(평양: 조선노동당 출판사, 1987), pp.101~124.

이렇듯 '주체사상'은 지속적으로 기초 연구를 다져나갔다.

그리고 "주체사상을 전면적으로 체계화하고 집대성한 불멸의 총서이며 주체사상에 대한 학습과 연구, 선전과 교양을 위한 참된 교과서, 백과전서이며 주체사상의 보물고를 풍부하게 한 기념비적 문헌이며, 온 사회의 주체사상화를 위한 불멸의 전투적 가치"라고 선전하고 있다.[62] 결국 김일성 주의의 완결을 대내외에 선언한 것이다.

북한은 또 조선노동당 창건 40돌을 기념하고 이 문건을 해설하기 위하여 1985년 '주체사상 총서' 전 10권을 발간했다.

이 총서는 주체의 사상(1~3권), 이론(4~8권), 방법(9~10권)의 전 체계를 수록해 놓은 3,250페이지에 달하는 방대한 분량이다.[63]

(2) 주체의 내용

무릇 북한에서 주체사상은 모든 분야에서 유일한 지도이념이 됐다. 이는 김일성 사후에 나온 김정일의 논문들[64]이 뒷받침해주고 있다. 당 규약 전문에는 "조선노동당은 오직 위대한 수령 김일성 동지의 주체사상, 혁명 사상에 의하여 지도되었다"[65]고 되어있고 1998년 개정된 사회주의 헌법 제3조에서는 "주체사상은 자기활동의 지도적 지침으로 삼는다"라고 규정하고 있다.

---

62) 김창원, "주체사상은 인간해방의 길을 과학적으로 밝혀주는 혁명학설", 근로자(1987년 12호), p.13.

63) 김정일, '주체사상에 대하여'의 주요내용 발췌 인용함. 1985,『주체사상총서』에서 여기서 김정일은 "온 사회를 김일성주의화하기 위한 당사상사업의 당면한 몇 가지 문제에 대하여"를 발표했음.

64) 김정일 논문「사회주의는 과학이다」(1994. 4. 11),「사상 사업을 앞세우는 것은 사회주의 위업수행의 필수적 요구이다」(1995. 6. 19).

65) 1970년 11월 제5차 당 대회 규약전문에는 "마르크스레닌주의를 창조적으로 적용한 김일성 동지의 위대한 주체사상을 자기활동의 지도적 지침으로 삼는다"고 규정했으나 1980년 10월 6차 당대회에서 개정된 당규약에서는 "마르크스—레닌주의의 창조적 적용"이란 문구를 삭제하였다.

　북한 주민들도 교양과 학습과정을 통하여 주체사상을 삶의 기준으로 받아들이고 있고, 주체사상 교양에는 원리교양, 충실성교양, 김일성·김정일의 혁명역사, 전통교양, 당 정책교양, 계급교양 등이다. 주체사상은 북한 주민들의 삶 자체를 규정짓는 하나의 준거틀이 된 셈이다.

　주체사상은 대외적으로는 자주노선의 추구라는 명분하에 폐쇄체제를 합리화하는 준거로서 사용하고 있으며, 대남면에서는 자주·평화·민족대단결을 앞세워 남조선 혁명을 정당화하는 도구로서 이용한다.

　주체사상은 대내외 정세변화에 부응하여 그 형성과 전개과정이 여러 측면에서 변화·발전을 보인 것과 같이 그 내용도 새로운 면들을 보충하면서 변화를 거듭하여 왔다. 북한은 주체사상이란 말을 처음 사용할 때, 그 내용에 대해 "사람이 모든 것의 주인이며 모든 것을 결정한다"는 철학적 원리에 기초한 사상이라 했다. 여기서 사람이란 집체적 용어인 인민대중을 뜻하는 것이다. 김일성은 "주체사상이란 혁명과 건설의 주인은 인민대중이며 혁명과 건설을 추동하는 힘도 인민대중에게 있다는 사상이다"라고 말했다고 한다.

　주체사상은 사람이 자주성과 창조성, 의식성을 가지고 자기 운명을 자주적·창조적으로 개척해 나아가는 사회적 존재라는 사실을 밝혔다고 한다. 그러나 주체사상에서 말하는 사람의 자주성, 창조성, 의식성 개념에는 하나의 중요한 전제가 따라 붙는다. 그것은 '혁명적 수령관'이다. 인민대중이 역사의 주체이지만 아무런 조건 없이 자기 운명을 자주적, 창조적으로 개척해 나갈 수는 없다고 한다. 인민대중이 역사의 주체로서 역할을 다하자면 반드시 수령의 올바른 영도를 받아야 한다는 것이다.

따라서 수령의 지도가 주체 확립에서 핵이 되고 있다. 이 점에서 주체사상에서 수령의 역할과 지위는 그 기원과 종말을 이루고 있는 것이다

1990년대 중반부터는 '인민대중' 중심의 사회주의를 강조하고 나섰다.

주체사상에서 말하는 '사람'이란 개인이 아니라 인민대중이며, 주체사상은 노동계급의 요구를 반영한 혁명사상임을 강조하고 있다. 한편 주체사상은 노동계급을 혁명의 주체, 핵심부대로 내세우고 있다.[66]

최근 김정일은 '사회주의는 과학이다'라는 글 속에서 "인민이란 공산주의자들만이 떳떳이 쓸 수 있는 신성한 말"[67]이라고 하는데 이는 주체사상의 논리체계가 바로 공산주의적 논리체계라는 뜻이다.

3) 주체의 변형된 하위체계들

주체사상의 내용과 기능이 크게 바뀐 것은 1990년 초부터 외부로부터 체제변화의 압력, 내부적으로, 경제난국에 대응키 위한 대내외 상황변화가 '주체사상'의 새로운 전개를 독촉한 것이다.

중국이 1979년 등소평이 집권하면서 나온 중국식 개혁 개방정책의 기치, 소련의 1985년부터 고르바초프가 주도한 페레스트로이카

---

66) 김정일, "인민대중 중심의 우리식 사회주의는 필승불패이다", 『김정일 동지의 문헌집』, p.338.
67) 김정일, "사회주의는 과학이다"(『로동신문』, 1994. 11. 1).

사회주의 개혁, 이 모두가 북한에 큰 부담이 되었다.

더욱이 1989년에 동구권 사회주의 국가들의 붕괴, 구소련의 붕궤는 북한의 지도부로서는 상당한 충격이었다.

대내적으로 식량난이라는 절대적 빈곤으로 불가피하게 국제사회에 공식적인 식량지원을 요청하게 된다. 그렇게 되고 보니 주체사상의 알맹이인 반사대주의니 외세의존 배격이니 하는 용어들은 설득력을 잃게 된다.

그래서 다음 몇 가지 하위체계들을 서둘러 내놓았다.

(1) 정치적 생명체론

수령에 대한 충성을 이론적으로 체계를 갖춘 것이 사회정치적 생명체론이다. 이 생명체론은 1982년 3월 31일 김정일이 「주체사상에 대하여」라는 논문을 통해서 "육체적 생명이 생물 유기체로서의 인간 생명이라면 사회정치적 생명은 사회적인 존재로서의 인간의 생명입니다"라는 언급을 한 후부터였다.

그러다가 '사회정치적 생명체' 개념이 구체적으로 정의되고 '주체사상'의 새로운 해석이 본격적으로 부각됐는데 1986년 7월 15일 김정일이 조선노동당 중앙위원회 책임 간부들과 한 담화와 '주체사상 교양에서 제기되는 몇 가지 문제에 대하여' 등에서부터 나오기 시작했다.[68]

이 담화 이후 '주체사상'은 '사회정치적 생명체론'을 중심으로 재해석되고 인민대중들을 상대로 교양되었다. 예컨대 수령, 당, 인

---

68) 김정일, '주체사상 교양에서 제기되는 몇 가지 문제에 대하여', 『근로자』(1987년 7호).

민은 결코 분리할 수 없는 하나의 생명을 가진 유기체적 동일체란 것이 핵심이다.

즉 "인민대중은 당의 령도 밑에 수령을 중심으로 조직되고, 사상적으로 결속됨으로써 영생하는 하나의 사회정치적 생명체를 이룰 때 역사의 자주적인 주체가 된다"는 것이 정치적 생명체란 것이다.[69]

수령 - 당 - 대중은 하나의 생명으로 결합되어 운명을 같이하는 사회정치적 생명체이기 때문에 그 사이에서는 서로 도와주고 사랑하는 혁명적 의리와 동지애의 관계가 이뤄진다는 논리다.

개별적 사람들의 생명의 중심이 뇌수인 것처럼 사회정치적 생명의 중심은 이 집단의 최고 뇌수인 수령이라는 것이다. 수령을 사회정치적 집단의 최고 뇌수라고 하는 것은 수령이 바로 이 생명체(사회집단)의 생명활동을 통일적으로 지휘하는 중심이라는 것이고 당은 수령을 중심으로 조직적으로 사상적으로 공고하게 결집된 인민대중의 핵심부대로서 자주적인 사회정치적 생명체의 중추를 이루고 있다는 것이다.[70]

'주체사상'에 대한 새로운 논리를 도입하자는 의도와 목적이 무엇인가를 다시 정리하면 다음과 같다.[71]

첫째, 북한사회의 전통적인 전체주의 또는 집단주의 개념을 더욱 정교하게 발전시켜 북한식 전체주의적 사회관을 강화하려는 것이다.

둘째, 생물학적인 유기체(有機體)설에 비유하여 수령에 대한 충성의 당위성을 강화하려는 것으로 볼 수 있다.[72] 수령은 사회정치

---

69) 김정일, 앞의 글. 7 · 15 담화문(1986)과 스즈끼 · 마사유끼, "북한의 사회정치적 생명체론", 박한식 편, 『북한의 실상과 전망』(서울: 동화연구소, 1991).

70) 『'92. 북한개요』(통일원, 1992. 12), p.41.

71) 『북한 이해』(통일 교육원, 2002) 기본교재, pp.35~36.

적 집단에서 생명의 중심인 만큼 혁명적 의리와 동지애도 수령을 중심으로 해서 이뤄져야 한다는 것이며, 수령은 사회정치적 생명체의 최고 뇌수로서 집단의 생명을 대표할 수 있기 때문에 수령에 대한 충성과 동지애는 절대적이고 무조건적임을 정당화하고 있다.

셋째, 이러한 사회통합의 강조는 결국 중국, 동구제국, 소련에서의 개혁바람에 대치해 북한주민들의 동요를 막아 사회통합을 강화하기 위해서다. 김정일은 사회정치적 생명체를 주장하는 1986년의 7·15논문의 뒷부분에서 다음 몇 가지를 특별히 강조하고 있다.

"자식들이 부모를 사랑하고 존경하는 것은 자기 부모가 반드시 다른 부모들보다 낫거나 그들로부터 어떤 덕을 입을 수 있기 때문이 아니라 바로 자기를 낳아 키워준 생명의 은인이기 때문이다.

혁명적 의리를 지키는 사람이라면 좋을 때나 나쁠 때나 변함없이 오직 자기생명의 모체인 수령, 당, 대중과 운명을 같이해 나갑니다."73)

넷째, '사회정치적 생명체론'은 자본주의에 대한 사회주의의 우월성 회복에 목적을 두고 있다. 김정일은 발전된 자본주의가 물질적인 생산력에서는 사회주의를 능가하고 있다고 인정하면서도 자본주의는 개인적인 생명을 보장해 주는 것에 불과하다고 보았다.

이상 몇 가지 의도에서 북한은 최근 '사회정치적 생명체론'에 대한 인민대중의 교양을 강화하고 있다.

---

72) 서재진, "주체사상의 형성과 변화에 대한 새로운 분석"(통일연구원 연구총서, 2001), pp.104~105.

73) 김정일은 "일꾼들 속에서 혁명적 수령관을 튼튼히 세운 데 대하여", 『김정일 선집』 9(평양 : 조선로동당출판사, 1997), p.277.

(2) 우리식 사회주의

주체사상이 1990년대 들어와 "우리식 사회주의"로 또 한 차례 명칭이 바뀐 것이다. 물론 1990년 초 사회주의 붕궤의 충격에서 벗어나기 위해 나온 '카드'다.

김정일은 붕궤의 원인을 "이 나라의 당들이 올바른 당 건설리론을 가지지 못하고 당을 튼튼히 꾸리지 못한 데 있다"고 단정했다.[74] 바꿔 해석하면 마르크스 – 레닌주의 당 건설 이론이 제한성을 가지고 있는데도 당원들이 마르크스 – 레닌주의를 지도적 지침으로 해 놓고 교조주의적으로만 매달리다 시대 변화를 읽지 못해 붕궤됐다고 보고 있다.

그래서 오로지 '우리식 사회주의론'만이 사회주의를 지킬 수 있는 유일한 대안이라는 것이다.[75] 따라서 북한은 1991년 5월 5일 '인민대중 중심의 우리식 사회주의는 필승불패'라 정의하고 북한식 사회주의로 정식화해 나가고 있다.[76]

북한이 사회주의 이치까지 거부하면서, 우리식 사회주의를 주장할 땐 북한의 이념과 문화적 요소가 개입된 것이다.

바로 중요한 의미를 띠는 부분은 전통문화, 즉 유교적·조선적 가치들을 강조하면서 차별화를 꾀한 것이다.

예컨대 대를 이은 충성, 효성, 인덕정치(仁德政治), 1993년에 나온 단군 실제설과 김일성 단군후예론 등까지 동원해 차별화한 것이다.

---

74) "주체의 당 건설리론은 노동계급의 당 건설에서 틀어쥐고 나가야 할 지도적 지침이다", 조선로동당 중앙위원회 책임일꾼들 앞에서 한 연설 1990. 10. 10, 『김정일 선집』 제10권 7, p.278.

75) 김정일, "주체사상교양에서 제기되는 몇 가지 문제에 대하여"(1987. 7), p.17.

76) 김정일, "주체의 당 건설리론은 노동계급의 당 건설에서 틀어쥐고 나가야 할 지도적 지침이다", p.278.

또 그해 말에 준공한 단군릉 재건[77]도 민족적 전통으로부터 부여되는 권위를 김일성에게 부여하도록 하는 상징조작 장치들이다.

바로 이런 역사적 전통문화를 앞세워 '우리식 사회주의' 가치를 형성했고 이를 김정일에 의해 논문으로 구성하여 당중앙위원회 책임 일꾼과의 담화형식으로 발표했다.[78]

그러면서 사회주의 변화도 "오늘날 일부 나라들에서 사회주의가 좌절된 것은 일시적 현상이며, 인류가 사회주의에로 나아가는 것은 그 어떤 힘으로도 막을 수 없는 력사의 법칙"이라고 호도하고 있다.[79]

아울러 그 좌절의 이유는 '주체사상'과 같은 위대한 사상이 없었고 김일성 부자와 같은 위대한 지도자가 없었기 때문이라고 해석하고 있다.

최근 다원주의를 지향하는 동구의 민주화 개혁과 개방에 대해 북한은 "제국주의자들이 파괴하기 위해 경제협력과 원조를 미끼로 침투해 들어온 반동적 책동의 결과"라고 주장하며[80] 체제의 개방적 변화까지 단호히 거부하고 있다.

그럼 왜 1990년대 들어 대중의 역할이 전례 없이 강조되고 있는가.

첫째는 루마니아를 비롯한 동구권 사회주의 국가들의 붕괴를 관료주의의 병폐 때문에 밑으로부터의 저항이라고 파악하고, 인민의 이탈 방지를 위하여 이미 인민대중 중심의 '민주주의 체제'임을 강조하기 위해서고,

---

77) "김일성 수령님을 주체의 태양으로 영원히 모시기로 한 것은 단군 민족의 최상최고의 영광이고 특전이다", 『로동신문』, 1995년 7월 11일 참조.

78) 『로동신문』(1991. 5. 27).

79) 김일성, 1990∼1992년도 신년사.

80) 김정일, 1991년 5월 5일 담화, '인민대중 중심의 우리식 사회주의는 필승불패이다' 참조.

둘째는 중국 및 소련의 개혁 바람이 북한에 침투하는 것을 막기 위해 '우리식 사회주의'의 우월성과 고수를 강조하는 것이다. 즉 중국, 동구, 소련에서 개혁을 한다고 하더라도 그것은 북한과는 무관한 것이며 북한에서는 불필요하다고 본 것이다.

그래서 지금까지의 인간중심에서 혁명과 건설의 주인은 인간대중이고 그들의 자주성과 창의성이 외부세계를 지배한다는 논리의 전환을 편 것이다.

이런 우리식 사회주의를 어떻게 평가할 것인가.

아무리 허구적 이념이라도 과학이란 이름으로 대중의식을 움직인다는 측면에서 보면 일단 순기능으로 평가된다.

바로 우리식 사회주의도 한순간에 닥친 소련의 해체, 동구권 사회주의의 붕궤의 바람을 차단키 위해 잽싸게 돌려막기식으로 꺼낸 카드가 2012년에 3달성되는 강성대국이고 주체에서 인민대중이 중심이 돼야 한다는 것이다.

위기를 모면하자고 체제수호의 중심 고리를 바꿔치기한 순발력은 평가된다. 변형된 주체를 무기로 체제붕궤를 먹을 수 있었기 때문이다.

그렇다면 그렇게 외쳐오던 인간중심은 어디가고, 왜 인민대중이고, 그 인민대중에게 책임과 의무만 요구했을 뿐 그 대가는 무엇인가. 그리고 그들이 자발적이었다면 응집력이 나와야 하는데 그 결과는 무엇인가. 그리고 인민대중들이 자기 스스로 운명을 개척하는 주인다운 태도의 주인이라고 했는데, 왜 그들은 지금도 수동적인가. 결론은 물질적 동기가 없으니 시키지 않으면 안 한다는 것이다.

(3) 붉은 기 사상

김일성 사망(1994. 7), 자연재해 등 체제위기 국면이 전개되던 1995년부터 김정일은 "적들이 바라는 것은 우리의 사상이 희어지는 것이나, 우리는 붉다"며 사회주의 붕괴의 소용돌이 속에서도 이를 지키는 보루로서 자신을 부각시키면서, 사회주의 순결성·체제 보루를 상징하는 '붉은 기 사상'을 내놓았다. '붉은 기 사상'은 1995년 8월 28일자 노동신문에 '붉은 기를 높이 들고 나가자'라는 논설이 실린 이후부터 등장하였다.

'붉은 기 사상'의 기초인 '붉은 기 철학'이 주체의 혁명철학에 기초해서 일심단결의 혁명철학과 신념의 철학을 담고 있는 것으로 설명되는데, 이는 '붉은 기 사상'이 주체사상에 기초하되 새로운 상황에 직면해서 이를 돌파하기 위해서 나온 체제수호의 논리라는 점을 말해주는 것이다.

'붉은 기 사상'은 "어떤 배신도 모르며 사소한 사상적 변질도 없는 일심단결의 상징이며 혁명적 지조와 절개로 죽어서도 붉은 기 폭에 싸여 영도자의 품속에서 영생하려는 신념의 기치"로 표현된다. 즉 살아서도 죽어서도 김정일에게 충성하라는 취지인 것이다. 그러나 1997년 10월 김정일이 조선노동당 총비서로 취임하고 황장엽 씨 망명(1997. 2) 등으로 인한 북한사회의 충격이 어느 정도 가시면서 '붉은 기'에 대한 강조도 줄어들었다.

(4) 강성대국론

강성대국론은 1998년에 본격 등장한 이념이다. 1998년 2월 김정일의 자강도 현지지도 및 '8 · 15'를 전후하여 '강성대국'이라는 용어가 제시되었다.

북한이 주장하는 강성대국 건설론은 3가지 측면으로 제시된다.

첫째는 사상 · 정치의 강국 건설이고, 둘째는 군사의 강국 건설이며, 셋째는 경제의 강국 건설이다. 사상의 강국이란 "주체사상에 기초한 당과 혁명대오의 공고한 사상의지적 통일단결이 이룩된 나라"를 말하며, 군사의 강국은 "강력한 공격수단과 방어수단을 다 갖춘 무적필승의 강군, 전 인민의 무장화, 전국 요새화가 빛나게 실현되어 그 어떤 원수도 범접할 수 없는 난공불락의 보루"를 뜻하고, 경제의 강국이란 "사회주의 건설을 다그쳐 경제를 활성화하고 자립경제의 위력을 높이 발양시키면 우리 조국은 모든 면에서 강대한 나라로 빛을 뿌리게 된다는 의미라고 설명하고 있다.

한편 북한은 2001년 신년 공동사설에서 '신사고'에 기초하여 강성대국 건설을 위한 모든 부문, 모든 분야에 '종자론'을 관철할 것을 촉구하였다.

'신 사고론'은 강력한 국가 경제력을 확보하기 위해 새 세기의 요구에 맞게 사고방식, 투쟁기풍 등에서 근본적인 혁신을 이루어야 한다는 것으로 과거 다른 나라의 낡은 틀과 관례를 전면적으로 재검토하고 '우리 식'대로의 방법론을 강조하고 있다.

북한이 강성대국론을 내놓은 배경에는 대내적으로 김정일 시대의 출범에 즈음하여 주민들에게 희망을 줄 수 있는 새로운 정치이념이 필요하고, 대외적으로는 북한 정권이 건재함을 과시해야 할 필요성이 있다는 점 등이 작용했던 것으로 보인다.

(5) 선군정치론

선군정치의 본격화는 1994년 김정일이 군 최고사령관으로 올라서고 곧 시작한 '고난의 행군' 때부터였다. "사회의 당"이 "병영 안의 당"을 따라 배우라는 김정일 정치의 특징으로[81] 규정지어 졌다. 그리고 1998년 김정일 체제의 공식출범과 함께 통치이념으로 정착됐다.

선군정치의 내용과 의도하는 바는 군의 영향력을 정·경제뿐 아니라 교육, 문화, 예술 등 전 영역에 미친다는 것이다. 그리고 나온 배경은 첫째, 김정일 정권이 생존을 위해 권력의 근간을 군에 의존하는 것이고 둘째는 외교적 고립으로부터 오는 대외적 안보불안을 막기 위함이다.

군을 앞세운 이유는 체제단속을 위해 전체사회에 일사불란한 명령체계를 주입시키고 대중적 저항의식의 기미를 봉쇄하고 대외적으로 자원의 고갈의 타개를 위해 마지막 체제보위의 '버팀목'인 군을 끌어들인 것이다.

그럼 군과 정치를 동일시하는 근거는 어디서 나왔는가. 그 근거는 북한 군부의 성격부터 이해돼야 한다.

사회주의권에서도 군을 보는 시각은 국가마다 다르다. 소련처럼

---

81) 북한은 1960년 8월 25일 김정일이 '조선인민군 근위 서울 류경수 105 땅크사단'을 방문하였을 때부터 선군정치가 시작되었다고 주장하고 있다.: 노동신문(2005. 10. 5) 참조.

군대에 대한 관(觀)을 국가보위 수단으로만 보고, 기능중심으로 틀을 짜서 운영하는 경우가 있고, 반대로 중국처럼 군의 정신력을 앞세우면서 근거를 연안장정(延安長征)[82]에서 찾는 경우가 있다. 여기서 북한의 경우는 중국의 정신을 모방해 군의 뿌리를 항일빨치산에 두고 있다.

바꿔 말해 인간의지를 중시한 중국의 홍기(紅紀)사상처럼 항일빨치산 정신을 앞세우고 있다. 이런 근거에 따라 병영국가(兵營國家)로 성격을 바꾸는 것이고 군대가 전 사회영역을 커버해도 된다는 정당성이 자연스럽게 성립된다.[83]

1996년에 본격적으로 선군정치로 선회했는데 김정일이 그해의 현지 지도의 횟수만 해도[84] ''96년에만도 군부대 방문 21회, 군부대가 투입된 건설현장 방문 8회, 군 체육단 방문 2회, 군 예술 공연 관람 8회'를 기록하였다.[85] 방문기관에서 보듯이 국방 이외에 건설, 스포츠, 예술 등 분야에서까지 군을 내세우겠다는 의지가 엿보인다. 이렇듯 군에 의해 국가가 이끌리는 기형적 현실에서는 군의 위상도 강화된다. 그 사례가 '1996년 북한군 창군일'과 휴전협정 체결일인 "조국해방 전쟁승리의 달" 등 두 개의 군 관련 기념일을 모두 국가명절로 지정하였다.[86]

결국 제도로까지 굳어져 "군대를 중시하고 그를 강화하는 데 선

---

82) 연안 대장정이란 1934년 10월부터 2년간 공산군이 국민당군의 추격을 받아 장시(江西)성 루이진(瑞金)에서 산시(陝西)성 예안(延安)까지 1만 2,500Km를 행군한 사건을 말한다.

83) 이종석, 「북한위기의 구조와 전망」(『통일경제』), 1997, 1월호, p.36.

84) 이 현지지도 횟수는 1995, 96년에 『로동신문』에 나타난 김정일의 전(全) 동정을 분석해서 얻은 수치이다.

85) 1996년 김정일이 군 관련 기관 방문 횟수는 많아도 민간 건설현장을 찾은 것은 고작 2차례에 불과하였다.

86) 『로동신문』, 1996년 4월 24일 및 7월 26일자 참조.

차적 힘을 넣는 정치"로 규정한 것이 뒷받침 한다. 뿐만 아니라 선 군정치 방식은 "군사선행의 원칙에서 혁명과 건설에 나서는 모든 문제를 해결하고 군대를 혁명의 기둥으로 내세운 사회주의 위업 전반을 밀고 나가는 령도 방식"으로 규정된다.[87]

그런데도 결코 군은 당보다 우위에 설수는 없다. 북한 군대는 오 직 당의 군대일 뿐이지, 결코 군대가 당의 우위에 설 수는 없다는 원칙은 그대로다. 단지 김정일이 군대를 높이 평가한 것은 군대가 벌인 당 사업을 높이 평가했다는 뜻이다.

따라서 "모든 당원들과 근로자들은 인민군대가 창조한 정신과 도덕, 투쟁기풍을 적극 따라 배워야 한다"는 말은 오직 인민군대가 당 사업을 선도하라는 뜻을 담은 것이다.[88]김정일이 당 일꾼들을 질책하면서도 "사회주의 위업을 고수하고 완성해 나가자면 당을 강화하고 당이 총대를 틀어쥐어야 한다"는 말에 잘 나타나 있다.[89]

그러나 선군정치는 본래 그 작동원리가 동원이란 점을 놓고 보 면 경제건설에 기여는 예상되나 국가전략 목표인 강성대국을 건설 하는 과제와는 상충된다.

---

87) 송재순, 김흥룡, 「노숙하고 현명한 정치로 사회주의를 빛내어 가시는 위대한 령도자」, 『로동신문』, 1998년 10월 19일.

88) 1999년 3개 신문 신년 공동사설.

89) "우리 당의 선군정치는 필승불패이다"(『로동신문』, 『근로자』 공동논설), 『로동신문』, 1999년 6월 16일.

4) 주제의 실천기능[90]

(1) 주체형 인간문화 형성

앞에서 살펴보았듯 '주체사상'은 수령 – 인민 – 당을 한 묶음으로
한데서 북한 주민들이 가치판단을 하는 기준이 됐고, 태도를 결정
하는 준거 틀(Framework of Reference)의 역할을 해 왔다. 예컨대 주
민의식 행태를 고치는 휠 터 기능을 충실히 한 것이다.

특정한 사실이나 정세를 인지하고 판단하는 것은 '주체사상'이
라는 혁명이데올로기를 기준으로 하여 이뤄진다.

이와 같은 이데올로기적 기능으로 객관적 사실을 과장 내지 단
순화로 유도했는데도 그것이 마치 사실처럼 북한주민들에게 신념
화돼 있다. 결국 이데올로기란 허구가 이론 또는 과학의 이름을 대
신한다는 것이다.

북한의 '주체사상'과 관련된 문건들을 보면 하나같이 '과학적'이
라는 수사가 붙는데 이런 이념이 객관적 사실을 능가하기 때문에
가능하다.

주관적 이념을 합리적이고, 과학적인 것처럼 외피(外皮)를 씌운
것이다.[91]

이런 측면에서 볼 때 주체사상이라는 혁명 이데올로기는 허위의
식 내지 신화에 의해 지배되는 한 사람의 독재통치를 규정지어 주
는 권위에 불과한 것이다.

---

90) 박형중, "사회주의론", 『김정일 연구: 리더십과 사상(1)』(통일연구원 2001), p.90.

91) Karl Marx, Friedrich Engels, The German Ideology(New York: International Publishers, 1967), p.39.

거기에 더 중요한 문제는 '이데올로기가 어떻게 과학이란 이름으로 둔갑하여 적극적인 기능을 띠는가'이며 또 이를 인정할 수밖에 없다는 현실도 주목할 일이다.[92]

물론 이런 비과학적 기능이 순기능(順機能)인지 역기능(逆機能)인지의 문제는 보는 사람의 시각에 따라 다르게 나타난다. 하지만 분명한 사실은 적어도 북한이란 사회를 통합시키면서 오늘까지 북한을 지탱시킨 순기능 작용을 한 것은 틀림없다.

(2) 권력 정통성의 정당화

'주체사상'의 기능 중 또 한 가지 중요한 대목은 김일성 1인 지배체제를 위한 정통성 확보였다. 2차 대전 후 사회주의를 표방한 신생국가 지도자들의 공통된 고민은 1단계 권력의 정당성 시비로부터 벗어나는 일이 급 선무였다. 바로 여기서 주체의 기능이 정통성 시비에서 용케 빠져 나오게 해 준 통로로 작용했다. 김일성 정권은 초기부터 정통성이 불투명하고 시비에 휘말릴 수밖에 없었다.

김일성의 경력부터가 스스로 정당성을 보호받을만큼 화려하지 못했다. 중국의 모택동이나 유고슬라비아의 티토와 같이 자생적 공산투쟁을 통한 화려한 혁명경력도 미약했고, 여타 후진국 지도자들처럼 민족해방투쟁을 통한 자생력을 키운 것도 아니다. 고작 만주의 항일 무장투쟁 경력을 민족투쟁으로 내세우고 있으나, 이 또한 한정된 만주지역에서, 주목할 만한 경력도 아니고, 그렇다고 객관적으로 투명성 있게, 조명된 경력도 아니다.

---

92) 홍승원, 『북한 정치사회의 이해』(서울: 지식서관, 1999), p.92.

그 때문에 계속 항일빨치산 투쟁경력 만들기에 초점을 맞춰 과장, 미화에 날조까지도 반복해 왔다.

그리고 그 투쟁경력을 바탕으로 정통성을 보호받고 체제수호에 보호막까지 해 주었다.

수령 – 당 – 인민을 한데 묶어 같이 죽고 같이 살자는 가족공동체(家族共同體)를 만든 것인데, 이 또한 세계적인 이변(異變)이긴 하지만 성공한 사례다.

일반 사회주의 국가들은 당 독재 아래 집단주의 경제와 자본주의 방식을 혼용(混用)하면서 실패했으나, 북한의 경우는 경제기초가 아닌 주체를 앞세워 정치와 경제를 혼합한 독창성으로 성공한 케이스다.

(3) 일체감을 통한 증오인식 조성 기능[93]

어떤 정치체제든 초기에 일단 정통성 확보가 끝나면 다음은 사회구성원들을 한데로 묶는 과정으로 들어간다.

전 주민들에게 일체감을 불러일으키기 위해 민족정서와 주민들의 감정을 한 군데로 묶는 공동결사체(結社体)를 만드는 일이다.

예컨대 민족주의를 앞세워서, 민족 중심주의 감정(Ethnocentrism)을 불어넣어 주민들을 일체화시키는 방법이다.

그러면서 배타주의 인간형까지 만드는 것이다.

민족 중심의 주체시각에서 미국을 들여다보면 '제국주의의 두목'이고 남한은 철저히 예속된 식민지이기 때문에 '제국주의적 침략

---

93) 홍승원, 『새로 편 북한체재론』(한국학술정보, 2007년, 3차 개정판), p.85.

기지'로 규정된다. 그것도 감성적, 획일적으로 주체의 틀에 입각해 보면 영락없는 사실처럼 자연스럽게 인지되어 왔다. 결국 외세로부터의 순결성과 청결성은 반대로 우리 것에 대한 순수함, 깨끗함, 사랑, 애착심을 유발시키는 배타주의를 낳게 된다. 바로 그 연장선에서 제국주의로부터 '남조선을 해방시켜야 한다'는 당위성을 주민들에게 인지 및 구조화시켜 왔다.

그 연장선상에서 주체의 적(敵)은 제국주의 세력뿐 아니라, 남한의 보수정권, 자본가들까지 맹목적 감정을 주입시켜 반동세력으로 몰아 확대 발전시킨다.[94]

이러한 '적'의 개념에 근거하여 '남조선 혁명'의 성격을 '애국자와 애국자들 간의 투쟁으로 규정, 주체사상에 기초한 '조국해방의 통일'을 합리화한다. 그래서 남조선을 해방시키라는 구호는 주민 일체감과 한 수레바퀴로 돌아간다. 바꿔 해석하면 "미제, 일제로부터 남조선 해방"이란 대명제가 있었기에 북한 주민통제가 가능했던 것이다.[95]

(4) 대중동원 기능[96]

'주체사상'은 인민대중을 정치적, 경제적으로 동원시키는 데 크게 촉매역할을 했다.

북한이 사용하는 동원수단은 대중들에게 정치 심리적 동기를 자극시켜 자율적으로 참여를 유도하는 군중노선을 택하고 있다.

---

94) 홍승원, 『새로 편 북한체재론』(한국학술정보, 2007년, 3차 개정판), p.85.
95) 위의 책, pp.85~87.
96) 위의 책, p.84.

이는 행정력이나 직·간접의 물질보상이란 자본주의식 동원 방법이 아닌 반복적 정치사회화를 통한 규범성에만 호소한다. 이런 식의 동원이 가능한 이유는 통제된 상황에서 사유제 철폐와 모든 생산수단을 인민적 소유 내지 공유화한 때문에 가능하다.

이 같은 주체의 군중노선은 초기에 나온 천리마운동, 청산리방법, 3대 혁명 소조 운동[97] 형태로 심화돼 왔다.

이런 군중 동원강화는 1980년대에 들어 더욱 강화됐다. 이상에서 볼 때 '주체사상'의 표방시기와 사회동원의 고착화시기가 일치하는데, 이는 주체가 대중을 동원하는 이데올로기로 역할을 하면서 결과적으로 통제사회를 유지·존속시키는 기능을 담당해 온 데 있다.

(5) 집단 결속 행동화 기능

끝으로 주체의 기능은 교양학습을 통한 집단결속의 의식구조를 형성시킨 점이다.

이 같은 집단결속 정서는 특유의 정치사회화(政治社會化)라는 북한식의 재사회화(再社會化)학습방식을 통해 이뤄진다. 허구든 진실이든 기계적 반복학습을 통하여 구석구석까지 파고든 것이다.

첫째, 집단주의 인간상을 만들었다. 개인의 이익보다 집단의 이익을 우선하는, 즉 남한 자본주의 사회에서 추구하는 개인주의는 사적 소유와 계급의 산물이기 때문에 착취계급 사상으로 몰아붙이

---

97) 3대 혁명 소조운동은 1973년 김일성에 의하여 제대군인, 열성당원, 대학 졸업반 학생들, 김일성고급 당 학교 학생들, 대학을 갓 졸업한 기술자와 사무원 등을 주축으로 조직해 이들을 각 공장, 기업소, 협동농장 등 경제기관, 행정기관, 문화기관 등 기관에 파견시켜 사상혁명·기술혁명·문화혁명, 즉 3대 혁명을 지도 통제하는 조직적 정치운동이다.

고 있다. 그리고 사회주의가 추구하는 가치관인 표준형 인간을 만든 것이다. 단적인 사례가 아리랑 축전에 10만 명의 학생들을 동원해 80분간 일사분란하게 펼치는 카드섹션이 그렇고 길거리에서 최면 걸린 듯 꽃을 들고 아우성치는 여자들의 모습에서 집단행동의 위력을 실감할 수 있다.

북한의 이런 집단주의 행동이 어떤 결과를 만들었는가. 개인능력이나 생산성보다 동지애, 인간의리를 중시하기 때문에 경쟁에 약한 인간을 만든다. 다음은 공동 노력 공동 보상은 집단적 규모는 커지나, 개인 기여도는 약화되는 이른바 사회적 나태(Social, Loafing)현상을 가져왔다.

둘째, 집단주의 기능에서 대가족주의 인간형 만들기를 빼 놓을 수 없다. 인간에게 가장 소중한 원초집단인 혈통중심의 가정을 대가정으로 전환시켜 놓았다. 수령(어버이), 당(어머니), 인민(자식)을 하나로 묶는 주민모두를 공동운명체로 만들어 놓은 것이다. 바꿔 말해 가족의 단위를 국가로 연장시켜 대가족을 만들었다. 그 사례가 전 인민들의 배지부착이고 "수령 교시", "지도자 말씀" 외우기 등 계속 집단사고력을 형성시킨다. 결국 북한은 유교사상을 인민착취의 대상으로 보면서도 주체기능에선 충·효를 끌어 들여 대가족을 만드는 모순을 보여주고 있다.

5) 주체의 평가와 한계

그럼 주체를 어떻게 종합적으로 평가할 것인가.

주체사상의 긍정적인 평가를 내리자면 일단 냉전시대에서 출발, 90년대 사회주의권 해체단계까지 오면서 체제유지를 위한 공식규범(公式規範)으로서 크게 기여했다는 평가다.

대외적으로 1980년대 후반까지는 소련과 중국의 영향력을 배제하는 데 기여했고, 그리고 대내적으로는 부자세습을 위한 우상화 촉진수단으로 이용되었다.

이를 다시 정리하면 첫째, 주체를 생존전략으로 활용해 성공한 케이스다. 냉전시대 중·소 강대국 틈새에서 자주노선을 내걸기가 결코 쉽지 않음에도 일관되게 지속해, 중·소 강대국의 틈바구니를 용케 빠져 나온 점이 평가된다.

둘째, 주체가 종교로까지 비약해 유일신(唯一神)으로 비약됐고 '수령과 같이 죽고 같이 산다'는 수령중심의 인격적 사랑에 기초한 대가정화를 만들어 체제를 보호한 점도 평가할 대목이다.

셋째, 주체가 혈육(육체)의 가정과 사회의 가정이란 두 개의 가정을 만들어 놓았다. 육체적 생명은 생물유기체이기 때문에 유한하고, 정치생명은 영생하다는 논리다. 바로 생명이 영원하기 때문에 유훈(遺訓)통치도 가능하다는 것이다.

끝으로, 2차 대전 후 탄생한 사회주의 나라들의 공통점은 자본주의식 경제 혼용방식을 펴면서 거의가 실패했다. 그러나 북한은 정치 슬로건인 주체의 깃발을 내걸어 정·경을 혼용해 정통성을 찾았다.

이런 몇 가지 긍정적 측면은 평가할 일이다.

그러나 요즘 북한의 절박한 상황을 놓고 보면, 이제 한계에 온 듯하다. 첫째, 주체사상에서 인민의 자주성, 창의성에 대한 독자적 사상체계를 강조하나, 계속 객관적 현실을 무시하고 주관적 강조만이 나올 때의 역작용을 어떻게 막을 것인가.

북한이 주장해 온 인민중심의 사회주의적 민족주의 강조에는 두 가지 상반된 조건을 한 묶음으로 하고 있다. 그 결과 체제의 안정적 유지에는 성공했으나 다른 하나인 선전과 현실 간의 괴리로 불만이 나오게 됐다.

즉 실용주의란 경제논리와 '우리 것'에 대한 정치논리로 틀을 구성한 주체사상은 성격부터가 배타성을 띠는데 언제까지 민족적 정서에만 매달리며 인민을 묶어놓을 것인지, 실용주의는 오직 실사구시(實事求是)에 기초한다. 때문에 객관적이고 과학적이 아니고는 접근이 어렵다는 것은 상식이다.

이런 물질적 동기인 실용을 주관적 관념으로 접근할 때 결과는 빗나 갈 수밖에 없다.

둘째, 인간은 누구냐 하는 문제다.

인간에게 소유 욕구는 천부적 관능적(官能的)인 문제다. 인간이면 누구나 똑같이 갖는 원초적 욕구를 인위적으로 분산시켜 놓고, 정신무장을 강요할 때 얼마나 지속될 것인가. 지금도 북한은 「우리식 사회주의」를 외치면서 철통같은 통제를 가한다. 그러나 이미 한쪽에선 사회통제의 끈이 풀리면서, 사회일탈(社會逸脫)이 벌어지고 있다. 주체를 수용할 세대도 줄고, 서구 자본주의의 단맛을 아는 세대들은 날로 증가한다. 이런 상황에서 계속 포괄적인 총론으로 '짜집기'를 한다고 요즘 세대들이 순응할 것인지, 최근 북한의 각종 사회일탈 수준은 후기 산업사회의 모습과 너무도 흡사하다. 몇 십만 명의 탈북행렬에 "돈과 빽이면 안 되는 일이 없는 공화국" 남한의 한류열풍까지 선풍적으로 불어, 계속 단속을 펴고 있으나 잠잠

해 지기는커녕 계속 전국으로 확산하고 있다. 이런 인간의 본능적 욕구를 언제까지 억제할 것인가.

셋째, 현실은 과학으로 풀어야 한다. 식량난, 탈북행렬은 엄연한 현실문제이기 때문에, 인민대중의 의식성, 자주성에 호소해서 풀 일이 아니다. 오직 과학으로만 풀어야 한다. 관념론적 사상은 객관성을 뛰어 넘을 수 없기 때문이다.

끝으로 실용적인 각론이 나와야 한다.

'우리식 사회주의'만 해도 그렇다. 동구권이 순식간에 무너지면서 다급한 나머지 궁여지책으로 불쑥 끌어 낸 대안인데, 이 또한 포괄적인 총론적 당위성이지 구체적 실천내용은 아니다.

이렇게 위기 때마다 주체의 포괄적인 당위성을 '불쑥' 총론적인 주체의 하위체계만 꺼내가며 내용을 덧칠만 하다 보니, 환경이 바뀌면 논리적 취약점이 곳곳에서 나온다. 식량난, 탈북, 한류열풍은 그 해법이 실천 정책이 담긴 각론이어야 한다. 바로 주체와 실용의 배타성이 이 같은 결과를 낳는다. 아무튼 주체의 효력이 한계를 치닫는 마당에, 주체의 철학적 골격을 세운 황장엽 노동당 비서마저 1997년 귀순한 데선 더 할 말이 없다.[98]

하지만 '사회주의는 공짜가 없다'는 역설적인 논리가 통하고, 사회주의 상징인 배급제까지 마비된 상태에서 탈북행렬은 줄을 잇는다.

그래서 아무리 전지전능한 주체라고 해도 인간의 본능인 생존규범을 커버해 나갈 수는 없다.

---

98) 황장엽, 『나는 역사의 진리를 보았다』(한울, 1999), pp.355~359 및 황장엽의 앞의 책, 『회고록』, p.145.

2. 권력승계의 이해

1) 권력승계의 출발—특징

북한의 권력승계는 1970년 초 김일성 정권이 안정권에 들어온 시점에 공식적으로 나온 시대적 산물(産物)이다.

북한의 1970년 초는 정권수립 후 불안정하게 운영돼온 체제가 일단 정비단계에 들어선 시점이다. 항일빨치산 1세대들도 50~60대의 성숙한 나이에 접어들고 권력서열도 20위 안팎에 들어온 시점이다.

거기에 권력층 내에도 전문 인력들로 신진대사가 이뤄져 1970년 제5차 당 대회에선 당 중앙위원 117명 중 과반수에 해당하는 58명이 새로운 엘리트로 교체되었다.[99]

이런 때 1971년 6월에 개최된 '사회주의 노동 청년동맹' 6차 대회에서 "혁명의 과녁은 변하지 않았는데 세대는 바뀌어 해방 후 세대들이 나라의 주인공으로 등장하고 있음으로 이들에게 혁명의 대를 이어야 한다는 말로서 권력승계의 당위성을 피력했다.[100]

그리고 다음해 1972년 헌법을 개정하면서 지금까지의 스탈린식 권력구조를 개편하고 당의 권한을 한층 강화할 기구인 중앙인민위원회를 발족시켰다.

그러나 비공식적이지만 김정일 후계수업은 그 이전인 1964년 김

---

99) 김본, "북한의 정치엘리트 연구"(건국대학교 박사학위 논문, 1990), pp.66~107.
100) 『조선 중앙 연감』(조선중앙통신사, 1972), p.285.

일성대학 졸업 후부터 당 선전선동비서로 등장하면서 자연스럽게 시작된다.[101] 이렇게 김정일의 등장과 함께 수령의 후계자가 되기 위한 4가지 조건이 제시됐다.

첫째, 수령에 대한 충실성이다. 후계자가 지녀야 할 수령에 대한 충성심은 철저하고 열렬하며 가장 진실하고 깨끗한 충성심이어야 한다. 한마디로 그 누구도 따를 수 없는 최고의 충실성을 갖춰야 한다는 것이다.

둘째, 수령의 혁명사상을 완벽하게 체현해야 하고,

셋째, 수령이 창시한 영도예술, 혁명적 영도방법을 체현해야 한다.

그리고 끝으로 공산주의 덕성을 체현해야 한다. 여기서의 공산주의 덕성은 수령 – 인민대중을 밀접히 연결시켜 수령을 중심으로 단결을 실천하는 데 있어 중요한 역할을 한다는 것이다.[102]

이런 조건들을 내걸고, 그 후 김정일이 1974년 8차 전원회의에서 당 정치위원회 정(正)위원이 되면서 호칭이 '지도자'로 격상됐고 '대를 이어 충성하자'는 구호와 자연스럽게 연결, 후계를 공식화시켰다. "10년 당사업을 영도하면서 위대한 업적을 쌓은 김정일을 당 수뇌부로 추대한다"는 것으로 공식화했다.

이를 뒷받침하기 위해 "유일사상체계 확립의 10대 원칙"을 수정보완함으로써 세계 유래 없는 부자(父子)권력승계가 이뤄지게 된다. 뒤따라 권력 장악 수단으로서 족벌체제와 우상화 작업을 추진했다.

그가 어릴 때부터 인민의 지도자가 될 소질을 타고 났다는 것을 입증해 주기 위해 김정일의 출생지 변동과[103] 모계인 어머니 김정

---

101) 서대숙, 『현대 북한의 지도자: 김일성과 김정일』(서울: 을유문화사 2000), p.179.
102) 김유민, 『후계자론 』(동경: 구월서방, 1986), pp.73~77.

숙의 우상화 작업을 벌였다. 가령 김정일이 소련 하바로브스크 지역에서 출생했음에도 '백두산 밀영'에서 태어났다고 바꿔, 백두산 근처에 '정일봉'을 그려가며, '구호나무' 발견운동을 전개했고, 김정일 모계(母系)인 함경북도 신파군 외가 전역을 성역화 작업까지 본격화된다.

그리고 1980년대 들어 정칙 상무위원, 군사위원으로 선출 2인자로 올라섰다. 이런 과정을 거쳐서 승계된 김정일의 지위는 1990년대 이후 승승장구하였다.

당 정치국상무위원, 군부에서는 인민군최고사령관 및 원수(1992. 4)로 올라섰고 그 발판 위에서 1993년 4월 최고인민회의 제5차 회의에서 김일성 추천으로 국방위원회 위원장으로 추대됐는데 이는 명실공히 권력승계의 안전장치인 군부를 완전 장악했다는 의미도 된다.[104]

결국 승계 작업은 군부가 버팀목이 돼서 마무리되었다고 평가된다.

2) 권력승계의 이론적 근거

그럼에도 승계의 논리적 결함은 남게 된다. 아무리 지도자 수업을 충실히 받고, 지도능력이 뛰어났어도 부친의 위업을 계승한다는 것은 설득력이 약하다.

---

103) 김정일의 출생지는 1942년 2월 소련 88여단 부야츠크 야영지에서 태어났으며, 러시아식 이름은 유라다. 북한은 이를 숨기고 양강도 삼지연군 백두산 밀영에서 태어났다고 한다. 황장엽의 책 『회고록』, p.295.

104) 고병철, "대내정책 변화전망", 『화해협력 시대의 개방과 남북한 관계』(통일원, 1992).

그래서 보다 체계적으로 권력승계의 정당성을 뒷받침하기 위해 내놓은 이론적 골격이 혁명승계론과 혈통승계론이란 두 개의 축이다.

(1) 혁명승계론

혁명을 승계한다는 근거는 현 시점을 사회주의 5단계 혁명의 과도기로 정해 놓고 출발한다. 전임 지도자에 의해 '한 번 시작한 혁명이 아직 끝나지 않았다', 즉 지금이 북한의 사회주의 이행단계에서 아직 봉건 자본주의 잔재가 완전히 청산되지 않은 과도기 단계인데 혁명을 계속할 것인가 아니면 이 시점에서 중단할 것인가의 선택이 던져진다.

이때 전 중단해선 안 되니 계속하자고 한다면 그럼 누가 '대를 잇는' 지도자인가를 선택하는 질문이 나온다.

여기서 '노동계급과 당과 혁명에 끝없이 충실하며 온 사회에 정치적 영도를 원만히 실현할 수 있는 품격과 자질을 갖춘 인민의 지도자를 후계자로 내세워야 한다'는 자격기준이 나온다.[105]

이런 원칙하에 후계자의 품격과 자질의 자격 기준이 나온다.

첫째, 수령에 대한 충성도인데 어려운 난관 속에서도 굴하지 않고 수령의 노선과 정책을 계승 추진할 가장 합당한 자격자라야 한다.

둘째, 비범한 사상가로 고매한 인격 그리고 출중한 통솔력을 지녀야 한다.

셋째, 충실성과 영도력과 덕성을 그 누구보다도 높은 수준에서

---

105) 김일성, "조선노동당 건설의 역사적 경험", 조선통신사, 『조선중앙연감 1987』(평양: 조선중앙통신사, 1987), p.64.

완벽하게 지닌 자격자여야 한다.

이런 후계자가 수령의 지위와 역할을 계승한다면 그 후계자는 그 지위와 역할에서 본질상 수령과 같다고 말할 수 있다.[106]

이렇게 포괄적인 자격요건을 제시해 놓고 구체적으로 다음과 같이 요체를 밝히고 있다.

첫째, 후계자는 전 인민적 추대에 의해 선출돼야 하고 둘째, 후계자는 새 시대에 걸맞은 인물이어야 하고 셋째, 후계자는 수령 생존 시에 선출해야 한다는 기준을 제시했다.

그리고 김정일만이 이런 자격을 충분히 갖추었기 때문에 후계자가 돼야 한다는 데로 연결시켜 놓았다.

이런 자격요건을 사전에 갖추지 못한 후계자로 인해 실패한 나라가 중국 문화혁명인 만큼 실패를 교훈삼아야 한다. 중국은 인민 때문이 아니라 혁명적 영도자가 문제였는데 「수령에게 충성하지 못한 자는 후계자가 아니다」라는 데서 유소기, 임표, 강청에 의해 역습 당한 모택동의 사례를 꼽고 있다.

그래서 후계자는 「수령의 영도에 대한 충실성」, 「탁월한 사상가」, 「주체에 정통한 인물」[107]이어야 하기 때문에 김정일의 후계 논리가 정당화된 것이다. 본래 혁명위업을 완성하는 길은 치열한 계급투쟁인데 그 과정에서 기회주의자, 변절자, 제국주의자들의 방해 책동이 전개될 때 후계자가 충실히 대처하지 못하면 중도에서 변질된다. 때문에 후계자는 김정일이 돼야 한다는 당위론이 성립된다.

---

106) 북한은 "우리의 수령님은 친애하는 지도자 동지이시며 친애하는 김정일 동지는 위대한 수령님이시라고 생각한다"고 주장하고 있다. 『북한중앙방송』 1994. 8. 8.

107) 이교덕, 앞의 책, 『북한의 후계자론』, p.39.

거기다 21세기, 시대환경에 적응해야 할「새 시대의 지도자」여야 된다는 논리도 편다.

과거 냉전시대의 지도자는 계급투쟁 속에서 혁명성을 중요시했으나 새 시대엔「당 생활과 사회주의 실현 속에서 단련되어야 한다」는 데서 국가 관리능력을 첫째 덕목으로 잡고 있다.[108]

이 논리는 선대(先代) 김일성은 냉전시대에 걸맞은 위대한 혁명성을 바탕으로 했다면 김정일은 탈 냉전시대에 걸맞은 탁월한 행정지도능력을 갖춘 실용적인 지도자란 것이다.

(2) 혈통승계론

혈통승계론은 김일성이 당을 창시하고 건설과 혁명을 개척하고 이끈 '혁명적 대부'인 만큼 그의 혈통을 계승해야 한다는 주장이다.[109] 즉 김일성의 사상과 이론, 혁명투쟁 경험·사업방법 등의 승계뿐 아니라, 생물학적인 혈통까지 이어 받아야 한다는 것이다.

이 같은 주장의 근거는 북한의 정치문화적 특징에서부터 출발한다. 북한은 전형적인 신민형(臣民型) 정치문화를 소유하고 있다.[110] 이 같은 정치문화의 특성을 이용, 국가를 거대한 대가정으로 보고

---

108) 2000년에 출판된 『위대한 수령 김일성 동지의 불멸의 혁명업적』에서는 후계자 문제가 세 가지 과제, 즉 "비범한 품격과 자질을 갖춘 인민의 지도자를 후계자로 추대", "후계자를 중심으로 하는 당과 혁명대오의 통일단결의 강화", "후계자의 유일적 영도체계의 확립"을 해결해야 한다고 주장한다. 그러나 두 번째의 과제는 내용상 세 번째의 과제와 동일하다. 조선노동출판사 편, 『위대한 수령 김일성 동지의 불멸의 혁명업적 20: 혁명위업계승문제의 빛나는 해결』(평양: 조선로동당출판사, 2000), pp.50~71.

109) "북한은 혈통이라는 용어를 통해 수령의 후계자는 수령의 피를 이어받은 자가 돼야 한다는 동양의 가부장적 정서를 은연중에 내세움으로써 권력 세습을 정당화"하고 있으며 혈통승계론은 후계자론 중에서 가장 직설적이며 북한 특유의 특징을 지니고 있는 것이라는 해석도 있다.

110) 서재진, 김태일, 『북한주민의 인성연구』(서울: 민족통일연구원, 1992), p.14.

수령 – 대중관계를 가족공동체의 한 단위로 본 것이다.

일반적으로 동양적인 가족단위의 특징인 선대의 가장 순수한 피를 계승한 자는 오직 장자(長子)일 수밖에 없다는 동양적 가부장제(家父長制)적 가업승계를 합법화시킨 것이다.[111] 봉건시대에서나 볼 수 있는 혈육 간에 벌어지는 왕조권력세습(王朝權力世襲)의 한 전형이다.

부자간의 혈육승계는 여기서 끝나지 않고 2010년, 오늘 김정은의 3대 세습까지 자연스럽게 연장되고 있다. 21세기 '대명천지'에 3대부자 세습이 벌어진다는 것은 세계적 관심사다.

그럼 어떻게 이런 특이한 승계가 3대에 걸쳐서 연속되는가.

본래 사회주의 권력승계에선 권력이양의 제도적 장치가 없다. 정권을 넘길 때 명문화된 선거나 제도적 절차가 없기 때문에, 늘 비정상적인 이변이 벌어진다. 바로 권력승계 이후엔 어김없이 후임자가 전임자의 권위를 배척하는 일이 일상화돼 버린 것이다.

레닌 – 스탈린, 스탈린 – 흐루시초프, 모택동 – 유소기, 모택동 – 임표, 화국봉 – 등소평 등의 관계에서 보듯 하나같이 후임자는 전임자를 무참히 짓밟고 일어선다.

그것도 모두 김일성 생존 시에 이웃 형제국가들에서 벌어진 투쟁이었다. 이런 현실을 목격한 북한으로서는 부자 권력승계에 눈을 돌리게 된 것이다.

---

111) 홍승원, 앞의 책, 『새로 편 북한체제론』, p.45.

3) 3대 권력승계

북한은 2010년 9월 노동당 대표자 대회를 열고 김정일의 3남 김
정은을 후계자로 지명하였다.

그리고 곧 이은 당 창건 기념일에 김정은은 노동당 중앙군사위
부위원장과 인민군 대장이란 공식직책으로 노동당 창건 기념 열병
식에서 당당히 주석단에 올라 후계자로서의 지위를 대내외에 과시
했다.

김정은의 공식 직책은 당 중앙군사위원회 부위원장이지만 그를
지칭하는 용어는 '당 중앙',[112] '청년대장', '샛별대장' 등 다양하다.
이로서 김일성 – 김정일 – 김정은으로 이어지는 '전대미문'의 3대
권력세습 작업은 출발하게 된다.

국제사회의 비난, 경제난, 식량난에 탈북행렬이 줄을 잇는 가운
데서도 세습을 통한 권력승계를 선택할 수밖에 없었던 이유는 무
엇인가.

(1) 순수 혈통 '맥(脈)잇기'

김정은의 3대 승계와 관련, 자주 등장하는 용어 중 하나가 '만경
대 혈통'과 '백두혈통'이다.

---

112) 김정은 호칭 중에 눈에 띠는 대목이 '당 중앙'이다. 2010년 4월 '김일성 탄생 98돌 기념 중앙보고
대회'에서 1996년 이후 14년 만에 재등장해 관심을 모았던 '당 중앙'이란 호칭은 원래 김정일 위원
장을 가리키는 용어였다. '당 중앙'은 김정일 후계내정 이전 '김일성 동지를 수반으로 하는 당 중앙위
를 목숨으로 사수하자'는 구호에 등장하다 1974년 김정일 후계체제가 자리 잡고 난 뒤 '위대한 수령
과 당 중앙을 목숨으로 사수하자'는 구호에 재등장했다. 북한은 이후 '김정일 동지를 수반으로 하는
혁명의 수뇌부를 목숨으로 사수하자'는 구호를 주로 써왔는데 지난해 4월 '김정일 동지를 수반으로
하는 당중앙위원회를 목숨으로 사수하자'는 구호로 바꿨다. '당 중앙' 호칭이 김 위원장에게서 김정
은으로 옮겨온 것이다.

이 말의 뜻은 김일성의 출생지인 평양 근교의 만경대와 김정일이 태어났다는 백두산 밀영 오두막집을 일컫는 것이다. 바로 이 지역의 정신을 이어받은 순수 혈통승계란 명분이 담긴 말이다. "혁명수뇌부 결사옹위는 우리 군대와 인민의 철석의 신념"이라며 "백두밀림에서 창조된 수령결사 옹위의 전통이 세대와 세대를 통해 영원히 이어지도록 해야 한다"고[113] 주장하듯이 김 위원장에 이어 할아버지 김 주석의 유훈을 이을 후계자로서의 정통성 강조를 위해 쓰이는 용어다.

이런 순수 혈통 승계만이 전임자에 대한 충성을 이어가고 후계자의 배반과 배신을 방지할 수 있다는 강박관념에서 나온 것이다.

김정일 사후엔 보장이 어렵기 때문에 생존 시 발판 구축, 계속되는 경제난, 2012년 강성대국 진입에 따른 당 국가 체제정비 등이 복합적으로 작용된 것도 이유가 된다.

이미 김정일 세습에서도 그 근거를 혈통승계에 둔만큼 이번 3대 세습도 이를 답습하고 있다. 김정은 후계의 첫 신호는 2009년 4월 사회주의 헌법 개정에서 '정상적 국가체제'에로 그리고 2010년 9월 28일 44년 만에 '제3차 조선로동당대표자회(이하 당 대표자회)'를 통해 김정은의 지위를 당 중앙군사위원회 부위원장, 인민군 대장, 당 중앙위원으로 임명시켜 승계 방향을 잡아나갔다.

이미 후계 공식화 이전에 북한은 '김정은에 대한 위대성 자료'를 간부들에게 하달하고 김정은의 업적 쌓기에 착수했다. 예를 들면 2009년 4월 광명성 2호 발사, 같은 해 4월 15일 김일성 생일 축포야회 주도, 증산투쟁을 위한 150일 전투와 100일 전투 등이 있다.

---

113) 노동신문 2010. 12. 24자 사설.

이로서 일단 3대 권력세습은 준비단계 - 공식화 단계 - 공고화의 3단계에서 이제 막 준비단계에서 공식화 단계를 목전에 둔 상황이다.[114]

이번 3차 당대표자회를 통해 당 조직을 개편한 것도 후계구도와 밀접하다. 특히 3대 세습 구축을 위해서는 후계자를 중심으로 유일지도체계를 구축하는 것이며, 당을 골간으로 리더십을 확장한다는 의미이다. 그리고 당 조직의 정상화는 김정일의 개인권력을 유지하기 위한 제도였던 선군정치를 선당정치로 전환하겠다는 포석으로 해석된다.

이제 남은 문제는 김정은의 통치능력이다. 그래서 업적 쌓기와 우상화의 대대적인 추진이 예상된다. 2010년 두 차례에 걸쳐 연이어 감행한 천안함 격침, 연평도 폭격 등 하나같이 승계 업적과 무관치 않다.

김정은 권력승계의 대내외적 환경은 김정일 때보다 훨씬 더 불리하다. 그러니 단시간 내에 난관 타개와 실적 쌓기의 대책을 짜야 한다.

바로 최근 북한이 보인 이런 호전성도 "판을 흔들어" 안보문제를 단기간에 해결, 후계자 김정은에게 부담을 주지 않으려는 김정일의 초조함이 깔려 있는 것 같다. 그리고 "최근 북한이 핵무기 보유의 자신감 위에서 호전적인 방식으로 판을 흔들고 있는데,[115] 이 또한 미국으로부터 북미 평화협정 체결, 권력승계 보장, 경제지원 등을 한꺼번에 얻어내려는 전략으로 볼 수 있다. 뿐만 아니라 2011년 벽두부터 김정은 실적 쌓기와 연관되는 사례들이 쏟아진다. 김정은은

---

114) 정낙근, "북한체제의 동향 및 남북관계 전망"(민주평통 자문회의 경기지역회의 토론회 발표문 중에서 2010. 12. 15), p.11.
115) 임재천, "코리아 정책연구원 공동주최한 세미나"에서 발제안 중 일부인용, 2010. 12. 13.

지난해 말 함경북도와 자강도 내 군수공장을 시찰하면서 "먼저 CNC를 도입해 전국의 본보기가 되라"는 지시를 내렸으며 함경북도 청진시 라남구역에 있는 방사포탄 생산 공장 '라남탄광기계연합기업소'를 방문, CNC가 도입된 방사포탄 생산 공정을 지켜본 것으로 알려졌다. 2011년 신년 공동사설에도 등장한 'CNC(컴퓨터 수치제어)'는 김정은의 '업적'을 상징하는 용어로 쓰이고 있다.[116]

올해 북한의 신년 공동사설에도 등장한 'CNC(컴퓨터 수치제어)'는 김정은의 '업적'을 상징하는 용어로 쓰이고 있다.

CNC는 제조과정에서 컴퓨터를 통해 기계 공구를 자동으로 조작하는 기술을 말하는데, 북한은 김정은이 CNC기술을 주도한다고 선전하고 있다.

(2) 선군영도 체계 확립

다음은 김정은 후계와 선군영도체계와의 관계다.

이미 1990년대 중반 선군정치가 북한 내에서 전면화됨에 따라 후계자의 선군영도체계 확립도 중요한 과제가 됐다. 이는 "후계자를 추대하는 데 그치고 그의 지도체계를 튼튼히 세우지 않으면 후계자가 자기의 역할을 충실히 할 수 없고 나중에는 후계의 지위를 유지할 수 없게 된다."[117]는 후계자 중심의 조직체계의 중요성이 설명하고 있다.

따라서 우선 김정일 생전에 당과 군에서 자리 굳히기가 시작된

---

116) 중앙일보 2011년 1월 4일자에서 미국 자유아시아 방송 (RFA)기사를 인용한 내용 중 일부.
117) 이교덕, 앞의 책, 『후계자론』, p.87

것이다. 북한이 지난해 9월 제3차 조선노동당 대표자회를 통해 당 규약을 30년 만에 개정하면서 군에 대한 당의 통제력을 크게 강화한 것으로 나타났다. 김정은 노동당 중앙군사위 부위원장이 당권과 군권을 동시에 장악할 수 있게 함으로써 안정적으로 권력세습을 추진하기 위한 의도로 풀이된다.

2009년 개정된 노동당 규약은 '조선인민군은 모든 정치활동을 당의 령도 밑에 진행한다'(제46조)고 새로 명시했다. 또 '각 부대에 파견된 정치위원들은 당의 대표로서 부대의 전반 사업을 책임지며 장악·지도한다'(제50조)는 내용도 추가됐다.

이는 군에 대한 당의 우위를 강조한 것으로 김정일 체제 출범 이후 영향력이 급격히 신장된 군을 견제하려는 뜻을 담고 있다. 이 소식통은 "세습구축 과정에서 있을지 모르는 군부의 반란을 사전에 방지하기 위해 제도적 장치를 마련한 것으로 보인다"고 말했다.

돌발 사태에 대비하고 권력세습이 원활하게 이뤄질 수 있도록 당 중앙조직들의 권한과 운영 규정을 변경한 점도 눈에 띈다.

우선 5년 주기로 돼 있던 당 대회 소집 규정을 삭제해 당 중앙위원회가 당 대회를 필요 시 소집할 수 있도록 했다(제21조). 김정일 국방위원장의 건강이 갑자기 악화할 경우 언제라도 당 대회를 열어 김정은 체제를 신속히 완성하겠다는 포석으로 풀이된다.

임시 당 대회 성격인 당 대표자회에 당 최고기관 선거 및 당 규약 개정 권한을 부여(제30조)한 것도 김정은의 당권 장악을 용이하게 한 조치로 평가된다.

북한은 당 총비서가 당 중앙군사위원장을 겸임하는 규정도 신설했다(22조). 현재 당 중앙군사위 부위원장을 맡고 있는 김정은이 복잡한 절차 없이 향후 총비서직을 승계하는 것만으로도 당권과 군권을 동시에 거머쥘 수 있는 길이 열린 셈이다.

따라서 김정은의 선군영도 체계는 세 가지 방향으로 전개된다.[118] 첫째 선군정치의 계승자로서 선군업적이 강조될 것이다. 그래서 2002~2006년까지 군 간부양성기관인 김일성군사종합대학에서 '주체의 영군 술'을 비롯한 군사학을 공부했다[119]고 선전하면서 선군의 계승자라는 이미지를 구축해 왔다.

둘째, 후계자 자신의 지도체계를 확립할 수 있는 조직공간이 필요하다. 그 사전 포석이 2009년 헌법 개정을 통해 국방위원장을 "조선민주주의 인민공화국의 최고 영도자"(제100조)로 규정하는 제도적 기반 마련이다.

셋째, 김정은은 당 엘리트보다 군 엘리트의 충원을 더 많이 할 것으로 본다. 2009년 헌법 개정 때 헌법적, 제도적으로 자리잡기와 함께 구성원에서도 하드웨어를 총 집결시켰다. 후계 과정과 관련하여, 총정치국, 인민보안성, 핵 주관부서인 당 군수공업부, 책임자를 비롯 대남총책인 오극열등 군과 정보 관련 부서들을 앞세웠다.[120] 또 "리영호 군 총참모장[121]이 김정은과 함께 군사위 부위원장에 임

---

118) 이승열, 『후계자 결정 이후 북한 파워엘리트의 변화와 포스트 김정일 체제 전망』, "북한 김정일의 선택은"(현대 북한연구회 창립10주년 기념 학술회의), pp.54~55.

119) 정성장, "북한의 '일제 타격식'포사격은 군 장악 나선 김정은의 작품?"『시사저널』(2010. 2. 22일자)

120) 『동아일보』 2009년 4월 11일자

121) 김정은 3대 승계와 관련해 가장 많이 오르는 이름이 리영호 군총참모장이다. 그는 누구인가. 리영호는 지난해 9월 27일 정기인사에서 차수로 승진, 당 대표자 대회에서 일약 정치국 상무위원으로 김정은과 나란히 당중앙위원회 공동 부위원장으로 발탁됐다. 포사격술에 능통하며, 이런 기술은 김정은에게 전수된 것으로 알려졌다. 김정은이 김일성군사종합대학에 다닐 때 포병 전을 전공한 이유도 리영호의 지도 때문으로 보인다. 지난해 말 연평도 포격도, 포사격 전문가인 김정은의 작품이라는 분석이 많은 이유도 여기에 있다. 전현준, "북한 차세대 권력엘리트 4인방", 『통일한국』(2011. 1월호, 평화문제연구소), p.48 인용함.

명되고 최룡해, 김경옥 등이 대장 칭호를 받은 것은 군 권력의 축이 재편됐다는 것을 의미한다.

특히 눈에 띠는 인물인 장성택은 김정일의 매제(김정은의 고모부)로 2008년 8월 이후 김정일의 와병 중에 위임통치의 경험과 이후 현지 수행뿐만 아니라 화폐개혁은 중요 정책 결정에 중심적 역할을 하고 있으며 향후 김정은 후계구축에 중요한 역할이 점쳐진다.[122]

일단 김정은의 영도체계는 군과 공안을 적극 활용할 것으로 보인다. 과거 김정일이 당을 기반으로 폭압적 압력을 통해 자발적 충성을 강요한다면, 김정은은 군과 국가보위부 인민보안성 등 공안기구를 활용한 폭력성이 우려된다.

4) 권력승계의 몇 가지 평가

북한 권력승계는 세계적인 이변(異變)이고, 특히 3대 세습에서 '27세의 대장', '군사 전략의 천재'란 주장 등은 금세기 최대의 연구과제가 아닐 수 없다. 그럼 왜 북한식 승계가 특이하고 황당한가를 다시 정리해 보자.

첫째, 정치권력의 변동 과정에서 통치권 이양은 선임자의 통치가 마감된 후 후임자들에 의해 벌어지는 것이 통상적이다. 한데 북한은 선임 통치자의 살아 있던 생전에 자신이 다져놓은 혁명사(革命史)의 발판을 밟고 김정일과 김정은이 올라선 점인데, 즉 아버지들이 생전에 깔아놓은 카펫을 밟고 올라섰다는 점이 특이하고 신비하다.

---

122) 『중앙일보』, 2009. 2. 16.

둘째, 제도적 장치를 거치지 않고 승계됐다는 점이다. 물론 사회주의권에서도 정권이양은 강령이나 헌법에 임기와 선출방법을 명백히 명시해 놓고 있다. 하지만 하나의 형식일 뿐, 그 제도나 절차를 밟아가는 경우는 없다.

더욱 부자간이나 형제간의 세습은 있을 수도 없고, 이를 뒷받침해줄 통치권자의 정책결정기구나 공식적 장치도 물론 없다. 1917년 러시아혁명 이후 근 1990년의 사회주의 정권이양의 역사가 이를 입증해 준다. 이런 공식적 기구나 장치가 없고 보니 공산주의권력승계는 숙청, 실각, 음모, 처형, 추방 등 비민주적인 권력투쟁사의 반복이다.

이런 경험에 비춰볼 때 북한의 권력승계는 권력투쟁도 없이 자연스럽게 이뤄지면서 독특한 선례를 남겼다.

셋째, 승계가 정당화되는 이유 중 하나로 당시 북한사회 특유의 정치문화도 한몫을 했다는 점이다.

이조 5백 년이 낳은 신민형(臣民型) 인성(人性)인 유교적 전통문화와 일제 36년의 황국(皇國) 신민적 가치관, 거기에 해방 후 폐쇄사회가 만들어 놓은 정치문화가 자연스럽게 봉건적 세습을 받아들이는 요인이 되었다.

결국 북한에 뿌리박아 왔던 기독교문화가 아닌 전통 유교문화가 만든 유산이다. 거기다 역사적으로 시민혁명의 역사적 경험마저 없고 보니 시민들의 저항도 없었다. 오직 치자(治者)와 피치자(被治者) 간의 관계만 있을 뿐이고 그것도 단순히 부친, 자녀의 상하 추종개념으로만 인지돼 있을 뿐이다.

이 때문에 "따뜻한 어버이 품"이니 "장군님의 자애로운 미소"니

"씩씩한 청년대장 김정은"이란 황당한 호칭이 통용되고 있다. 국가
가 하나의 거대한 대가족으로 묶여 돌아가는 것이다. 예컨대 인민
들은 '어버이 수령'에게 효성과 충성을 다하고 수령은 아들에게
'육친적 배려'를 함으로써 사회주의 대 가정을 유지한다.[123]

넷째, 승계 장치가 없음에도 자연인의 통치권위와 인격권위가 동
시에 승계됐다는 점도 독특하다. 일반적으로 사회주의 정권이동은
전임자의 인격이란 특정한 카리스마적 권위만 이양될 뿐 통치능력
여부를 묻는 통치권위의 이양은 승계가 안 된다.

그럼에도 북한에선 김일성의 신비한 인격권위와 통치권위가 동
시에 넘어간 것이다. 이로 인해 통상 승계 직후 벌어지는 치열한
권력투쟁을 미연에 막을 수 있었다. 이를 가능케 만든 것은 상징조
작 특히 족벌체제에 관한 이론적 근거를 준비해 온 것이 뒷받침됐
고 수령의 다음 세대를 메울 지도자가 김정일임을 평소에 착실하
게 부각시킨 결과다.[124]

그럼 이런 준비를 왜 했는가. 다른 공산국가들이 권력 이양과정
에서 나온 권력투쟁, 즉 후임자는 전임자를 여지없이 격하시키고
권력체제를 집단 지도체제로 바꾼 스탈린과 모택동 사후, 화국봉,
등소평의 전철을 밟지 않겠다는 것을 염두에 둔 결과다.

결론적으로 북한의 권력승계는 1970년대부터 권력기구, 상징조작,
족벌체제와 그 후 김정일 체제의 등장 후 그가 전개해 온 통치술이
상호 연관을 맺으면서 추진된 결과다. 북한의 권력승계는 여기서 끝

---

123) 김정일 "사회주의 건설의 력사적 교훈과 우리 당의 총 노선(1992. 1. 3)", 김일성, 『사회주의를 위하
여』(평양: 조선로동당출판사, 1993), pp.104~10.
124) 이교덕, 앞의 책, 『북한의 후계자론』, p.39.

나지 않았다. 급기야 2010년 9월 9일 44년 만에 조선노동당 당 대표
자 대회를 김정일의 3남 김정은의 3대 권력 승계를 발표했다.

3. 조선노동당의 이해

1) 조선노동당의 형성

공산국가에서 당이란 무엇인가. 한마디로 권력이 나오는 원천(源
泉)인 권력의 모체(母體)다.

그렇다면 당은 언제 어떤 과정을 거쳐서 나왔는가.

북한은 조선공산당이 1925년에 창건되었다고 하면서도 1945년 10
월 10일 북조선 공산당 서북 5도 당 책임자 및 열성자 대회를 개최
조선노동당 창건 날을 공식화했으며, 1949년부터 '사회주의 명절'로
기념하고 있다. 북한은 동 대회에서 '정치노선과 조직 강화에 대한
결정서'를 채택해 10월 13일 '조선공산당 분국'을 설치했다.[125]

본래 조선공산당의 뿌리는 서울이었다. 당의 뿌리가 없는 북한으
로서는 당장 분국 설치라도 얻어내기 위하여 당권을 쥐고 있는 서
울의 박헌영 당수에게 매달릴 수밖에 없었다.

그래서 일단 중앙의 박헌영에게 머리를 숙이고 들어와 별도의
독자적인 북조선 당을 만들기 위해 '조선공산당 서북 5도 당 책임

---

125) '조선 공산당 북조선 분국' 창설 초기만 해도 서울 조선 공산당이 '당 중앙'으로서 인정되고 있었다.
『조선 중앙 연감』(1949), p.715.

자 및 열성자 대회'를 열었다. 여기서 어렵사리 분국(分局)설치를 결정하게 된다.

결정 이유는 "중앙당에 속하되 북부지역 공산당조직을 지도할 수 있는 중간기구로서 북조선 분국을 설치한다"는 전제로 조선공산당의 '칼자루'를 쥔 서울의 박헌영에게서 양해를 얻어냈다.

결국 공산당 분국의 결정은 김일성과 박헌영의 운명이 완전히 뒤 바뀌는 격이 됐는데, 김일성은 당 분국 허가를 토대로 정권을 세우게 된다. 이로서 '칼자루'를 박헌영의 손에서 뺏은 격이 됐고, 한국공산주의 운동의 '얼굴 격'인 박헌영은 '칼날'로 바꿔 잡는 비운을 맡게 된다. 이로서 비록 1국1당주의 원칙에 위배는 되지만, 북한 땅에서 독자적으로 당 조직을 세우는 기회가 왔고, 한반도를 대표하는 조선노동당의 기초도 마련했다.

북조선 분국으로 서울과 별개의 조직을 갖게 된 김일성은 이제 분국을 중앙과 동등한 위치에 올려놓는 독자적인 활동을 펴기 시작했다.

그로부터 분국 명칭도 '북조선 공산당'으로 바꾸고 서울의 중앙으로 부터 독립을 선언하였다. 그리고 8월 북조선공산당과 중국 연안파인 조선신민당을 합당하여[126] 마침내 북조선노동당을 창당하였다.

한편 서울에서는 조선공산당, 남조선신민당, 인민당 사이에 합당이 이뤄져 남조선 노동당이 결성되었다. 이로써 북한의 노동당과 남한의 노동당이 1949년 6월 24일 제1차 전원 합동회의를 개최하여 합당에 합의했고 이어 '조선민주주의 인민 공화국'을 출범 후

---

126) "북조선 공산당과 조선 신민당이 합동하여 조선공산당을 창립함에 대한 결정서"(1964. 8. 29). 『조선노동당 대회 자료집』(1)

1949년 6월 30일 합당, 오늘날 북한의 '조선로동당'이 창당되었으며 김일성이 위원장에, 박헌영이 제1부위원장에 선출되었다.

2) 조선노동당의 위상과 성격 변화

(1) 당의 위상

북한은 노동당 규약은 당을 "로동계급과 전체 근로대중의 선봉적·조직적 부대이고 프롤레테타리아 독재에서 지도적·향도적 력량을 수행한다"라고 규정하고, 당의 본질은 "수령의 혁명사상을 실현하기 위한 노동계급의 정치적 조직"으로 규정된다[127]고 명시하고 김정일 시대에 와서도 "혁명사상 실현을 위한 유일적으로 지도 통제되는 최고 권력기구"라고 명시하고 있다. 그 때문에 모든 국가기구는 당의 위성기구인 하위체계에 놓여 있다.

내용만으로도 김일성·김정일의 혁명사상과 지도방침을 실현하기위해 조직된 것이 조선노동당이고 북한에서 당은 권력의 산실임을 분명히 하고 있다.

물론 당을 이끄는 지도사상은 주체사상이며 당 건설 이론의 핵심도 '혁명적 수령관'에 두고 있다.[128]

또한 당원은 당 조직에 복종하고 모든 당 조직은 당 중앙 위원회에 절대 복종하고, 당원의 합의보다는 수령을 정점으로 한 하향식 지시에 따르는 운영체계로 점차 바뀌면서 김일성 1인 지배체제를

---

127) 리상걸, 『주체의 당 건설이론과 전면적 발전』(평양: 사회과학출판사. 1984), pp.24~32.
128) 리상걸, 앞의 책, pp.8~22.

위한 제도적 장치로 기능해왔다.

　조선노동당은 김정일 시대에서도 노동당규약과 헌법에 최고지도
자 김정일의 "혁명사상"을 실현하기 위해서 국가·사회·군대를
유일적으로 지도, 통제하는 최고 권력기구라고 밝히고 있다. 또한
당 규약을 적용하는 범위는 근로단체들인 외곽단체에까지 확대 규
정하고 있다.[129]

　당의 조직과 운영 활동체계는 수령의 유일적 영도체제인 '민주
주의 중앙집권제'인 당 상위원칙에 따라 운영된다.

　상급 당 조직이 하급조직을 직접 통제하고 상급 당 조직에 의해
결정된 정책이 하급기관들을 전면적으로 규제하고 권력구조도 당
중심으로 조직화됨으로써 행정기관이나 외곽기관은 당에서 결정된
정책을 집행하는 하위체계(下位体系)로만 머물고 있다.

　그러나 2000년 이후부터 당의 위상과 국가의 장악력이 흔들렸다.

　이유는 경제위기로 당의 위상과 장악력이 취약해진 것이다. 거기에
근로단체를 통한 대중교양과 통제마저 이완현상이 벌어지고 있다.[130]

(2) 당 조직 운영 실제[131]

　헌법 제11조에 북한의 모든 국가 활동은 조선노동당의 "령도 밑
에" 진행하도록 되어 있다. 국가기구도 조선노동당과 대중을 연결
하는 가장 범위가 포괄적인 연결 고리인 인전대(引傳帶 Belt)로 규

---

129) 『조선노동당 규약』(국토통일원 1988), pp.150~152.

130) 이종석, 백학순, 『김정일 시대의 당과국가기구』(세종연구소 2001), pp.11~13.

131) 공식권력구의 현실 편은 이 종석 백학순의 공저 『김정일 시대의 당과국가기구』(세종연구소
　　 2000 '세종정책 총서 2000-1'), pp.19~23을 인용했음.

정된다.[132)

그만큼 국가기구는 당의 모든 노선과 정책을 집행할 수 있는 충분한 기능을 수행하는 데 필요한 "정치적·물질적·조직적 수단들"[133)을 다 가지고 있기 때문에 당의 노선과 정책의 집행자 역할을 하는 것으로 규정된다. 따라서 당에는 국가기구의 각 부서들을 관장하는 기구들이 설치돼 있다.

각급 당 조직은 지역 또는 생산 및 노동단위별로 조직되어 있다. 각급 당 위원회는 당 기관의 최고기관이며 이를 '총참모부'라고도 한다.[134) 조선 노동당의 공식적인 최고 의사결정 기구는 당 대회다. 당 규약은 당 대회가 "당 노선과 정체적 및 전략 전술에 대한 기본 문제를 결정"하도록 규정하고 있다.

또한 권력기구들의 제도적 지속성에도 불구하고 실제 내용면에서는 변화가 많았고[135) 특히 김정일 시대의 당 권력기구들은 제도와 현실사이에 커다란 간격을 보인다. 1998년 새 헌법에서는 지금까지 당 기구들의 간섭을 대폭 줄이는 대신, 전문성이 강한 행정 경제기관들에게 권한을 이관시켜 왔다.

특히 각 부서를 자금까지 정치지향성에서, 방향을 실용주의 노선에 맞춰 권한을 분산시켰다.

현재 당 규약에 명시된 중앙 권력기구의 역할과 기능은 다음과 같다.[136)

---

132) 『영도체계』, 평양사회과학출판사, 1985. (서울, 도서출판 '지평' 재발행, 1989), p.147.

133) 앞의 책, 『영도체계』, p.174.

134) 조선노동당 규약 제11조.

135) 이종석, 백학순 공저, 앞의 책, p.20.

136) 당 규약 전문은 『조선노동당규약』(1980. 10), 『조선노동당대회자료집(제4집)』, pp.133~152 참조.

우선 조선노동당의 최고 지도기관은 당 대회다. 이 대회는 5년에 1회를 소집하도록 되어 있으며, 여기서 당 강령과 규약을 채택 또는 수정 보완할 수 있다.[137] 그리고 당 대회와 대회 사이에 당의 모든 사업을 조직·지도하는 최고기관은 당중앙위원회 전원회의이다.

비서국은 당 인사 및 당면 문제 등을 토의, 결정하며 그 결정의 집행을 조직, 지도한다. 그리고 이름이 바뀐 중앙군사위원회는 당 군사정책 수행방법을 토의, 결정하며, 인민군을 포함한 전 무장력 강화와 군수산업발전에 관한 사업을 조직, 지도하며 군대를 지휘한다(제27조). 특히 군내에도 각급 부대 단위부대에 당 조직이 설치되며, 군내 전체 당 조직을 망라하는 인민군 당위원회 당 중앙위원회 직속으로 조직된다.

그런데 북한이 2010년 9월, 44년 만에 당 대표자회를 열었다.

이것은 하나의 이변인데, 이번 당 대표자회는 김정일의 삼남 김정은을 후계자로 공식화한 것이 주목적이지만, 44년 만에 당 대표자 대회를 통해 3대 세습과 관련된 당의 노선과 정책 및 전략전술의 방향을 결정한 것이 중요하다. 조선노동당 각 위원회별 역할과 기능을 구분해 보면 다음과 같다.

① 당 중앙위원회

2011년 북한 신년공동 사설은 '모두 다 위대한 김정일 동지를 수반으로 당 중앙위원회의 두리에 굳게 뭉치자'란 강조에서 보듯 2012년 강성대국 진입을 위해 2011년은 당의 영도체계를 강화할 것으로 점쳐진다. 그럼 당의 핵심고리인 당중앙위원회는 어떤 기능을 하는가.

---

137) 조선노동당 규약, 제2조.

위에서 밝혔듯이, 당 대회와 당 대회 사이의 모든 당 사업을 관장하는 당 조직의 최고 지도기관이다. 당중앙위원회는 필요에 따라 정치·군사 지도기관에 직속으로 정치국을 두고 정치국은 중앙위원회 집행부서로서의 기능을 수행한다.

당중앙위원회는 6개월에 1회 이상 전원회의를 소집하도록 되어 있으며, 필요에 따라 중앙과 지방의 당·정기관 및 경제기관 등의 책임자들이 참가하는 확대 전원회의를 개최하기도 한다.

이번에 선출된 중앙위 위원과 후보위원은 각각 124명, 105명으로 김정일과 김경희, 장성택, 김정은 4명도 중앙위 위원에 이름이 올라갔다. 그러나 곁가지 대상으로 분류되는 김정은의 친형 김정남과 김정철 등은 어떤 직위에도 이름이 오르지 않았다는 점이다.

당중앙위원회 정치국은 1946년 8월 북조선로동당 창립대회 직후 개최된 당중앙위원회 제1차 전원회의에서 정치위원회로 처음 조직됐다가 그 후 1956년 제3차 당 대회에서 폐지, 1961년 제4차 당 대회에서 부활했다.

정치국은 당의 정책을 결정하는 곳이다. 당규약상 당의 최고의사 결정기구는 당 대회이며, 당대표자회 등이 유사한 역할을 한다.

하지만 이 같은 대규모 행사가 열리지 않을 때는 당 중앙위원회가 그 역할을 한다.

② 당 중앙군사 위원회

포스트 김정일 시대에서 가장 주목받는 권력기구는 당 중앙군사 위원회다. 우선 당 중앙위원회 군사위원회의 명칭이 중앙군사위원회로 바뀌면서 위상이 80년대보다 한층 격상되었다.

이번 2010년 9월 당대표회의에서 중앙군사위원회가 세계적으로 주목을 받게 된 것은 김정일이 위원장으로 있는 가운데 그의 삼남인 김정은이 부위원장 자리를 맡게 된 때문이다.[138)

종전에 없던 당 중앙군사위 부 위원장직을 신설까지 해가며 김정은이 앉은 것이다.

물론 당 대회의 승인도 없이 군사위원회를 중앙군사위원회로 격상하였다. 당중앙위원회 총비서도 당 규약상 절차를 무시한 채 김정일의 "조선 노동당 총비서" 추대를 통해 이제는 "중앙위원회 총비서"가 아닌 "당 총비서"로 바뀌었다.

향후 김정은이 이 조직을 기반으로 군에 대한 자신의 권력기반을 다져갈 것이라는 예상이 가능한 대목이다. 이어 '아버지(김정일 국방위원장) 세대' 북한 최고 권력기관이자 군대를 장악하고 있던 곳이 '국방위원회'였다면, 김정은 세대에는 당 중앙군사위원회가 이 같은 역할을 할 수 있다는 예상까지 나왔다.

이 자리를 맡은 것은 '수령의 통제가 필요한 조직보다 군 통수권을 물려받기가 유리한 때문으로 본다.[139) 이로 인해 대표자회에서 당 중앙군사위원회의 역할이 더욱 커질 것으로 예상된다. 이 기구는 당중앙위원회 직속으로서 대대급 이상의 당 위원회를, 중대와 소대급 단위에는 당 세포와 당 분조를 조직해서 군내 사상교육 등 정치사업과 관련한 주요정책 및 집행방향 등을 토의하고 결정한다.[140)

---

138) 당 중앙군사 위원회 위원은 김정일을 위원장으로 부위원장에 김정은과 리영호를 선출했으며 위원들로는 김영춘, 김정각, 김명국, 김경옥, 주규창, 최룡해, 장성택 등 16명이 선출되었다. 특히 군 출신인 리영호는 당 중앙군사위원회 부위원장, 당 중앙위 위원 등의 직책도 거머쥐면서 김경희-장성택 '혈통 후견'과 더불어 '선군(先軍) 후견'을 위한 포석이라고 평가된다.

139) 이승렬, '2011년 북한 신년공동사설 분석과 한반도 정세전망'(우리민족 서로 돕기 운동 평화나눔센터 주최 세미나 2011년 1월 3일)발표문 참조

140) 유영구, "북한의 정치 – 군사관계의 변천과 군내의 정치조직 운영에 한 연구", 「전략연구」 4권 3호 (서울: 한국전략문제 연구소, 1997), p.101.

그리고 군수산업과 군사력 강화를 위한 사업을 조직·지도하는 역할을 하고 있다.

특히 김정은 시대의 떠오르는 신진 실세이자 김정은의 '왼팔'이라고도 불리는 리영호 인민군 총참모장도 김정은과 함께 지난 당대표자회에서 당 중앙군사위 부 위원장직에 등극한 것이 이런 분석에 더 힘을 실었다.

실제 최근 김정은의 활동에서 2011년 2월 16일 김정일의 69회 생일을 전후해 인민군 근위부대 시찰, 육해공군 합동훈련참관이나, 15일엔 공훈국가합창단 공연회 개최 수행자 소개에서 김정은을 리영호 참모총장보다 앞서 소개했고 이 공연에서 김정은 찬양가인 '발걸음'을 먼저 공연한 점 등은 김정은의 군부 장악을 가늠할수 있다.

부위원장 아래 당 중앙군사위원에는 또 장성택과 최룡해가 포진해 있다. 장성택은 김정일 국방위원장의 매제이자, 김정은의 고모부로 '김정은의 후견인'으로 불린다. 최룡해는 고(故) 김일성의 동지였던 '빨치산 1세대' 최현 전 인민무력부장의 아들이다. 특히 최룡해는 사로청(사회주의 노동청년동맹·현 김일성사회주의 청년동맹) 출신으로 주목받고 있다.

③ 정치국 상무위원회

당 정치국에 있는 상무위원회는 당중앙위원회의 전원회의 사이에 당중앙위원회의 명의로 당의 모든 사업을 결정하고 지도하는 사실상의 최고 핵심부서다.

정치국 상무위원으로는 김정일과 그 여동생인 김경희(김정은의 고모)를 비롯해 김영남, 최영림, 조명록, 리영호, 김영춘, 전병호, 김국태, 김기남, 최태복, 양형섭, 강석주, 변영립, 리용무, 주상성, 홍석형이고 후보위원으로는 김양건, 김영일, 박도춘, 최룡해, 장성택 등 15명이 선출됐다.

이런 인적인 배경으로 볼 때 2011년 김정은이 군에서 권력기반을 다지기 위해 국방위 제 1부위원장직을 추가로 받을 수 있다는 전망까지 조심스럽게 점쳐진다.

3) 당 전문부서—비서국

조선노동당을 실질적으로 움직이는 상설기구는 비서국 전문 부서들이다. 위에서 밝힌대로 당 중앙위원회에서 채택된 제반 정책을 집행하는 중요 부서다.

특히 김정일 시대의 큰 특징의 하나라 할 군부의 위상과 비서 국의 역할 강화인데 비서국에 포진된 엘리트는 당—국가체제(Part State System)를 고수[141]하는 이상 국가목표달성을 이끌어가는 중추 역할에 해당된다.

이는 곧 선군정치의 구현을 위한 포석이다.

비서국에 당, 국가, 군대 그리고 전체 사회조직을 관장하는 전문 부서들이 있고, 그 비서들은 기능에 따라 몇 개씩의 영역을 묶어서 관장하고 있다. 이 역할과 기능 추진을 위해 당 정치국과 정치국 상무위원회에서 지도지침을 비서국을 통해 정책화시킨다.

비서국 전문부서가 23개에서 18개로 통합·변경되었고 산하 전문부서를 이끌 전담 분야를 보면 조직지도부, 39호실, 간부부, 선전

---

141) 전용헌, "북한의 정치체제", 이은호, 김영재, 『북한의 정치와 사회』(서울: 어울 프레스, 1994), p.206.

선동부, 군수공업부, 군사부, 계획 재정부, 수도건설부, 과학교육부, 국제부, 통일전선부, 근로단체, 당 역사연구소, 근로단체부, 문서정리실, 경공업부, 재정경리부, 총무부 등 모두 18개다. 각종 대남 공작 업무를 담당해 오던 35호실과 작전부는 인민무력부 산하의 정찰국으로 통합됐으며 명칭도 '정찰총국'으로 변경됐다.

또 북한의 외화자금조달 기관인 38호실은 39호실로 통합됐다.

한편 비서국의 각급 사회조직에는 당의 기층조직(세포, 초급 당)이 설치돼 있다. 이 조직은 5~30명의 당원이 있는 경우 세포를 이루고 그 이상인 경우 초급 당 조직을 이루며, 여기에는 집행기관인 당위원회가 설치된다.[142] 이 당위원회는 각급 정치사회조직에서 당의 유일사상체계 확립을 비롯하여 계급교양, 당 정책 관철을 위한 고무충동의 임무를 하고 있다. 이것이 곧 제도상의 조선노동당이다.

한편 당 중앙위원의 수준은 당의 간부들이나 내각의 상(相)급, 군단장급, 군단의 정치위원급, 보위부사령관, 지방 당, 도당 책임비서, 군·당 기능을 수행하는 공장, 당 비서 수준이 되어야 한다. 관장하는 부서들을 영역별로 구분하면 다음과 같다.

내각의 각 부처들을 정책적으로 지도하는 부서로는 경제정책검열부와 경공업부, 중공업부, 농업정책 검열부, 재정경리부, 과학교육부 등이 있다.

그 밖에 근로 단체부는 당의 전도체로서 당을 감싸고 있는 외곽 근로단체들을 관장하는 부서다.

대남분야 부서들은 통일전선 담당비서 아래에 세칭 '4청사'로 불리는 4개의 공작부서가 있다. 통일전선부(통일전선구축), 대외정보

<hr>

142) 앞의 「조선노동당 규약」, pp.147~148.

조사부(35호실, 통일전선 구축 조직 조사와 자료·수집·분석·판단), 대외연락부(35호실 분석자료 바탕으로 간첩선 구축, 즉 연락선이나 점 조직망 구축), 작전부(대외연락부 파견과 복귀 안내원) 등으로 구성돼 있다.

몇몇 주요 부서들의 임무와 기능을 보면 다음과 같다.

① 조직지도부는 김정일 위원장이 직접 챙기고 업무체계도 직보체계를 갖춘 부서다. 해당부문의 정치교양사업을 전담하며, 당위원회의 집행기관 역할을 한다.

인적 구성은 담당 비서직이 10개이고 김정일의 최 측근으로 구성되어 사실상 모든 당무를 관리한다. 본부 당, 전당(全黨), 군사부문, 행정부문 등 4개 부문이며, 각 부문은 이들 조직지도부 내 4명의 제1부 부장이 맡고 있다. 다른 부서의 부장보다 더 막강한 권력을 행사한다.143) 최근 김정은 후계옹립의 주역인 장성택이 제1부 부장직에 올랐다. 임무에서 본부 당은 중앙당 성원들의 당 생활을 장악하고 중앙당의 모든 간부들의 학습활동을 조직하고 당 생활을 주관한다.

군사부문은 인민무력성과 조선인민군 총정치국이 관장하는 군대 내 당 조직 라인을 장악하고 있다.

국가보위부도 조직지도부 행정부문의 직접통제를 받으며, 당 생활은 조직지도부의 완전한 통제 아래 있다.

② 선전선동부는 조직지도부와 동일한 위치에서 사상관리를 전담하는 당 핵심부서이다. 조직지도부가 조직 관리를 담당한다면 선

---

143) 김정일은 "조직지도부는 조직원을 틀어쥐고 있는 당의 상징부서입니다. 조직부는 어디까지나 당 대열을 튼튼히 꾸리며 당원들의 당 생활을 강화하는 데 기본을 두고 사업해야 합니다"라고 강조하며 조직지도부의 기능이 당을 통제하는 것을 분명히 하였다. 김정일, "현 시기 당사 업에서 제기되는 몇 가지 문제에 대하여(1935. 6. 13)", 「주체혁명위업의 완성을 위하여」 중에서

전선동부는 사상관리를 전담하는 부서다. 당 조직지도부와 선전선
동부는 사업내용상 기능과 역할에서 보조를 맞추어야 하기 때문에
매우 밀접한 연관 속에서 존재한다.

당 선전선동부의 주 임무는 김일성 · 김정일의 유일통치체제를
전당과 전시회에 구현시키고 있다. 김정일의 작보 창구가 개설돼
있고 당 학습제강, 선전제강 등을 작성해 이를 교육시킨다. 알려진
대로 김정일의 당 통치방식에서 사상 사업에 대한 강조는 핵심적
인 몫을 차지한다.

김정일이 "사상 사업을 앞세우는 것은 사회주의 위업수행의 필
수적 요구이다"라는 담화발표가 있은 후[144]부터 핵심부서로 자리
를 잡았다.

③ 간부부는 당 핵심 간부들의 인사를 총괄하는 부서다. 간부부
의 인사범위는 당뿐만 아니라 국가기관 전반까지를 포괄한다. 군
(郡)단위의 군당책임비서, 조직비서, 군 인민위원장, 농촌경리위원
장, 보위부장, 안전부장 등의 인사문제까지 담당한다.

본래 간부국은 총정치국 소속이었으나 1993년부터 인민무력성
산하로 편입되었다. 그러나 실제로는 총정치국장의 지도를 받으며,
역시 당 조직지도부와도 밀접히 연결되어 있다.[145]

④ 군수공업부는 내각에서 소관하는 민수권한을 벗어난, 당이
관장하는 경제 산업을 일컫는다. 북한의 경제구조는 민수(民需)산
업을 담당하는 제1경제위원회와 군수(軍需)산업만을 관장하는 제2
경제위원회로 이원화돼 있다.

---

144) 『로동신문』, 1995년 6월 21일: 1995년 6월 '노동당 사업 참여 31주년을 기념하여'
145) 전 인민군 대좌 최주활 씨의 증언(서울 1999년 11월 29일).

이 부서는 내각의 간섭이 없이 독자적인 계획기구에 의해 생산과 소비 수요와 공급 등 전체계획을 결정하여 자체적으로 군수산업의 생산 활동을 펴 나간다.

⑤ 통일전선부는 1977년 만들어진 부서로 대남 부서 가운데 '수석부서'로 남한의 통일부와 같은 역할을 한다. 남북회담과 교류 협력 등 공식적인 대남업무를 주관한다. 2007년 남북정상회담도 여기서 추진했고, 남북한 간 분야별 교류협력을 총괄하는 부서다.

물론 김정일이 추진하는 대남공작의 기본골격도 여기서 만들어진다. 이 부서에서 선전 대남방송 해외교포포섭 및 남한 내 친북조직관리 등 공개적 선동공작을 편다. 산하에는 직접 침투과 등 4개의 직할부서가 있으며 조국통일연구원도 여기에 소속돼 있다.

⑥ 대외연락부(사회문화부)는 비공식적인 대남 공작 주무부서이다. 통일전선부가 공식적인 대남정책을 입안 결정하는 '두뇌'라면 대외연락부는 비공식 결정을 통한 대남 침투를 편다. 때문에 북한의 공작기구 중 가장 위험한 임무를 띠고 있다.

간첩(공작원)남파, 공작원 밀봉교육, 한국사회 고정간첩 관리, 한국 내 지하당 구축, 한국 내 불온사상 및 민심교란 등 다양하다. 특히 대외연락부는 통일전선부 주축으로 형성된 통일전선조직과 연락을 하는 것이 주목적이다. 대외연락부는 남한 내 노동당조직을 유지, 확대하고 정당이나 사회단체에 침투하는 간첩을 관리하는 데 중점을 두고 있다.

⑦ 사회 안전성은 내각 산하에 있는 치안 담당기구로 남한의 경찰청에 해당된다. 그러나 실제로는 내각 총리 지휘권 밖에 있으며, 지휘부서는 조직지도부 행정부문에 속한다. 공안부문의 비중을 크

게 보기 때문에 당의 통제 아래 두는 것이다.

⑧ 35호실은 과거의 대외정보 조사부, 해외에서 각종 테러 및 대남 해외정보를 수집하고 해외인사를 포섭, 매수해 남한에 침투시키는 대남 우회 침투활동을 펴는 부서는 2006년 인민무력부의 정찰총국에 통합됐다.

이부서가 일으킨 대표적인 사건이 1987년 대한항공 KAL 858기 공중 폭파사건, 1978년 최은희·신상옥 부부 납치사건 등이 꼽힌다. 특히 잠비아 주재대사관 소속정보원으로 활동하다 귀순한 차성근 씨도 35호실 소속공작원이었다.

⑨ 재정경리부와 39호실, 38호실이다. 재정경리부는 당의 재정과 경제를 담당하며 최근엔 통치자금까지 관리한다는 소식이 있다.

당과 김 위원장(당 총비서)의 통치자금을 담당을 위한 외화벌이 사업담당으로 출발한 38호실은 광산(금광), 공장, 은행 등을 소유하고 있다.

그리고 해외의 금괴 거래를 통한 김정일의 비밀자금 창구역할도 하고 있는데 그 대표적인 산하기구가 '대성총국'으로 이 기구를 통해 김정일 친인척들이 외교관 여권을 소지하고 마카오 등 해외에 나와 김정일의 비자금을 관리하고 있다.

38호실은 당이 가지고 있는 모든 초대소도 관리한다. 그리고 38호실과 통합돼 운영돼 온 39호실을 2010년 5월 다시 분리, 김동운 국가개발은행 이사장을 실장으로 임명, 김정은의 자금줄로 활용되고 있다. 공장, 광산 등을 직영하고, 중국, 베트남, 캄보디아의 냉면집 운영, 최근 태국에 문을 연 400석 규모의 대형 냉면식당 운영도 39호실에서 맡아 김정은의 자금을 끌어 모으고 있다.

이상 설명한 비서국 내 전문부서들의 역할과 기능을 도표로 나타내면 다음과 같다.

<표 3> 조선노동당 및 비서국 부서 기구표

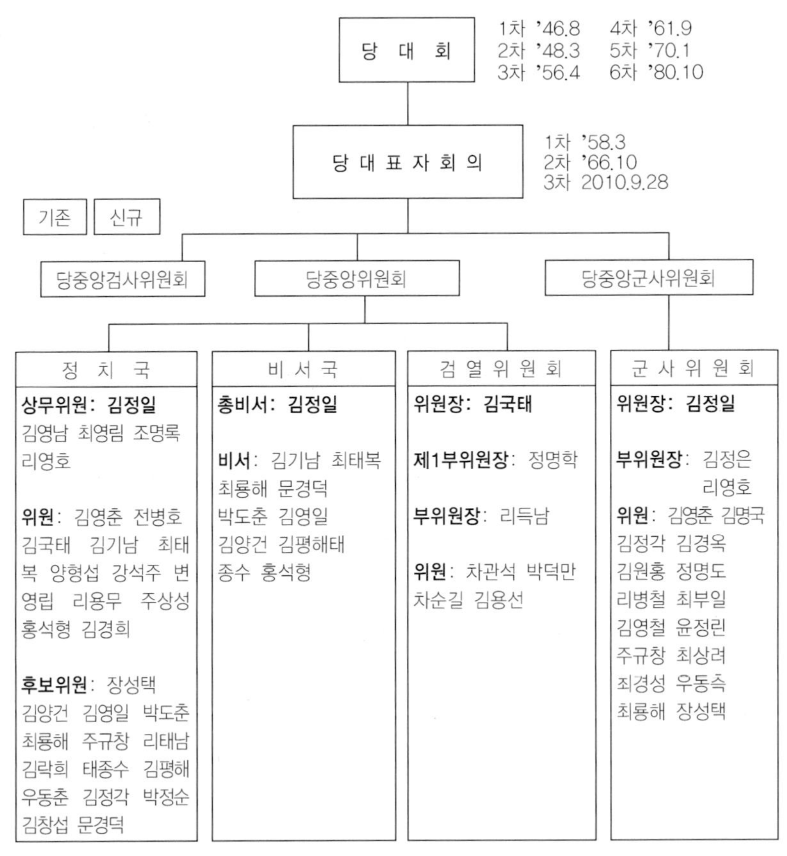

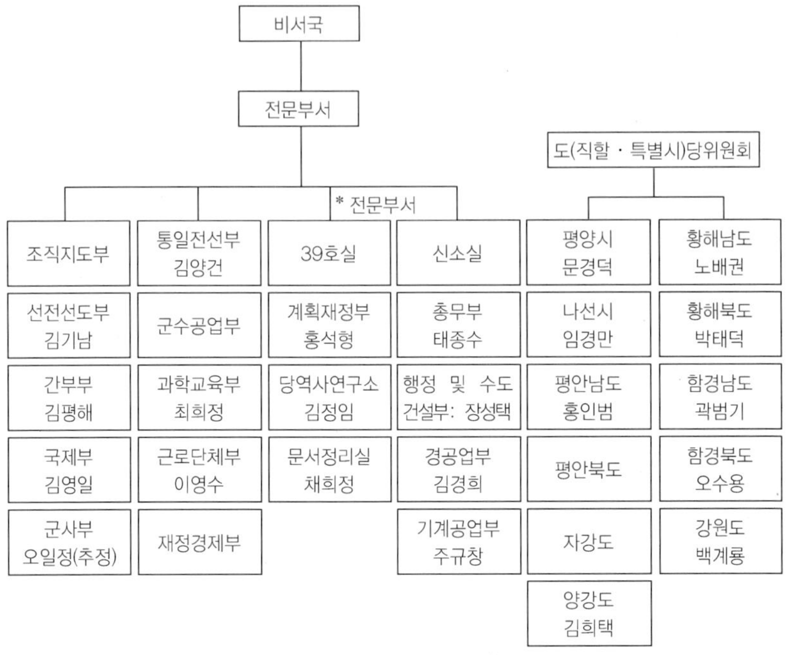

4) 노동당 외곽단체의 성격-기능

(1) 외곽단체의 성격

북한 정치사전에는 사회단체의 정의를 "사회의 일정한 성원들이 자기 이익 옹호를 위해 자생적으로 조직한 단체"라는 사전적 의미를 부여하고 있다.

실제로 헌법 제67조에서도 '국가는 민주주의적 정당 사회단체의 자유로운 활동조건을 보장한다'고 규정하고 있다.

일단 이렇게 겉으로 표방하고 있는 위의 두 가지 개념만으로 보면 영락없이 자본주의 사회의 이익기능을 전제로 하는 이익단체의 성격과 한 치도 다를 바 없다.

그러나 실제로 모든 정치단체나 조직들은 조선로동당의 지도와 통제를 받고 있다.

아무튼 당 중심의 권력행사를 원칙으로 하는 북한사회의 특성상 이익단체들은 전혀 다른 기능을 하고 있다.

남한 사회처럼 다원화 추세에서 자생적으로 설립되어 독자성을 갖고 이 민주적인 이익목적을 펴는 것이 아니다.

외곽이란 명칭 그대로 당을 감싸주는 보호막으로 울타리 역할을 한다. 예컨대 당과 대중을 연결시키는 인전대(引傳帶, transmission-belt)로서 당의 충실한 후비대로 규정하고 있다.[146]

김정일도 "사회주의 하에서 근로단체들은 광범한 군중에 대한 사상교양단체이며 당의 외곽지대"라고 밝힌 바 있다. 때문에 외곽 단체들이 국가기관과 동격 당과 유일적 영도를 수행하는 역할을 한다. 모든 단체나 조직들은 조선노동당의 지도와 통제를 받는다.

즉 정·경이 분리돼 있지 않고 관과 민간단체 또한 미분화(未分化)된 사회에서는 모든 기관은 당의 외곽기관일 수밖에 없고 내용적으로도 당사업과 병행하는 중첩화된 상태다.[147] 결국 종횡으로 묶여 있는 것이다.

따라서 이익기능도 국가가 추구하는 데 이익단체의 고유기능인

---

146) 이종석, 백학순 공저 "김일성시대의 당과 국가기구"(세종연구소, 2001), pp.11~13에서 인용함. 인전대는 "동력을 전달하는 피대라는 뜻으로 '로동계급의 광범한 대중과의 유기적 연계를 보장하며 광범한 대중을 당과 수령의 두리에 튼튼히 묶어 세워 혁명과업 수행에로 조직 동원하는 사회정치적 조직들을 이르는 말"이다. 『조선말대사전』 2권, (평양: 사회과학출판사. 1992), p.1705.

147) 홍승원, 앞의 책, 『새로 편 북한체제론』(2007, 3차 개정판), p.226

자본가나 노동자가 추구해야 할 이익 추구를 정치목표로 이끄는 이른바 국가조합주의(國家組合主義, state-corporation) 형태로서 추구한다.

이와 같이 노동계급과 계층을 당 주위에 결속시키는 근로단체들은 1946년 말까지 조직했고 이들 단체들을 중심으로 "북조선 민족주의 민족통일전선"을 결성하면서 인민정권 창출에 크게 기여했다.

1990년대 이후 탈 이념성향에 식량난으로 인해 사회기강이 느슨해지면서 사회통제기능이 약화되었다. 그래도 좀처럼 체제붕궤 조짐이 없었던 것은 당기구와 외곽기구들 간에 '새둥지'처럼 촘촘히 짜여진 상호의존적인 짜임새 때문이다.

현재 조선노동당 산하의 중요 외곽단체들은 <표 4>와 같다.

〈표 4〉 조선노동당 외곽단체[148]

<table>
<tr><td rowspan="3">정
치</td><td>조선천도교청우당 중앙위원회 위원장 류미영</td><td>조선사회민주당 중앙위원회 위원장 김영대</td><td>조국통일민주주의 전선(조국전선) 위원장 박성철</td><td>조국평화통일위원회 (조평통)위원장</td><td>한국민족민주전선</td></tr>
<tr><td>조국통일범민족연합(범민련)북측본부의장 안경호</td><td>조국통일범민족청년 학생연합북측 본부 의장 김인호</td><td>민족화해협의회 회장 김영대</td><td>조선평화옹호 전국민족위원회 위원장 문재철</td><td>재북평화통일 촉진협의회 서기 국장 강태무</td></tr>
<tr><td>단군민족통일협의회 회장 류미영</td><td>남조선의 비전향 장기수 구원대책 조선위원회 위원장 문재철</td><td>남조선의국가보안법철폐를 위한 대책위원회 위원장 문재철</td><td>조선학생위원회 위원장 최국권</td><td>조선반핵평화위원회 위원장 김용순</td></tr>
</table>

148) 『북한개요』 (서울: 통일부, 2000), p.116.

대외	조선·아시아·태평양 평화위원회 위원장 김용순	조선대외문화연락협회 위원장대리 문재철	세계인민들과의 연대성조선위원회 위원장 문재철	조선외교협회 회장 부회장 김양건	조선·아시아·아프리카 단결위원회 위원장 김국훈
	일제의 조선가점 피해조사 위원회 위원장 리몽호	종군위안부 및 태평양전쟁 피해자 보상대책위원회 위원장 리성호	반핵평화를 위한 조선 피폭자협의회 회장 주성운	조선 반핵평화 의사협회 위원장 최창식	아시아 여성들과 연대하는 조선여성협회 리청회
	조선 유네스코 민족위원회 위원장 최수헌	조선 유엔 식량 및 농업 기구 민족위원회 위원장 강석주	조선유엔개발 민족조정위원회 서기장 리태균	유엔기금조선 조정위원회 위원장 최수현	인종격리제도반대 조선위원회 위원장
사회	김일성사회주의 청년동맹(청년동맹)1비서 김일환	조선직업총동맹(직총) 중앙위원회 위원장 염순길	조선농업근로자동맹(농근맹)중앙위원회 위원장 송상섭	조선민주여성동맹(여맹) 위원장 박순희	조선적십자회 중앙위원회 위원장 정재인
	조선기계동맹 중앙위원회 위원장 서동범	조선자연보호연맹 중앙위원회 위원장 장일선	조선민주법률가협회 위원장 함학성	조선중앙변호사협회 위원장 리동석	조선인권연구협회 위원장 심형일
경제	대외경제협력추진위원회 위원장 김용순	민족경제협력련합회 회장 정운업	조선아시아무역촉지 위원회 위원장 리성록	조선국제합영촉진위원회 위원장 채희정	조선국제무역촉진위원회 위원장 김룡문
종교	조선카톨릭교 협회 중앙위원회 위원장 장재언	조선그리스도연맹 중앙위원회 위원장 강영섭	조선불교도연맹 중앙위원회 위원장 박태화	조선천도교회 중앙지도위원회 위원장 류미영	조선종교인협의회 회장 장재언
학술체육	조선사회과학자협회위원장 양형섭	조선문학예술총동맹(문예총) 중앙위원회 위원장 장철	조선과학기술총연맹 중앙위원회 위원장 조창덕	조선건축가동맹 중앙위원회 위원장 김응상	국제문제연구소 소장 김광우
	조선역사학학회 회장 허정호	조서김정일화련맹 위원장 장철	조선올림픽위원회 위원장 박명철	조선태권도위원회 위원장 황봉영	도아시아경기대회협의회 회장 박명철

(2) 주요 외곽단체들

북한의 헌법 제67조에는 "국가는 민주주의적 정당·사회단체의 자유로운 활동조건을 보장한다"고 규정하고 있으나, 실제로 모든 정치단체나 조직들은 조선노동당의 지도와 통제를 받고 있다.

정당으로는 이른바 조선로동당의 우당(友黨)으로 1945년 11월 3일 창립된 '조선사회민주당'과 1946년 2월 8일에 창립된 '천도교 청우당'이 있다.

이들은 실제적인 정당조직을 갖추지 못하고 대남 비난성명 발표 때나 통일문제 등과 관련한 정당·사회단체 연석회의 개최 제의 때 나타나는 이름뿐인 정당이다. **또한 근로대중 조직으로는 조선직업총동맹, 조선농업근로자동맹, 김일성사회주의청년동맹, 조선민주여성동맹** 등이 있다. 이들 단체들은 노동당 규약에 따라, 당의 외곽단체로서 당과 대중의 연결고리(引傳帶, belt)로, 대중의 사상교양 조직으로, 당의 충실한 방조자로서의 역할을 수행하고 있다.

이 밖에도 조국통일민주주의전선, 조국평화통일위원회, 조선 아시아·태평양평화위원회, 재북평화통일촉진협의회 등과 같은 통일전선단체와 조선그리스도교연맹, 조선불교도연맹, 조선천도교회 중앙지도위원회, 조선가톨릭교협회 등이 명목상 존재하는데 종교단체들은 조국통일민주주의전선에 망라되어 있다.

북한이 당면한 과제들을 풀기 위해 조선노동당의 외곽단체로 정치, 대외, 사회, 종교 학술, 체육 등 다양한 사회단체를 구성했다.

이 중에도 남한에도 가장 많이 알려진 단체가 조국평화통일위원회다. 우리에게는 「조평통」으로 더 널리 알려진 외곽 사회단체의 형식을 띤 조직된 대남 전위기구이다.

이 단체역시 남한의 민간 통일단체와 비슷한 단체이나 북한에선 정부의 대남 창구역할을 하고 있다. 당장 2011년 벽두부터 느닷없이 파상적인 남북대화를 열자는 제의를 하고 나서, 연평도 폭격사건으로 경색된 남북관계 분위기에 파장을 불러 오는 단체다.

4. 권력기구들

김정일 시대를 연 1998년 개정헌법, 그리고 계속 전개된 권력개편과 인사단행은 김정일 시대의 정착을 굳히는 개편이었다.

하지만 실제로는 김정일 지도체계의 큰 틀 안에 귀속돼 움직이는 형태로 권력이 짜여 있다. 이렇게 될 수밖에 없는 것은 국가기구가 개인 권한에 의해 움직이기 때문이다.[149]

김정일 체제 출범 후에 권력 기구들의 변동을 보면 먼저 주석제를 폐지한 점이다. 이유는 "수령은 공화국의 영원한 유일무이한 주석"이기 때문에 유훈통치까지 가능하다는 독특한 통치방식을 펴고 있다. 어떻게 죽은 사람이 유훈통치를 할 수 있을까. 이런 방식이 가능한 것은 그만큼 1970년대 이후 개인 우상화가 구석구석에 스며든 때문에 가능했다.

그밖에 김정일 시대 들어 외형적으로 개편된 대표적 기구들은 다음과 같다. 국가 주권을 대표하는 국방위원회, 공화국인 국가를 대표하는 최고인민회의 상임위원회, 공식적인 정부를 대표하는 인내각, 지방정부를 대표하는 지방인민위원회와 지방인민회의 등을 꼽는다.

---

149) 홍승원, 앞의 책, 『새로 편 북한 체제론』, p.133.

1) 국방위원회

국방위원회의는 1972년 개정헌법에서 중앙인민위원회의 사업을 돕는 산하기구로 처음 발족됐다. 그 후 1992년 개정헌법에서 중앙인민위원회의 부문별 위원회에서 일체의 무력을 행사하도록 못 박았고 확대 개편·개정된 기구다.

그러다가 1998년 김정일 시대가 열리면서 헌법을 개정, 국가주권의 최고 군사지도기관으로 격상돼 국방 분야에서 주권과 행정권을 가지게 되었다. 또 2009년 헌법 개정에서는 '국가 주권의 최고 국방기관'으로 격상했다. 그리고 국방위원장을 "북한의 최고 영도자"로 정하고 헌법에 제도화시켰다.

국방위원회는 위원장, 제1부위원장, 부위원장 및 8인의 위원들로 구성되어 있고 임기는 5년이다. 위원장은 국가의 중요정책 수립, 일체의 무력을 지휘 통솔하며 전반적 무력과 국방건설 사업 지도, 국방부문의 중앙기관 신설 및 폐지 등의 임무와 권한을 가진다.[150]

국방위원회의 위상 변화에서 몇 가지 특징은 1998년 헌법 개정에서 종래 주석제 폐지 후 국방위원장 위상을 대폭 강화했다.

으레 공산국가에서는 당 서기장이나 총서기 또는 국가주석이 최고위직이다. 북한에선 그 자리가 조선노동당 총비서다. 그럼에도 군이 총비서 대신 국방위원장 호칭을 공식화하는 이유는 무엇인가. 북한에서는 헌법보다 노동당 규약이 상위법으로 해석되기 때문이다. 또 인민군이 노동당의 군대라는 사실을 분명히 하기 위해 당 규

---

150) 이 권한에 따라 국방위원회의 명령으로 종전의 인민무력부를 인민 무력성으로 개칭했다가 다시 인민 무력부로 환원했다.

약 제46조는 '조선인민군은 항일무장투쟁의 영광스러운 혁명전통을 계승한 조선노동당의 혁명적 무장력이다'라고 밝히고 있다.

이를 근거로 "강성대국 건설"을 상징하는 비상설기구인 국방위원장을 총비서와 주석을 대신하는 위치에까지 올려놓은 것이다.[151]

이런 이유로 1998년 김정일 출범에서 국방위원회는 "국가주권의 최고 군사 지도기관이며 전반적 국방관리기관"으로까지 격상시켰다.[152](제100조)

그리고 작년 2009년의 개정헌법에서는 '국가 주권의 최고 국방기관'으로 격상했는데 이 또한 이유가 있다. 바로 김정은 3대 세습을 다지기 위해 국방위원장 자리를 제도화시킨 포석이다.

이와 관련해 2011년 새해 벽두부터 김정은의 국방위원회 부위원장으로 올라간다는 설이 흘러나오고 있다.

그럼 국방위원장은 북한 정치에서 어떤 자리인가.

김정일이 국방위원장으로 추대되면서 "국방사업"은 "조국의 부강 번영과 인민의 행복, 혁명의 승리와 전진을 담보하는 국가정치의 첫째가는 중대사"라고 밝히고 있다.

"혁명의 승패와 민족의 흥망을 좌우하는 생명선"이라고 밝히고 국방위원장은 "나라의 정치, 군사, 경제력량의 총체를 통솔지휘"하며, 이 직책은 "국가의 최고직책"이라고 선언하였다.[153]

---

151) 『노동신문』, 2003. 3. 12.

153) 1998년 9월 5일 최고인회의 제10기 1차 회의에서 김영남 최고인위 상임위원장은 김정일 위원장을 '동 직책에 재옹립하는 추대사에서 '국방위원장은 최고의 직책'을 장악하고 있다. 김정일은 국방위원장, 최고사령관, 당 총비서 등 3개의 직권으로 전군을 장악하고 있다.

153) 『조선중앙통신』 1998년 9월 5일; 『로동신문』 1998년 9월 6일, "조선로동당 중앙위원회와 당 중앙군사위원회"가 김정일을 국방위원장으로 재추대하도록 제의한 것을 김영남이 최고인민회의에 보고하였음.

이는 북한의 인치(人治)지배 특성상 자연인 김정일은 어떤 직책을 가지든 최고의 지위임을 포괄한다.

나아가 "군대는 곧 인민이고 국가이며 당"이라고 규정한 김정일의 "군부 중시 사상"이라고 해설하였다. 김정일은 국방원장, 최고사령관, 당 총비서 등 3개의 직권으로 전군을 "혁명군대에 대한 새로운 주체적인 사상이론"으로 선전해 왔으며,[154] 국방위원장의 위치를 "그 어떤 국가수반(首班) 직에 비할 수 없는 가장 위대한 혁명의 최고 중책"으로 보고 있다.[155]

"국방은 단순한 군사 문제가 아니고 정치, 경제, 군사와 문화, 외교, 사회생활 등 민족의 생활영역 전반에 비끼게(나타나게) 되는 거대한 창조사업으로 민족번영과 사회진보를 이룩하는 것을 최대의 과제로 지향하는 국사 중의 최대 국사"이므로,[156] 당연히 국가 최고직책이다.

더구나 김정일이 당 총비서라는 것을 감안하면, 더욱 권력구조에서 국가 최고직책이다.[157] 결론적으로 국방위원회를 통해 군 우위의 개념을 구체화시켜 당과 군을 한데 묶자는 것이다. 이를 정당화시키는 근거는 "정치는 총구에서 나온다"는 중국식의 홍군(紅軍)사상을 선군(先軍)정치에 접목시킨다는 것이다.[158] 국방위원회의 산하 기구로는 크게 인민 무력부와 국가안전 보위부가 있고, 인민무력부는 그 아래에 총정치국, 총참모부를 두고 있고, 국가안전보위부 아

---

154) 『로동신문』, 1997. 4. 10.
155) 『조선중앙방송』(정론), 1998. 11. 15.
156) 『조선중앙방송』(정론), 1998. 11. 15.
157) 이종석, 백학순, 김정일 시대의 당과 국가기구(세종연구소, 2002).
158) 홍승원, 앞의 책, 『새로 편 북한 체제론』, p.133.

래에는 보위사령부가 있다.

국방위원장의 중요한 산하기구들은 다음과 같다.

① 인민무력부

인민무력부는 군의 인사, 행정 및 예산, 장비, 물자 등 지원과 획득·관리와 같은 군 정권을 수행하는 국방위원장 직속기구다.

기능면에서도 군령권(軍令權)까지 행사하는 총참모부로서 지도, 통제권을 부여해 군사지휘상 효율을 높이기 위해 김정일 체제 출범 후 내각에서 국방위원회로 옮겼다.

이에 따라 군령권이 최고사령관(국방위원장) → 인민무력부 → 총참모부 → 총정치국 → 보위사령부 → 후방총국 → 예하부대 순으로 변경됐다.[159] 조직구성은 참모지휘부서 당 정치지도부서, 정보보위부서, 후방담당부서로 분류됐고 편제는 군사행정 책임자로 인민무력부장과 그 밑에 5명 정도의 인민무력부 부부장으로 이뤄져 있다.

명칭은 1998년 부(部)에서 성(省)으로 바뀌었다가 최근 다시 부로 개칭됐다. 북한군의 '다원화 병영체제'에서 규모나 병역수로 보아 제일 큰 비중을 차지하는 기구며 그 지위와 역할 역시 주도적 역할을 담당한다.

그런데 근래에 와서는 인민무력부에서 총정치국과 총참모부의 업무가 분리돼 후방 사업만을 주로 담당한다고 한다.

② 조선인민군 총정치국은 '정치는 총구로부터 나온다'는 모택

---

159) 정영태, 『김정일 정권하 정치군사체계의 특성』, 김정일 정권 10년: 변화와 전망. 통일연구원, 국내학술회의 2004. 4. 7), p.25.

동의 군사관(觀)을 그대로 답습해 온 북한에서 '정치와 군은 한 묶음'임을 보여주는 기구다.

바꿔 말하면 인민군 안에 있는 노동당 조직을 총괄하는 기구로 전 부대를 사상적으로 통제하는 정치기구다. 뿐만 아니라 군사작전, 행정, 군사, 간부들의 인사이동까지 장악하고 있다.

연대급 이상 부대에 정치위원을 파견 노동당의 '전권위원'으로 군의 정치적 도전을 통제하고 있다. 국방위원회 직제상으로는 총정치국이 인민무력부 산하에 총참모부, 보위사령부, 후방총국과 같이 수평관계에 있다. 하지만 총정치국이 절대 상위이고 이를 통해 군대의 통수권을 장악하고 있어 '제2노동당'이라 불리고 있다.

③ 인민군 총참모부

북한군 총참모부는 최고사령관의 군령권(軍令權)을 집행하는 최고 군사집행기관이다. 실질적으로 북한군에 대한 군사작전을 지휘하는 기관이다. 북한군의 군종, 병종별 부대는 총참모부 예하로 편제가 구성돼 있어 남한의 합참과 비슷한 기구다. 산하에 9개 정규군단, 2개 기계화군단, 평양방위사령부 해군 공군사령부 등 실제 전쟁수행을 할 육해공군을 예하에 두고 있다.

관심 있는 부서는 총정찰총국인데 대남전략의 총 본산으로 남파간첩 양성기관이 있고 과거 아웅산 묘소 폭파, 동해안 무장간첩침투를 주도한 기구다.

최근엔 당에서 관장하던 개성공단 사업까지 인수해 관리하고 있다. 군사 편제상으로는 최근 인민무력부와 수평관계로 바뀌고 있다. 그래서 총참모장은 인민무력부장을 경유하지 않고 김정일 최고

사령관으로부터 직접 명령과 지시사항을 받아 집행한다.

④ 보위사령부

인민군 보위사령부는 군대 안에 조직돼 있는 독립적인 방첩·반탐기관으로 비공개적이고, 비밀스러운 방식으로 군을 감시 통제한다. 사령관은 국방위원장 김정일의 직접 지시에 따라 움직이는데 남한의 기무사령부와 흡사한 기능을 한다.

이와 관련해 황장엽 씨는 "원래는 비밀경찰이었으나 지금은 드러내놓고 군의 중대단위까지 보위지도원을 배치해 놓고 있는데 이들은 각자 독립돼서 김정일에게 직속되어 있다"고 증언한 바 있다.

보위부의 기능은 첫째, 군대 안에 반당·반혁명 반국가분자들의 색출 검거, 둘째 능동적이고 독자적인 방첩 임무 수행, 셋째 김정일의 군부대 방문 경호 업무, 넷째 군대 내 주민등록사업, 다섯째 국경 및 해안경계 근무 담당 등을 맡고 있다.[160]

⑤ 호위사령부

최근 호위사령부가 호위총국으로 개칭되었는데 이 기관은 김정일의 친위부대로 남한의 청와대 경호실과 유사하다. 이 기구는 김정일의 호위만을 전담하는 만큼 북한권부의 마지막 친위 부대이자 최후의 보루가 되는 셈이다.

이 기관은 1960년대 이전부터 노동당호위국 형태로 존재하다가 호위사령부로 발전하였고 한때는 병력이 12만을 넘었는데 90년 이후에는 직할 병력 이외에도 중무장한 2개 사단에 2개 여단만이 소

---

160) 최주활, "북한인민군 보위사령부의 체계 및 활동", 『북한연구』 제1권 1호, 1997, pp.47~48.

속되어 있다. 김정일 경호는 4선 경호개념으로 중첩경호체계를 갖추고 있다. 호위총국 1호위부와 2호위부 요원인 호위부 군관대대요원은 사복을 착용하고 김정일의 측근에서 호위한다. 3선 경호는 호위총국 참모부 직속 대대요원과 인민보안성요원이 행사장 내까지 이동호위를 하고 4선 경호는 국가안전보위부의 행사와 지도요원에 의해 행사장 외곽 호위업무를 맡는다.

〈표 5〉 국방위원회 기구표

※ ×××: 군단, ××: 사단
※ 출처: 국방부, 『2008 국방백서』(2009. 1) p.24 참조.

2) 최고인민위원회의 상임위원회

1998년 김정일 헌법 개정 시 또 한 가지 특징이 최고인민회의 상임 위원장이 국가를 대표한다는 내용이 새롭게 보충되었다.

상임위원회를 남한 식으로 해석하면 국회 내 각급 상임위원회를 일컫는 자리여서 쉽게 이해가 안 간다. 북한 역시 상임위원회는 1998년까지 남한과 똑같이 최고인민회의 휴회 중에만 역할을 해온 비상설기구다.

그런데 1998년 개정헌법에서는 '최고인민회의'(제1절)와 '최고인민회의 상임위원회'(제3절)를 완전히 분리시켜 놓았다. 즉 의회 회기 중이 아닌 평시에도 최고인민회의 상임위원회는 국방업무를 제의한 나머지 국가 활동 전반에 대한 권한을 행사하도록 했다.[161]

물론 남한의 국회격인 북한 최고인민회의는 헌법상에는 최고 주권기관으로 정해놓고, 실제로는 최고인민회의가 선출한 국방위원장의 지휘를 받는 형태의 하위기관으로 전락한 셈이 된다.

반면 최고인민회의 상임위원회는 예전의 중앙인민위원회와 그리고 주석의 권한 일부까지 물려받아, 권한이 대폭 강화되었다. 국방위원회의 권한을 뺀 모든 권한을 총괄 감독하고 있다.

"국가를 대표"하여 외국사절의 신임장과 소환장을 접수한다(제111조)는 데까지 격상됐다.

상임위원장은 대외관계 업무와 국가의 상징적인 분야에서 역할을 총괄하기 때문에 상징적 국가 대표이고, 또한 헌법상에도 국가의 대표권자는 최고 인민위위원장임을 명문화했다.

그러나 여기엔 단서가 붙는데, 어디까지나 "장군님 위임에 의한 대표권"이란 한계를 명확히 긋고 있다. 바꿔 말하면 김정일의 지시에 의해서 국가를 대표 한다는, 말 그대로 대표권을 위임받은 형식적인 자리임을 뜻하는 것이다.

그럼에도 정책결정이나 집행을 하는 행정기관도 아닌 입법부의 단순한 상임위원회가 어떻게 국가를 대표할 수 있는가하는 의문으

---

161) 국방부문을 제외한 국가 활동의 모든 분야에 대한 지도 감독기능과 최고주권을 통일적으로 행사하는 기능은 최고인민회의 상임위원회가 맡고 『민주전선』 1998년 10월 7일. "사회주의 헌법 해설: 최고 인민회의 상임위원회는 상설적인 최고주권기관"

로 남는데, 이는 북한에서 군의 성격과 당과의 관계, 그리고 김정일의 베일에 가려진 통치 스타일의 이해가 선결돼야 한다.[162]

3대 권력승계 이후 권력구조가 어떻게 바뀔지는 모르나 지금까지는 1998년 최고인민회의 제10기 제1차 회의 주석단 서열에서 김영남 최고인민위 상임위원장[163]의 서열이 2위인 것만 보아도 그의 국가 대표권자로서의 위상은 여전한 것으로 보인다.

권한 중 특히 중요한 것은 상임위원회가 "불가피한 사정으로 최고인민회의의 휴회기간 중에 제기되는" 인민경제발전 계획, 국가예산과 그 조정안을 심의하고 승인한다는 새로운 조항이다.

내각이 인민경제발전 계획을 작성하고, 국가예산을 편성하고(제119조), 최고인민회의는 이에 대한 심의와 승인을 하는데(제91조), 불가피한 사정으로 최고인민회의가 휴회하는 동안에 제기되는 인민경제발전 계획과 국가예산 및 그 조정안에 대해서는 최고인민회의 상임위원회가 심의하고 승인한다는 것이다.

이 같은 새로운 경제 관련 조항이 중요한 데는 이유가 있다.

이제 북한은 인민경제발전계획과 예산에 관련된 사항에 대해서는, 최고인민회의와 그 상임위원회로 하여금 1년 내내 어느 때고 심의하고 승인할 수 있게 함으로써, 북한의 "인민경제계획과 국가예산 채택에서 기동성을 보장하고 계획규율과 재정규율을 강화하여 사회주의 경제건설을 성과적으로 보장할 수 있기" 때문이다.[164]

---

162) 최성, 『김정일과 북한체제』(서울: 한국방송출판(주), 2002), p.196.에서 우선 외부인사 접견이나 외국방문 경험이 적었던 김정일의 부담을 덜 수도 있고, 김일성 사후에 벌어진 경제난 등 국가 위기장면에 대한 책임을 분담키 위해, 최고인민회의 상임위원회에 국가를 대표하는 대외적 업무를, 그리고 내각에는 대내적 경제 업무를 부여했다는 해석이다. 1990년대 이후 2010까지 체제위기의 시련을 겪는 것을 놓고 보면 타당성이 있다. 그 후 김정일의 신비적 통치 스타일은 계속됐다. 2007년 10월 20일 핵실험 후 20일간 꼼짝 않고 있다가 10만 군중이 모인 아리랑축전에 나타난 경우도 있다.

163) 최진욱, 『현대 북한행정론』(도서출판 '인간사랑', 2002), p.38.

이는 경제적 어려움과 경제회복의 시급성을 고려하여 경제 및 예산 관련 조항을 새로 넣은 것인데, 이 조항은 앞으로의 북한의 장래와 관련하여 매우 중요한 의미를 띠고 있다고 하겠다.[165] 최고인민회의 상임위원회의 임무와 권한에서 또 한 가지 중요한 것은 상임위원회가 국가기관들의 법 준수 집행을 감독하고 대책을 세우도록 한 것이다(제110조).

다시 말해, 1998년 개정헌법으로 최고인민회의와 상임위원회는 검찰기관 및 사법기관을 거느리게 되었다. 따라서 상임위원회의 주권적 감독의 대상에서 벗어나 있는 기관은 오직 국방위원회뿐이고, 내각과 위원회, 성(省), 그리고 검찰, 재판기관 등 모든 국가기관들은 최고인민회의 상임위원회의 감독 하에 있다.[166]

3) 행정기관-내각

(1) 북한 행정의 이해

북한 헌법에 국가기관은 그 기능과 역할에 따라 3권 분립 원리를 적용, 주권기관(입법), 행정기관(행정), 재판 및 검찰기관(사법)으로 구분해 놓고 있다.

그리고 행정기관을 중앙 국가기관(내각)과 지방 국가기관 도(직할시)인민위원회 및 행정경제위원회, 시(구역)·군 인민위원회 및

---

164) 『민주조선』, 1998년 9월 25일, 29일, 10월 7일자.

165) 이러한 경제 및 예산 관련 조항은 1948년 헌법의 최고인민회의 상임위원회의 권한에는 들어 있지 않음.

166) 『민주조선』, 1998년 9월 25일, 10월 7일.

행정경제위원회 등으로 구분하고 있다. 이렇듯 겉으로는 3권 분립에 입각한 남한의 국가기관 구분과 같다.

그러나 행정기관들의 독립성이 없고 오직 당의 명령에만 복종하는 원칙을 고수한다. 이런 원칙에서 보면 북한행정은 추구하는 목표가 따로 정해진 것이 없고 국가목표에만 매달려 운영된다는 결론이다.

행정의 본래 의미인 정치영역에서 독립되어 독자적인 공공영역을 구축하는 것이 아니라, 정치목표의 수단적 하위체계(下位體系)만을 형성하고 있다.

모든 정책결정권도 당이 장악하고, 행정기관은 당으로 부터 내려온 부(富)와 가치를 배분받아 대중에게 집행하는 것이 주 임무인 셈이다.

정치와 행정 간의 관계가 독립이 안 돼 있으니, 행정의 역할은 반혁명적 요소 등을 처리하는 독재기능, 사회적 법적제재를 가하는 기능, 사상 문화혁명을 수행하는 문화·교양기능 등 일반 공공행정과는 거리가 먼 정치목표 집행이 대종을 이룬다.

더욱이 '개인은 전체를 위하여'라는 집단주의 원칙에서는 행정의 재량권이나 관료 개인의 의사는 반영할 수 없다. 거기에 정치와 행정이 구분 안 된 상태에선 행정범위의 설정이나 권한위임을 설정할 행정법전(法典)도 따로 없다.

오직 상위법에 의해 계획된 동원행정(mobilization-administration) 및 관리행정만 있을 뿐이다.

그러니 오늘날 행정이 추구하는 행정 서비스나, 생산성 개념, 행정의 질(質) 향상, 행정수요자의 욕구의 충족, 조장(助長)행정 기능은 없고, 또한 행정조직의 종적, 횡적 분업화나 합의를 통한 의사소통이나 융통성도 나올 수 없다.

그럼에도 김정일 시대 들어와서 가장 개혁을 서두르는 곳이 행정 분야다. 우선 기관중심의 운영을 모토로 내각의 구조조정과 인사교체를 단행하면서 처음으로 책임행정을 펴고 있다.

그러나 아직도 행정을 보는 시각과 도식적인 행정체질이 바뀌지 않고 문서가 아닌 '말과 행동'만으로 지시 하달만 반복할 뿐이다. 거기다 행정목표의 하위, 중간, 상위목표가 없다 보니, 오직 상의하달(上意下達)식으로만 행사될 뿐이다.[167]

이 같은 구조에서 나오는 북한 행정의 몇 가지 특징을 종합해 보면 다음과 같다.

첫째, 행정에 대한 모든 권한이 당에 집중되어 있다. 당이 모든 권력의 원천(源泉)인 이상 행정기관은 당의 지시에 따라 피동적으로 움직이는 '충직한 시녀'에 불과하다.

둘째, 행정이 권력으로부터 독립된 것이 아니라 행정권의 한계가 애매모호하다. 즉 행정영역을 법으로 묶을 별도의 행정법(行政法)이나 법전(法典)이 따로 없다.

다만 노동당 규약과 헌법과 같은 상위규범이 행정을 규율하고 각종 행정행위도 여기에 맞추고 있다.[168] 결국 행정법의 상위법인 헌법과 당－국가를 성립시키는 당 규약이 행정을 좌지우지한다는 뜻이다.

---

167) 홍승원, 앞의 책, 『새로 편 북한체제론』, pp.145~146.
168) 홍승원, 앞의 책, 『새로 편 북한체제론』 p.153. 이 때문에 공공행정요원이 행정관료 신분이기 보다
　　당 관료의 성격을 띠고 있다.

셋째, 행정의 조직은 중앙과 지방을 망라한 전 기관의 요직을 노동당 간부들이 차지하고 있다. 이를 정당화시키는 근거는 이중 겸직(兼職: Civil of hold offices holding)이 제도화된 데 있고, 거기에다 당의 행정통제까지도 제도화돼 있다. 예컨대 행정조직은 당과 행정기관의 이중적 지도를 받는 것인데, 이런 통제 장치는 중앙 - 지방에도 수직적으로 적용되고 있다.

넷째, 북한행정은 비권력 분야인 경제, 과학, 농업, 기술관리까지 동원관리의 대상 범위에 넣고 있는 점이 특징이다.

(2) 중앙 행정기관들

중앙 행정기관인 내각은 북한의 실질적인 정부이자 공공행정의 총 본산인 셈이다.

북한도 내각을 '최고주권'의 '행정적 집행기관'이며 '전반적 국가 관리기관'이라고 규정하고 있다(제117조).

이런 조치는 1998년 개정헌법에서, 종전 정무원의 단순한 행정적 집행기관 기능에서 전반적 국가 관리기관으로의 권한을 확대시킨 것이다.

내각은 최고 수반인 총리를 비롯해 부총리, 위원장 및 상(相)으로 구성되며 임기는 5년이다.

내각의 권한은 폐지된 중앙인민위원회의 일부 임무와 권한, 그리고 정무원의 권한을 그대로 이양 받았다.

주요 임무는 경제발전 계획 작성 및 실행대책 수립, 국가예산편성 및 그 집행대책 수립, 공업 · 농업 · 건설 · 운수 등 분야에서 사업 조직 및 집행, 화폐와 은행제도의 공고화를 위한 대책을 수립한다.

그리고 사회질서 유지, 국가 및 사회협동단체의 소유와 이익의 보호, 공민의 권리보장의 대책 수립, 국가 및 사회협동단체의 소유와 이익 보호, 공민의 권리보장의 대책을 수립하고, 외국과의 조약 체결 및 대외사업, 내각결정을 관장한다.[169]

내각은 국가관리 기구를 개설하기 위한 대책을 세우며 질서를 세우기 위한 검열, 통제 사업을 한다는 새로운 권한도 부여받아(제119조) 권한이 확대되었다.

이렇게 내각의 위상이 달라진 것은 '내각 총리는 내각 사업을 조직'하며, '정부를 대표'한다는 조항이 신설되어(제120조) 정무원 시절보다 권한이 커지면서 그 위상도 높아졌다.

또한 내각의 위원회와 성(省)에게는 종전에 내각의 '부문별 집행 기관'이라는 권한 외에 '중앙의 부문별 관리기관'이라는 권한이 추가되었으며(제127조), 권한이 한층 강화되었다.

1998년 헌법 개정 후 내각총리에 홍성남[170]을, 곽범기, 태종수, 노두철, 오수용 등 4명의 부총리들을 두고 있는데 모두가 실무경력이 많고 비정치적인 정통관료 출신들이다. 그리고 계속 내각의 방향도 경제회복이라는 과제를 푸는 실용주의 내각으로 바꿔 나갔다. 따라서 조직도보다 융통성과 융합 그리고 권한의 폭을 넓혀나가는 수평적 분할통치(分割統治)로 방향을 선회했다.

---

169) 최진욱, 앞의 책, 『현대북한행정론』, p.38.

170) 경제에 정통한 김정일 시대 개혁 개방의 선두주자이자 상징적 인물이다. 김일성대학과 체코 프라하공과대학에서 중공업 분야를 전공한 전형적인 전문 관료이다. 1970년 당 중앙위 부장, 1973년 정무원 부총리 겸 국가계획위원회 위원장직을, 1978년 당 중앙 위원, 1982년 평안남도 당 책임비서, 1986년 정무원 부총리 겸 국가계획위원회 위원장직, 당정치국 위원직 등을 역임한 바 있다.

행정에서도 '우리식 시장 사회주의'의 기치를 걸고 시장기능(市場機能)이 확대 허용되면서 운영 시스템에도 변화를 가져 왔다.

국영기업소가 벌어들인 수입으로 원가계산 후 남은 이익만을 정부에 바치는 독립채산제의 확산, 책임경영 운영을 통한 기업소의 자율운영권 확대 등 조직 구조조정을 추진하고 있다.

인력에서도 상(相)급은 물론이고, 정기적으로 전문 관료 인력들을 내각에 충원시키고 있다. 직제도 부(部)조직이 성(省)으로 개편되면서 책임 직위명칭도 종전의 부장에서 상(相)으로 해서, 업무의 재량권을 넓혀주고 있다.

중앙 행정기관 조직이 1998년 이후 선명히 달라진 점은 37개 부서(2위원회, 30성, 1부, 1원, 1은행, 2국)로 짜인 점이다. 금속기계성이 금속공업성과 기계 공업성으로 분리되고 원유공업성과 수도건설부가 신설되었다.

1998년 이후 줄곧 실용주의 내각의 면모를 보여주는 증거다.

아무튼 김정일 시대의 북한행정 역할은 기능적으로 생산성과 효율성을 추구하는 방향으로 나간다. 바꿔 말해 행정권이 정치영역으로부터 분리되면서 독자성을 갖추는 추세란 뜻을 의미한다.

그 이유는 북한의 경제난 해결의 돌파구는 오직 행정기능의 활성화뿐이라는 실사구시가 적용된다는 데서 그렇다.

내각 총리는 내각 사업을 조직 지도하며 정부를 대표한다. 내각 성원 전원으로 구성되는 전원회의는 행정경제 사업에서 새롭고 중요한 문제들을 토의 결정하며 총리, 부총리와 내각성원들로 구성된 상무회의는 내각 전원회의에서 위임한 문제들을 토의 결정한다.

내각은 결정과 지시를 내며, 자기사업을 돕는 비상설 부문위원회를 둘 수 있다. 자기 사업에 대하여 최고인민회의와 그 휴회 중에 최고인민회의 상임 위원회 앞에 책임을 진다. 내각의 성(省)은 내각의 부문별 집행기관이며 중앙의 부문별 관리기관으로 내각의 지도 밑에 해당 내각의 사업을 통일적으로 장악하고 지도·관리한다.

최근 새로 바뀐 내각의 기구표는 다음 도표와 같다.

〈표 6〉 내각 – 행정기관

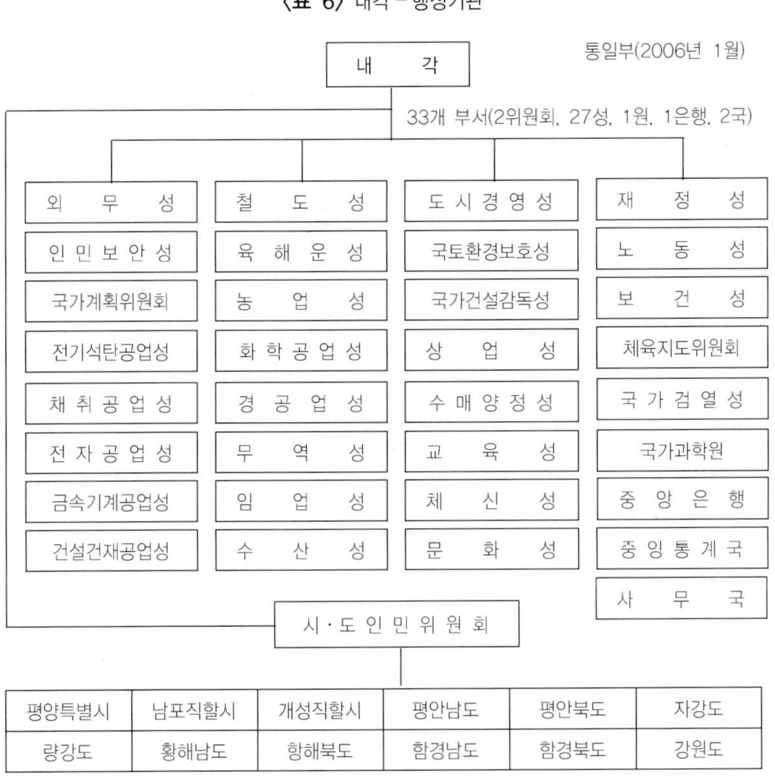

(3) 남북한 행정체계 비교

2011년 벽두부터 '통일대비를 위한 준비'라는 화두가 떠오르면서 각 분야별로 통일대비 다양한 시나리오들이 준비되고 있다. 그 중 남북한 행정통합이란 분야도 떠오르고 있다.

그럼 행정통합이란 무엇인가, 독일이 통일된 이후로 사용된 용어로, 둘 이상의 행정체제가 하나의 행정체제로 통합되는 과정 및 결과를 뜻한다. 즉 행정통합은 중앙 및 지방정부조직의 변화, 행정 구역 및 계층구조에 대한 개편이나 조정, 공무원 제도의 단일화, 국가통합에 따른 행정수요를 충당하기 위한 임시기구 설치 등을 의미하며, 단일한 행정체제의 구축을 넘어서 통합을 계기로 대규모 행정개혁이 이루어질 수도 있다.

그럼 왜 2011년 초부터 남북한 행정통합 논의가 조심스럽게 나오는가.

요지는 북한의 갑작스런 변화에 대비해서 나온 것이다. 어떤 형태로든 북한의 변혁이 올 때, 통일에 대비한 통일비용과 그 후속으로 가장 먼저 거론되는 것이 지역 행정 통합논의다. 예컨대 정치적 통합이 아닌, 삶의 터전을 중시한 두개의 행정체제를 하나로 묶는 작업이다.

그러자면 남북 행정체제의 특성과 조직 기구구조의 이해가 전제된다.

지금까지는 남북 간 상호관계는 특수성 때문에 '민족'이란 명제를 걸고 주고 받기식의 민족 내부 간 교류협력이란 특수방식을 지속해 왔다.

그러나 남북 피차간 경제교류 논리에 따른 필요에 의해 상호 교류협력단계로 접어들 때는 남북한 행정창구를 통해 이뤄져야 정상적인 통상교류다. 그래서 남북행정통합이 새롭게 논의되고 남북 간 행정창구의 비교 연구가 활발해지고 있다.

남북한 행정체계가 어떻게 형성돼 있는가를 보면 다음과 같다.

첫째, 남북한은 외형상 모두 3권 분립을 채택하고 있다는 데서 비슷하다. 그러나 정부조직의 기본원리에 있어서는 남한은 국민주권주의를 채택하여 간접민주제(대의제)를 채택하고, 3권이 동등한 위치에서 상호견제와 균형을 이루는 삼권분립에 기초하고 있다.

이에 반하여 북한은 인민주권주의에 입각하여 직접민주제를 이상으로 하고 있다. 외형상으로도 입법, 사법, 행정의 3권으로 나뉘어져 있으나, 최고인민회의 상임위원회가 권력구조의 정점에서 사법부나 행정부를 구성하고 통제·감독하는 권한을 갖고 있다.

정책 결정과정에서도 남한은 국무회의가 결정하나 북한의 내각은 아직도 집행기관에 불과했다.

또한 남한에서는 행정의 정치적 중립을 보장하고 있지만 북한은 당-국가 체제의 성격상 실질적으로 당이 행정을 장악해 주도하고 있다.

남한은 1990년대 이후 지방자치가 본격화되면서 계속 권력분산화 권한위임이 계속됐는데, 북한은 민주주의 중앙집권제의 원칙을 고수하면서 중앙이 지방에 대하여 강력한 지도력을 행사한다.

그런 가운데 최근 행정의 독자성을 실험하고 있으나 당과 군 행정의 기능이 복합화 및 중첩화가 심화되면서 여전히 그 실효는 미지수다.

둘째, 중앙행정조직의 구성을 살펴보면, 남한에서는 국무회의가

정책을 결정하고 집행하는 역할을 수행한다. 그러나 북한의 내각은 최고 주권기관인 최고인민회의 상임위원회의 지휘통제를 받기 때문에 아직도 행정적 집행기관 수준에서 맴돌고 있다.

국가수반의 권한에서도 남한의 대통령은 국가의 대표이며 행정의 수반이지만, 북한은 총리가 행정·수반이며 국가수반은 최고인민회의 상임위원장이 맡고 있다.

그러나 내용상으로는 실질적인 권력은 국방위원장에게 집중돼 있다.

남한에서는 국방부, 경찰청은 행정부에 소속되어 행정의 책임자인 대통령의 명령을 받게 되어 있으나, 북한에서는 인민보안성만 내각에 소속되어 있을 뿐[171] 인민무력성, 국가안전보위부 등 무력을 행사하는 기관은 국방위원회 소속으로 넘어갔다.

셋째 남북한은 중앙행정부처의 수에 있어서도 많은 차이가 있다.

북한의 내각은 33개의 부서로 구성되어 있는 반면, 남한의 중앙행정부처는 18부 4처로 총 22개이다. 우선 숫자부터가 다르다.

북한의 중앙부서가 많은 것은 경제부서가 세분화된 것인데, 한 예로 남한의 산업자원부가 맡은 업무가 전기, 석탄, 채취공업, 금속기계, 건설자재, 화학, 경공업 등 6개 부서로 분산돼 있고, 남한의 농림수산부 소관의 경우는 수매양정성, 임업성, 수산성, 국토환경보호성 등으로 세분화돼 있다. 이는 북한에서는 정부가 기업의 영역까지 담당하기 때문인 것으로 보인다.[172] 하지만 세분화로 인한 행정난맥은 그 자체가 행정의 비효율을 가져온다.

특히 당에 설치된 부서들까지 합치면 북한의 행정부서는 남한에

---

171) 최진욱, 앞의 책, 『현대 북한행정론』, p.321.
172) 한국 행정학회 조직학연구회 편, 『정부조직구조 연구』(서울: 대영문화사, 1999), p.57.

비해 훨씬 많다고 볼 수 있다. 반면 남한에서는 중앙부처 이외에 대통령과 총리 직속에 각종 위원회가 있고 부처 산하에는 15개의 외청(外廳)이 있다. 이는 요즘 행정 추세인 "정부 기능은 작을수록 좋다"는 작은 정부를 추구하기 때문이다.

넷째, 남·북한 행정환경으로서 남한의 정치체제는 복수정당제의 원칙에 따라 여당이 직접 정부를 지도·감독하지는 않으며 행정부가 독자적으로 정책을 집행한다. 반면 당·국가체제로 도식화된 북한은 당이 모든 국가기관과 사회단체의 지도적 핵심으로서 모든 정책의 결정과 집행이 철저하게 당의 통제·감독 하에 이뤄진다.

내각의 33개 부서들의 업무도 중앙당의 부(部)들에 비해 그 권한과 위상은 매우 낮다.[173] 이는 아직도 당 위주의 행정에서 순수 행정의 독립권을 보장받지 못함을 뜻한다.

사법제도의 경우에도 남한은 삼권분립에 따라 법원의 독립성이 보장돼 있는 반면 북한에서는 재판의 독립성이 보장되지 않고 있다.

다섯째, 남한에서는 국방부, 경찰청, 국가정보원 등이 모두 대통령의 명령을 받고 있으나 북한은 인민보안성만 내각에 있을 뿐 인민무력성 국가안전보위부 등 무력 기관들은 국방위원회 소속이다.

이와 같은 남·북한의 정부·행정체제를 정리하면 <표 7>과 같다.

---

173) 최진욱, "남북한 행정통합 방안"(통일연구원 연구총서, 2000. 10), pp.17~18.

〈표 7〉 남북한 정부 · 행정체제의 비교

구 분		남한	북한
정부 조직의 원리		− 국민주권의 간접 민주제. − 삼권분립 행정의 정치적 중립과 독점 − 지방자치 확산	− 인민주권주의 직접민주제를 이상으로 함 − 일당체제 − 노동당 지도 중앙집권제
중앙 행정조직		− 국무회의 − 정책결정 집행 − 18부 4처 행정부 소속의 국방부	− 내각 − 집행기능 33개 부처 − 국방위 소속의 인민무력성
행정환경	정치체제	− 복수 정당제 − 여당은 직접 정부를 지도 감독하지 않음	− 일당 독재 정책결정과 집행을 당이 주도
	사법제도	사법부 독립	사법부 비독립

4) 지방행정기관

(1) 지방인민회의

인민회의는 1954년 지방의 주권기관으로 구성되었다. 이는 곧 최고인민회의에 대비되는 헌법상 주권기관이다. 인민회의가 조직됨으로써 북한에서는 주관기관과 행정집행기관이 비로소 분리된 것이다.

지방인민회의는 도(직할시)와 시(구역) · 군과 같이 행정구역에 구성됐는데[174] 이는 북한의 지방주권계층이 우리의 지방자치계층과 마찬가지로 2계층임을 의미하는 것이다. 최고인민회의 임기가 5년인 데 반해서, 지방인민회의의 임기는 도(직할시)와 시(구역) · 군이 모두 4년이다.[175]

---

[174] 1972년 사회의의법 제정 이전에는 동 · 리까지 인민회의가 구성되었다.

[175] 1992년 이전에는 또(직할시) 인민회의 임기는 4년, 시(구역) · 군 인민회의 임기는 2년이었다.

지방인민회의는 지방의 인민경제발전계획과 그 실행에 대한 보고를 심의·지방예산과 그 집행정형에 대한 보고를 심의·승인한다. 해당 지역에서 국가의 법을 집행하기 위한 대책수립 해당 인민위원회 위원장, 부위원장, 서기장, 위원들을 선거 또는 소환한다.

해당 행정경제위원회 위원장을 선거 또는 소환, 해당 행정경제위원회 부위원장, 사무장, 위원들을 임명 또는 해임, 해당 재판소의 판사, 인민참심원을 선거 또는 소환, 해당 인민위원회와 하급 인민회의, 인민위원회의 그릇된 결정지시를 폐지하는 등의 임무와 권한을 갖고 있다.

이와 같이 광범위한 권한에도 불구하고 실질적으로 북한의 지방행정체계에서 지방인민회의 역할은 매우 미비하다.

한편 북한의 지방인민회의는 1년에 1~2일 정도의 회기에 한두 차례만 개최된다. 따라서 정책선정이나 예산심의 등도 없고 상임위원회도 없다.

그러나 1998년 헌법 개정 이후 약간 달라졌다. 과거 중앙인민위원회 권한이 내각으로 이관되면서 인민위원회와 의회가 관료주의 타파를 위해 공동책임을 져야 한다는 데서 주권기관의 상설화를 추진하고 있다.

(2) 지방인민위원회

지방인민위원회는 당·정합의 기관이자 지방 주권 상설기관으로 남한의 광역, 기초지방자치단체에 해당된다.

인민위원회는 1954년까지 지방의 주권기관이었으나, 1972년 헌

법 개정에서 지방주권기관의 상설 주권기관으로 성격이 바뀌었다
가 1998년 헌법에서 행정경제 위원회의 기능을 통합시켜 단일화
했다.

이는 책임비서와 인민위원장을 분리시켜 재량권을 부여하면서
중앙통제력도 감소시켜 지역 권력에 힘을 실어줌으로써 지방을 활
성화시키자는 것이다. 보다 일사분란하게 지역분산과 지역분권화
를 도모하자는 것이다.

이에 따라 전문 부서들도 새롭게 짜였는데 재정과, 모집과, 행정
과, 노동과, 도시경영과, 상업과, 보건과, 문화과, 경리과 등이 생겼
고 부서의 인원은 도(직할시)에는 30여 개 부서에 부서 당 15명, 시
(구역). 군에는 12~15개 부서에 5명 정도가 있다.

인민위원회의 주요기능은 1. 인민회의의 소집, 2. 인민회의 대의
원선거를 위한 사업, 3. 해당 인민회의와 상급 인민회의 · 인민위원
회 결정 · 집행을 위한 대책 수립, 4. 해당 경제위원회 사업 지도,
하급 인민위원회 사업 등이다(헌법 제143조). 이 같은 막강한 권한
은 어디까지나 헌법상, 이론상일 뿐이며 인민위원회도 인민회의와
마찬가지로 당이 모든 정책결정을 하고 형식상 인민위원회의 이름
으로 집행될 뿐이다.

지방인민위원회는 위원장, 부위원장, 서기장, 위원들로 구성되는
데 위원장은 인민위원회에서 선출하나 실제로는 당책임 비서가 겸임
하고 위원들은 행정경제위원장, 농촌경리위원장, 안전국장, 보위국
장, 검찰소장 등 사법 및 행정기관의 장이 맡는 비(非)상설기구이다.

그러나 이들 위원들은 대부분 자신들의 본래 업무를 담당하고 있다.

(3) 특별지방행정기관

지방 정권기관 중 인민위원회와 독립적으로 운영되는 특별행정
기관은 중앙의 직속 행정기관(Regionalism)에 속하며 지방에서 중앙
업무를 취급하는 기관들을 일컫는다. 농촌경리위원회(협동농장경
영위원회), 지구계획위원회(국가계획부), 건설위원회, 통계국, 협동
수산경리위원회, 지방철도국, 체신국 등을 꼽는다.

① 농촌경리위원회·협동농장경영위원회
지방의 농업 관련 업무 일체를 담당하는 기구로서 도 농촌경리
위원회와 군 협동농장경영위원회가 있다.
도 단위의 농촌경리위원회와 군 단위의 협동농장경영위원회는
1961년 1월 조직된 특별행정기관이다.
따라서 도의 농촌경리위원회, 군의 협동농장경영위원회, 리의 협
동농장관리위원회는 수직적으로 연결되어 있으며, 이 중 가장 핵심
적인 조직은 협동농장을 직접 지도하는 군 협동농장경영위원회로
서, 협동농장에 대한 전문적인 생산·기술 지도를 실시하기 위하여
단일 지휘체계와 생산체계로 이루어져 있다.[176]
군 협동농장경영위원회는 설립 당시 군 인민위원회에 있던 농촌
경리부와 축산부 그리고 계획위원회의 농업계획을 맡아보는 인원
들로 충원되었고, 이후 농기계작업소, 관개관리소, 중소농업기업소
등이 추가로 군 협동농장 경영위원회에 소속되었다.
한편 도 농촌경리위원회는 중앙으로부터 대폭적인 권한을 이양

---

176) 최진욱, 앞의 책, 『현대북한행정론』, pp.115~116.

받아 업무를 담당하게 되었다. 즉 도 농촌경리위원회는 군 협동농
장경영위원회와 국가농업기관·기업소, 협동조합 등의 경영에 대
하여 전반적으로 지도하고 생산계획의 수행을 책임지게 되었다.

더욱 최근에 들어서는 농촌경리위원회에 대한 업무책임이 강화
되고 있다. 연속적인 흉작으로 인한 식량난 가중으로 농민의 사기
가 저하돼 있는데다 농촌지역에 실적주의, 요령주의 등 관료 병폐
가 만연돼 있다.

② 지구계획위원회·국가계획부

행정경제위원회와 독립된 또 다른 특별행정기관으로 내각 산하
국가계획위원회의 지방 집행기관으로 도(직할시)단위의 지구계획
위원회와 시(구역)·군단위의 국가계획부가 있다. 지구계획위원회
는 지역 내 인민경제의 전반에서 당 정책에 입각한 계획 작성과 실
행의 지도감독 지방경제의 발전전망과 현행계획에 대한 임무를 수
행하며 시·군국가계획부를 지도·감독하는 권한을 갖는다. 한편
국가계획부는 지역 내의 기관·기업소 및 협동농장의 사업계획 작
성과 실행의 지도·감독 대안 사업체계와 청산리 방법이 추구하는
사업방법의 개선, 지방경제 전반에 대한 계획안의 검사 및 종합 등
의 권한을 갖고 있다.

지구계획위원회는 성 중앙기관들과 도 인민위원회, 도 농촌경리
위원회를 비롯한 각급 기관들과 공장, 기업소들의 계획부서를 팔
다리로, 세포로 규정하고 국가계획기관들과 성, 기업소 계획부서들
과의 연계를 더욱 밀접히 하며 계획목표를 달성시키고 있다.

(4) 동사무소, 협동농장관리위원회

동(洞)과 리(里)는 1972년 이후부터 주권기능을 상실했다. 오직 주권은 없고 행정 및 생산조직만 있었다. 군 단위 이상에서는 행정기관과 당위원회가 별도의 건물에서 각기 업무를 보나, 동사무소와 농촌경리위원회에서는 행정조직과 당 조직이 함께 근무하며 종합행정을 다룬다.

동사무소는 순수 행정기관으로서 사무장과 지도원 2~3명이 있으며, 당 비서와 부 비서와 약간 명의 부원들이 있다. 동이 최 말단 행정구역으로 그 밑에 행정보조기관으로 한 동에 30~40개의 인민반이 있다. 인민 반은 1주에 1~2회 소집되며, 인민반장은 반원 주부들 중 성분이 좋은 반원을 당위원회에서 임명하며,177) 인민반장 아래 위생 부반장과 세대주 부반장이 있다. 인민반장은 국가보위부, 사회 안전부 요원들과 수시로 회의를 하며, 주민들에 대한 생활 감시 및 통제를 한다. 리는 동과 달리 행정단위이기 전에 생산단위로서 기능을 하고 행정과 생산을 동시에 하기 때문에 도리어 동사무소보다 리 협동농장관리위원회의 규모가 크다.

협동농장관리위원회의 구성은 관리위원장, 부위원장, 사무장, 창고장과 5~6명의 지도원이 있다. 지도원은 분야별로 축산, 농산, 남새(야채)를 지도하고 있다. 리 당위원회는 당 비서와 부비서(조직, 선전, 근로단체)가 있으며, 3~5명의 지도원이 김일성사회주의청년동맹, 농근맹, 여맹 등의 조직을 담당한다. 리 밑에는 하부 생산조

---

177) 인민 반은 남한의 반(班)에 해당하는 최말단 행정조직으로 주민은 누구나 소속되어야 하며 각 반은 반장에 의해 운영된다. 인민반장은 소속 주민들의 추천형식을 거쳐 시, 군(구역)인민위원회에서 지명되며 반장은 대체로 전업주부들이 맡고 월 30~40원 정도의 수당을 받는다.

직의 기본단위로 작업반(100~150명)이 있는데 여기서 일정한 경지와 노동력을 갖고 부과된 연간 생상 과제를 수행한다. 그리고 그 밑에 몇 개의 분조(分組)가 있다. 분조는 7~8명의 인원으로 생산실적에 따라 확정·지급하는, 일종의 책임노동제로 농민의 인센티브 제공 차원에서 운영하고 있다.

북한 지방정권기관 및 행정기관의 계층별 조직은 <표 8>과 같이 요약·정리될 수 있다.

<표 8> 지방정권 및 행정기관 체계

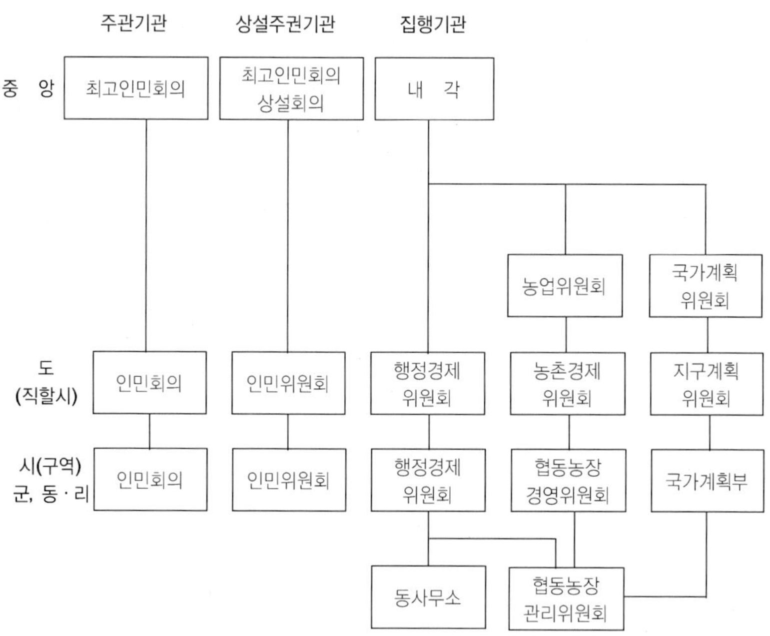

(5) 남북한 지방행정의 비교

남북한 지방행정비교는 위에서 밝힌 중앙 행정부서와 같은 맥에서 출발한다. 바로 통일 대비의 첫 과제란 점 때문에 중요한 대목이다.

특히 남한의 지방자치단체들의 독자적인 사업이 본격화되면서 남북교류 협력사업도 필수적인 사안이 돼 간다.

따라서 남북 교류협력도 기능적인 사안별과 지역 단위별로 부터 접촉이 예상된다. 남북지방 행정 창구를 대략 비교해보면 다음과 같다.

첫째, 남북한 모두 시·군단위에 주민자치 기구를 구성함으로써 외형상으로는 지방분권제를 채택하고 있다. 그러나 그 실행에 있어서는 차이가 있다. 남한은 지방자치의 정도가 아직 미약하나마 지방분권화와 자치권의 행정체계를 시행, 중앙 – 지방과의 관계에서 비교적 자율성을 갖고 독자적 의사결정과 집행을 한다.[178]

한편 북한은 지방주권 기관인 지방인민위원회가 주민선거에 의해 구성되고 지방인민회의가 지방정부를 구성할 수 있다고 헌법에 명시돼있으나 여전히 당 중심의 중앙집권주의를 지속하고 있다. 하급기관은 상급기관에 복종, 지방은 중앙에 복종하는 상급이 포괄적 간섭을 하고 있다.

둘째, 남한은 지방행정 조직의 구성에서 지방의회와 자치단체의 장이 별도로 선출되어 상호견제와 균형을 이루도록 한 기관 대립·관계형을 취한다. 그러나 북한은 이론상으로는 지방인민의회가 지방위원회에 대하여 우월적 지위를 점하는 지방행정체제를 구성하고 있다. 예컨대 인민회의가 인민위원장 선출이나 위원회를 지도,

---

178) 한부영, "통일대비 지방행정 통합방안"(서울: 한국지방행정연구원, 1998), p.32.

감독을 하는 등 북한의 의회가 남한의 의회에 비해 높게 명시하고 있으나 실제로 역할은 미미하다.

셋째, 남북한 행정체제는 당과 행정의 역할에 있어서 큰 차이가 있다. 남한의 경우는 광역, 기초단체의 의회나 단체장 선거에 정당이 참여하나 일단 선거가 끝나면 자치행정체계 차원에서 중립적으로 시행한다.

그러나 북한의 경우는 중앙당의 수직적 통제를 받는다. 이런 현상을 두고 행정에서의 당의 중첩화라 하는데, 즉 당 개입에 상급 위원회까지 지방행정이 이중적인 통제 속에서 돌아가니 명령체계의 혼란도 나온다.

넷째, 남·북한 모두 의원이나 대의원들은 일종의 명예직이다. 그러나 남한에서 지방의회의원은 국회의원, 국가공무원, 지방 공무원뿐만 아니라 정부 산하 단체직까지 모든 공적 영역에 겸직할 수 없다. 그러나 북한의 대의원들은 인민위원회 군, 당직까지 겸직한다.

다섯째, 남한의 지방행정조직은 모두 자치단체장의 지휘·감독 하에 있으나, 북한에서는 협동농장경영위원회나 지구계획위원회와 같은 인민위원회와 독립적으로 조직돼 있으며 중앙의 농업성이나 국가계획위원회 직속으로 있는 특별행정기관에 속한다.

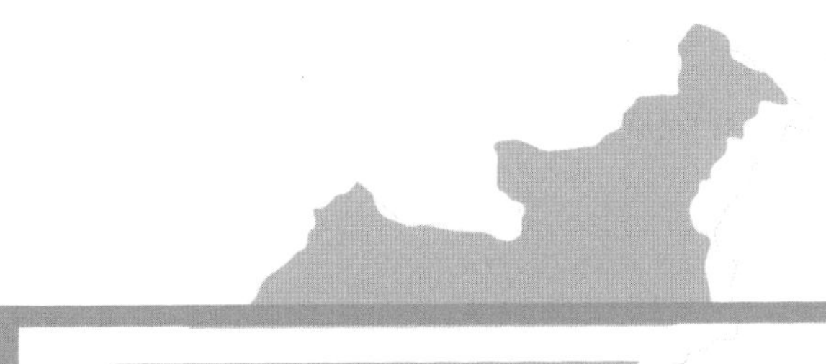

제 III 장
북한 외교와 군사

1. 외교 분야

1) 외교정책의 기조

(1) 외교의 노선

북한은 1998년 개정헌법에서 평등과 자주 – 평화 – 친선을 대외
정책의 기조이자 대외활동의 기본원칙으로 표방하고 있다.

또한 나라들과는 평등과 자주성, 상호존중과 내정불간섭, 호혜의
원칙에서 대외관계를 맺는다고 규정하고 있다.[179]

이러한 이념은 노동당 규약에도 나와 있다. 즉 "자주성과 프롤레

---

179) 1998년 사회주의 헌법 제17조에는 "자주, 평화, 친선은 조선민주주의 인민공화국의 대외정책의 기
본이념이며 대외활동 원칙이다. 국가는 우리나라를 우호적으로 대하는 모든 나라들과 완전한 자주성,
상호존중과 내정불간섭의 호혜의 원칙에서 국가적 또는 정치 · 경제 · 문화적 관계를 맺는다. 국가는
자주성을 옹호하는 세계인들과 단결하여 온갖 형태의 침략과 내정 간섭을 나라의 자주권과 민족적,
계급적 해방을 실현하기 위한 모든 나라 인민들의 투쟁을 적극 지원한다"라고 규정하고 있다.

타리아 국제주의 원칙에 기초하여 사회주의 나라들과의 단결과 국
제공산주의 운동과의 연대성을 강화하고 세계의 신흥국가들과의
친선·협조관계를 발전시키며 아시아, 아프리카, 라틴아메리카 인
민들의 반제 민족 해방주의운동과 자본주의 나라들의 로동계급과
혁명투쟁을 지지하고 광범위한 련합전선을 실현하며 미국을 우두
머리로 하는 제국주의와 지배주의를 반대하며 투쟁한다"[180]는 것
이다.

그러나 1980년대 후반에 들어 사회주의권이 붕괴되면서 종전에 내
세웠던 "마르크스-레닌주의와 프롤레타리아 국제주의 원칙"이라는
용어를 "자주성을 옹호하는 세계 인민들과의 단결"로 바꿔 놓았다,

1990년대 들어와서는 지금까지의 1950~60년대 냉전시대 사회
주의 동맹외교, 1970년대에 비동맹 외교 등 폭이 단조로웠던 블록
외교 틀을 깨고 나와, 전방위 외교 쪽으로 눈을 돌려 나갔다. 지금
까지의 경직된 통치이데올로기와 계획경제의 한계, 내부자원의 고
갈 등은 더 이상 사라진 사회주의권 국제시장에 기대할 수 없게 된
것이다. 세계 여러 나라들과의 교류협력을 통하여 새로운 화해와
협력시대를 열어가는 변화된 국제정세에 적응하고 생존을 위해 외
교에 역량을 집중하고 있다.

(2) 외교 정책결정기구

북한에서 대외정책은 헌법상 최고인민회의에서 수립한다. 그러
나 당 우위의 체제 특성상 실제로 외교정책은 노동당의 당적 지도

에 따르도록 돼 있다.[181] 노동당에서는 중앙위원회 정치국이 이를 심의·결정하며 그 중심 역할은 대외문제를 관장하는 비서국의 국제부가 담당하고, 여기서 결정된 문제가 최고인민회의에 통고·추인되는 것이 상례이다.

이와 같은 결정과정을 거쳐 집행은 형식상 당과 정권기관인 내각이 분담하여 시행하게 되는데 최고인민회의 상임위원장이 주요 책임을 맡는다.

과거 국가주석과 중앙인민위원회의 외교권한은 최고인민회의 상임위원회로 대폭 이관, 최고인민회의 상임위원장은 국가를 대표하며 다른 나라 외교사절의 신임장과 소환장을 접수한다.

최고인민회의 상임위원회는 다른 나라와 맺은 조약을 비준 또는 폐기하며, 다른 나라에 주재하는 외교대표의 임명 또는 소환을 결정, 발표한다. 정부 간 외교는 내각의 외무성이 주로 관장하고 있으며, 정당외교는 당 국제부가, 의회외교는 최고인민회의가, 민간외교는 노동당 외곽단체인 대외문화연락위원회 등이 맡고 있다.

북한정부의 공식적인 외교를 담당하는 창구가 내각의 외무성이다. 내각 외무성은 과거에 비해 독자적인 외교정책을 수립, 집행할 수 있는 등 권한이 많이 강화되긴 했어도 여전히 김정일이 직접 챙기는 직보체제를 갖추고 있다.

외무성은 정부의 공식창구로 외국과의 국교수립, 조약 및 협정체결, 재외공관 운영 등 일상적인 외교업무와, 통상 및 친선교류를 업무를 수행하며 관련 기관들과 협조관계를 유지한다.

외무성의 직제는 상(相) 1명과 제1부상 1명과 10여 명의 부상(副

---

181) 사회주의 헌법, 제110조.

相)이 있는데 이들은 30여 개의 지역국과 함께 14개의 직능국으로 분담돼 운영된다. 그러나 북한의 대외업무는 당과 내각, 최고인민회의 상임위원회뿐만 아니라 여러 외곽단체에 까지 분담된 것이 특징이다.

2) 외교정책의 방향과 행태

(1) 외교 현황

이와 같은 목표와 원칙에 따른 북한의 지역별, 대상별 외교활동을 다음과 같이 펼치고 있다.

① 미국, 일본, 유럽연합(EU) 등 서방과의 관계개선을 통해 체제 안전 보장과 경제적 실리 획득이라는 두 가지 목표를 동시에 추구하는 현실주의적 외교노선을 걷고 있다. 먼저 북한은 체제안보가 최우선 과제라는 전제하에 핵·미사일 문제 등을 고리로 미국과의 관계개선에 적극 나섰다.

② 비동맹 및 제3세계 국가들은 간접적이고 보조적인 혁명지원 역량으로 간주하고 이들 국가들과 반제국주의 공동전선 형성과 유대강화를 위해 초청·방문 외교활동을 적극적으로 추진하고 있다.

③ 중국을 위시한 사회주의 국가와의 관계에서는 이들 국가들을 직접적이고 기본적인 혁명지원역량으로 간주하고 당적 차이, 정치

상의 차이, 이데올로기상의 마찰과는 관계없이 관계유지와 유대강화에 주력하고 있다.

④ 국제기구와 비정부기구(NGO)들과는 1995년 이후 계속된 식량난 해소 차원에서 유대강화를 도모하고 있다.

요컨대 1990년대 이후 북한의 외교활동은 실리경제를 강조하는 현실주의적인 전 방위 외교노선을 펴고 있다. 이는 변화된 대내외 상황 속에서 체제유지문제가 최우선이기 때문이다.

북한은 자주, 친선, 평화라는 외교 원칙하에 제국주의 세력으로부터 체제를 유지하는 데 필요한 국제적 여건과 환경 조성 등을 목표로 외교를 전개하고 있다.

그에 따라 북한과 미국은 2000년 10월 북한의 조명록 국방위원회 제1부위원장의 미국방문과 적대관계 청산을 내용으로 한 북·미 공동 커뮤니케를 발표, 관계가 급진전되었으나, 2001년 1월 부시 행정부 출범 이후 대북강경정책을 취함에 따라 북·미관계가 냉각돼 왔다.[182]

그러나 부시 대통령이 2001년 6월 6일 대화 재개를 선언하고 북한이 의제문제를 수정 제의하는 등 대화 분위기가 조성되다가, 2001년 9월 11일 미국의 테러참사와 10월 7일 아프가니스탄 침공을 계기로 소강상태가 지속되고 있다.

그 이후 미국의 대북 강경책으로 양측 관계는 후퇴했다. 그런 가운데에서도 북한은 체제보장과 경제지원 확보를 위해 핵 카드를 활용, 대미관계 정상화를 펴 나가고 있다.

그러던 중 2009년 북한이 장거리 로켓발사를 준비하면서 우주이

---

182) 연합뉴스, 2001. 7. 5.

용 권리의 보편성을 주장하였으나, 미국은 북한의 로켓 발사는 유엔 안보리 결의를 위반했다고 경고하고 나섰다. 결국 이를 기화로 북한은 6자회담 불참 선언과 폐연료봉 재처리 작업을 하겠다고 맞대응을 펴고 있다.

그 후 2009년 5월 25일 북한은 다시 2차 핵실험을 발사하였다. 이에 유엔 안보리는 대북제재 결의를 채택, 국제사회가 제지하면서 북한은 스스로 국제적 고립을 자초하고 있다.

일본과의 관계개선도 의욕을 보인 북한은 2000년 수교회담을 재개최하고 그해 9월에는 제3차 일본인 처 고향방문 사업을 실시하는 등 수교를 위한 분위기에 나섰다. 그 후 2004년에는 북·일 회담에서 납치 일본인 가족들을 송환하는 등 최대한의 성의를 보이면서 부족한 경제재건을 위한 일본의 지원을 얻으려고 노력하였으나 '메구로 사건' 등 납치 문제가 해결되지 않아 경색국면이 지속되었다. 2002년 고이즈미 총리가 북한을 방문하여 심정일과의 정상회담을 통해 현안문제들을 포괄적으로 해결하기로 하고 4개 항의 '일, 북 평양선언'183)을 발표하였다. 그러나 실제 북·일관계는 냉각기를 겪다가 2009년 일본 정치에 54년 만에 야당인 민주당 정권이 출범했다. 그러나 민주당 입장도 납치문제와 대북제재를 놓고 대화와 압박을 병행할 것으로 점쳐진다.

그런 가운데 2011년 일본 총리가 북한에 대해 천안함 침몰, 연평도 포격, 우라늄 농축 등 도발적 행위를 반복하지 말도록 강력하게 요구하는 한편 한·미·일 공조를 강화한다는 방침을 내비추었다. 그러

---

183) 일·북 평양선언을 통해 일본은 식민지 지배에 대해 반성과 사과의 뜻을 표명하고 구교정상화 이후 대북 무상자금 및 인도지원 등의 경제협력을 실시하기로 했다.

면서 "일본은 일·북 평양선언에 기초해 납치·핵·미사일 등 제반 현안의 포괄적 해결을 도모하는 한편 불행한 과거를 청산하고 국교 정상화를 추구하겠다"면서 북한과의 국교 정상화를 촉구했다.[184]

한편 북한의 동유럽 관계와 관련해서는 1980년대 말 동유럽 제국이 개혁과 민주를 추진하고 1989년 2월 헝가리를 필두로 1990년 이후에는 모든 동구국가가 한국과 수교하자, 이 지역에서 북한이 누려온 외교적 독점은 사라졌고 관계도 소원해지게 되었다.

그러나 북한은 1980년대 후반부터 몰아닥친 동유럽 사회주의 국가들의 개혁과 개방으로 인한 관계 소원에만 머물지 않고 이들 국가와의 정치 이념적 동맹관계 대신 경제 및 과학, 기술 등의 분야에서의 협력관계 발전으로 방향을 선회하였다.[185]

북한은 유럽 국가들과의 교류확대 차원에서 2000년 1월 4일 EU 회원국이자 서방 선진7개국(G-7)인 이탈리아와 대사급 외교관계를 수립해 서방접근의 발판을 확고히 하고, 같은 해 9월 EU 15개국 회원국 중 수교가 없는 7개국을 대상으로 수교를 제의했다

북한은 이에 따라 2000년 1월 4일 이탈리아와 대사급 외교관계를 수립한 데 이어 12월 12일에는 영국과 수교를 했으며 2001년 들어 서방국과의 대북무상자금 및 관계 개선에 본격적으로 나선 북한은 네덜란드(1. 15), 캐나다(2. 6), 독일(3. 1), 브라질(3. 9), 뉴질랜드(3. 26) 등 13개국과 잇따라 대사급 외교관계를 맺었고 미국과 대화 재개를 놓고 신경전을 벌이던 7월 14일 유럽연합(EU)과 외교관계 수립에 관한 '공동 보도문'을 발표하였다.

---

184) 『중앙일보』, 2011. 1. 25.

185) 연합뉴스, 『2002 북한연감』, pp.937~938.

북한이 이와 같이 서유럽국가들과의 수교에 강한 의지를 보이는 것은 경제 재건에 필요한 협력을 얻기 위함이 주된 이유이며, EU 국가들은 한반도의 평화·화해 분위기에 동참해 영향력을 확보하자는 데 따른, 북한으로서는 미국에 대한 견제를 염두에 둔 것으로 보인다.[186]

실제 EU는 대북지원의 주요 공여국이 되었다. 1995년 이후 2007년 말까지 식량 및 농자재 지원 식수 및 위생상황개선, 의약품 제공 등에 총 4.8억 유로를 지원하였다. 또 EU집행위원회는 2001년 2월 북한의 경제 사회 발전 지원을 위하여 시장경제 교육 및 에너지 분야의 기술지원 프로젝트를 계획한 바 있으며,[187] 교역상 특혜조치로서 북한 수출품의 EU시장 접근확대 정책을 추진하기도 했다.

(2) 외교 행태의 특성

북한 외교는 '북한식 외교'란 별명이 붙을만한 몇 가지 특징을 가지고 있다.

우선 전문성이 풍부하다는 점이다. 1948년 해방 후에 부장 상의 평균 재임기간이 10여 년이나 되고 그것도 정치적 비중이 큰 인물들이 기용됐다. 지금도 재임기간은 여전히 길다. 대미외교의 '간판격'인 강석주[188] 제1부상이나, 김계관, 6자회담 수석대표 차석 대

---

186) 최진욱,『EU의 대북한 관계 역할과 전망』, 통일연구원, 2002, p.85.

187) 2002년 2월 EU집행위원회는 대북기술지원을 위한 국가전략 보고서를 채택, 2002~2004년간 EU-북한 간 기술지원 협의 틀을 마련, 동 기술 지원 프로젝터 운영에 총 1,500만 유로를 배정하였으나, 2002년 11월 EU이사회의 결론에 의거 현재는 추진이 중단돼 있다. 외교통상부,『EU개황』(2006. 9), p.84.

188) 강석주 제1부상은 1994년 제네바 회담에서 '핵 시설 해체와 경수로 제공에 합의'를 이끌어 내면서 최고의 영예인 '공화국 영웅' 호칭을 받은 북한의 대미외교의 1등 공신이며 개척자다. 아직도 이 분

표, 이근 부상 등은 미국의 클린턴 대통령 초기부터 현재까지 10여 년 이상을 재임하고, 박길연 유엔대표는 17년째, 이수연 스위스 대사는 20년째 재임하고 있다.[189] 주기적인 정권교체로 외교진영 교체가 맞물려 돌아가면서 인사교체가 빈번한 한국이나 서방 외교에선 도저히 불가능한 재임기간이다. 이와 관련한 일화가 있다.

2007년 20차 평양 장관급 회담에 나온 북한 측 권호웅 대표가 처음 나온 남한 측 통일부장관인 이재정 대표에게 평양회담은 9번째, 고려호텔 8번 나왔다고 운운하며 "여기 나오느라 1차 장관회담 때부터 기록을 공부했다면서요?"하고 조크를 준 사례가 있다.

다음은 외교관의 위상도 높다. 외무상이 당중앙위원회 정치국위원에 선임될 정도로 요직이다. 어디까지나 당 국제부의 외교라인이 별도로 구축된 권력구조하에서 내각총리 밑에 있는 외교 실무책임자인 외무상의 위상을 높인 것은 획기적이다.

외교관 충원에서도 주로 평양외국어대, 김일성대 외국어문학부, 국제관계 대학 등 3개 대학 중 한 곳을 나와야 한다. 이들 대학들 중에서 외교관 적격자를 선택하면 중앙당 간부1과에서 성적, 출신성분 등을 검토하여 외무성으로 넘겨지면서 최종 선발된다.

이러한 몇 가지 특징들이 오늘 북한외교의 노련한 경험과 전문성을 만들어 놓았고 이를 기반으로 강력히 몰아붙이기식 외교를 펴고 있다.

야에선 강석주 1부장의 영향력을 따라갈 사람이 없는 독보적인 인물이다. 지금도 북핵 문제, 6자회담 진행과 관련해 김정일 위원장이 직접 전화로 지시한다. 2007년 2·13 6자회담 합의 이행을 끌어내면서 더욱 그의 일거수에서 발언 한 마디 모두가 세계적인 뉴스거리가 돼 왔다. 그는 빌 클린턴 행정부 시절부터 10년 이상을 대미외교에 매달리면서 노련한 경험에 해박한 전문성에 저돌성까지 가지고 있다.

189) "북한 외교의 원천은", 『동아일보』, 2007. 2. 24.

그럼 외교행태는 어떻게 전개되는가. 현장에서의 외교 집행의 의전 격식이나 행태도 겉으로 볼 때는 집행 과정이 한국이나 다른 나라들과 유사한 것처럼 보인다. 그러나 정작 외교가 집행되는 현장에서 북한식 외교행태는 관례가 무시돼 세계적인 주목을 끈다. 한마디로 북한외교는 대외적으로는 강하고 놀라운 저력을 가지고 있다. 무조건 강수외교방식으로 밀어만 붙이면 챙길 수 있는 외교적 수확은 모두 챙긴다.

이런 행태를 북한 측 입장에서 보면 '원칙'에 충실한 외교라고 본다. 단지 북한외교가 표방하는 목표들이 체제의 생존 유지이기 때문에 국제사회에서 공감은 못 얻을 뿐이지, 이익에 최선을 다하는 외교적 태도는 평가할만하다.

본래 외교란 한 나라의 국가이익 추구가 우선이고 이를 위해 가지고 있는 국력을 종합적으로 동원한다고 한다. 여기서 볼 때 북한은 세계의 최 빈곤국가(貧困國家)이자 국제사회에서 '실패한 국가'란 칭호까지 받고 있다. 북한이 외교원칙을 충실히 한다는 것은 '빈곤 약소국가일수록 원칙외교에 충실하라'는 교과서적 정석을 나름대로 실천한 것이다.

외교의 교과서적 의미는 무엇인가. 자국의 이익추구를 위해 국가 간에 밀고 당기는 치열한 전쟁이다.

이런 맥락에서 볼 때 2006년 미사일, 핵 실험으로 국제사회의 제재에 몰리다가 위기를 딛고 2007년 2월 2·13 6자회담 타결로 미국과 약속한 대가를 모두 받아낸 것은 북한외교의 강력함을 보여준 대표적 사례다. 다른 표현을 빌리자면 북한이 작정을 하고 밀어붙이면 '초강대국 미국도 쩔쩔맨다'는 논리가 성립되는 것이다. 그렇다면 말 그대로 빈약한 약소국, 북한외교에서 어떻게 이런 강력한 힘이 나오는가.

본래 서방국가에서 외교는 국내의 정파들, 국민 여론에서 나오는 다양한 이해 등을 조율해가며 정책을 편다. 그 때문에 일방적인 막무가내식이나 벼랑 끝 외교가 도저히 불가능하다. 그러나 북한만은 철저한 1인 지배체제이기 때문에 가능하다. 거기다 생존문제가 걸린 절박함 때문에 물러날 수 없는데서 다른 변수가 나올 수 없다.

더구나 외교를 펼 상대 국가는 선거나 국민여론을 민감하게 의식하는 민주사회라는 약점 때문에 역이용까지 당한다.

2. 군사 분야

1) 북한군의 성격과 변화

(1) 성격

북한의 노동당규약 전문에는 "조선로동당의 당면 목적은 공화국 북반부에서 사회주의의 완전한 승리를 이룩하여 전국적 범위에서 민족해방과 인민민주주의 혁명과업을 완수하는 데 있으며 최종목적은 온 사회의 주체사상화와 공산주의사회를 건설하는 데 있다"고 규정하고 있다

이러한 목표수행을 위한 4대 군사노선의 정책기조를 두고 있다.

1998년 개정 헌법은 "국가는 군대와 인민을 정치사상적으로 무

장시키는 기초 위에서 전군의 간부화, 전군의 현대화, 전민의 무장
화, 전국의 요새화를 기본으로 하는 자위적 군사노선을 관철한다"
고 명문화하고 있다. 결국 북한이 오늘날까지 '하나의 조선'을 운
운하며 그들의 인민군을 '혁명의 군대'라고 지칭하는 것은 적어도
그들이 결코 무력에 의한 한반도 적화혁명을 아직 포기하지 않았
음을 보여주는 것이다[190].

북한군의 성격은 당·혁명·수령의 군대다. 이러한 '수령의 군
대'로서 인민군의 성격은 군 간부들의 군 창건 보고대회 보고나 각
종 간행물 및 방송논설 등을 통해 계속 강조되고 있다.

북한의 군, 즉 '조선인민군'은 "조선로동당의 혁명적 무장력"(제
46조)이며, 당과 수령, 조국과 인민을 위해 서슴없이 생명을 바칠 수
있는 진정한 혁명전사(제48조)가 되어야 함을 밝히고 있는 것이다.

따라서 북한의 군은 별도의 대남 전쟁포기 선언과 평화보장 관련
실천이 없는 한 '당의 군대', '혁명의 군대', '수령의 군대'라는 성격
을 띠고 있고, 대내적으로 통치자를 수호하는 역할과 함께 대남 면
에서는 '남조선 혁명과 해방'을 통한 '전 한반도의 공산화'라는 당
과 수령의 정치적 목적을 실현키 위한 무력수단으로 해석된다.

김일성 주석은 민족해방투쟁과 관련하여 다음과 같이 말한 바
있다.

"우리 인민군대의 장래 임무는 공화국 남반부를 해방하는 데 있
습니다."[191] 그러기 위해 "무장을 들어야 정권을 잡을 수 있다. 무

---

190) 『김일성저작집』, 제7권, p.447. "전쟁이란 그 본질에 있어서 특별한 폭력수단에 의한 어떤 계급정
    책의 연장입니다."

191) "인민군대의 간부화와 군종, 병종의 발전 전망에 대하여", 제하인군 군정 간부회의에서 한 연설
    (1954. 12. 23).

장을 들지 않고서는 정권을 잡을 수 없다. … 주권을 쥐려면 무장투쟁을 해야 하며 선거 놀음을 해 가지고는 정권을 잡을 수 없다. … 모든 투쟁형태들 가운데서 가장 적극적이며 가장 결정적인 투쟁 형태는 조직적인 폭력투쟁, 무력투쟁, 민족해방투쟁인 것이다[192]”라고 하는 정치는 곧 전재의 연속이란군사관을 그대로 보여준 것이다.

북한군은 대외적으로는 혁명완수를 목표로 하고 있으며 대내적으로는 체제유지의 근간이 되고 있다. 북한은 2007년 공동사설을 통해 “혁명불패의 미래는 선군에 있고 이제 핵 억제력을 가지게 되어 있다”고 주장하였고 2009년 사설에서는 “선군의 위력을 백방으로 강화하여 사회주의 강성대국 건설을 군사적으로 확실히 담보하여야 한다. 이처럼 북한 군대는 대내적으로는 선군을 앞세운 물리적 강제력을 보유한 체제보위 수단이며 대외적으로는 ‘벼랑 끝 외교(brinkmanship)’의 배경으로서, 대남면에서는 위에서 지적한대로 ‘공화국 남반부 해방’을 위한 실천역량으로서의 역할을 담당하고 있다.

(2) 선군(先軍)으로 변화

‘선군정치의 본격화는 1994년 김정일이 군 최고사령관으로 올라서고 곧 시작한 ‘고난의 행군’ 때부터였다.

“사회의 당”이 “병영안의 당”을 따라 배우라고 촉구하였다.”[193]

군을 앞세운 이유는 체제단속을 위해 전체 사회에 일사불란한 명령체계를 주입시키고 대중적 저항의식의 기미를 봉쇄하고 대외

---

192) 『조국통일』, 1968. 2. 28, 인민군 창건기념일(1968. 2. 8)에서의 김일성 연설.
193) 김정일, 앞의 글, p.308.

적으로 자원의 고갈의 타개를 위해 마지막 체제보위의 '버팀목'으로 군을 끌어들였다.

1996년에 본격적으로 선군정치로 선회한 후에 김정일의 현지지도의 횟수만으로도 알 수 있다.[194] '1996년에만도 군부대 방문 21회, 군부대가 투입된 건설현장 방문 8회, 군 체육단 방문 2회, 군 예술 공연 관람 8회'를 기록하였다.[195] 위의 방문기관에서 보듯이 국방 이외에 건설, 스포츠, 예술 등 분야에서까지 군을 앞세우겠다는 의지가 엿보인다.

이러한 북한군의 특징은 방어보다는 혁명목표를 추구하기 위한 일관된 공격형 전투서열 유지, 병력통제와 관리를 위한 끊임없는 정치사상 반복교육, 과도한 지하진지 건설 및 유지 등에 있으며, 최근에는 경제난 극복과 공안 통치를 위해 상당수의 군 병력을 경제건설 현장과 치안유지에 투입하고 있다.

이렇듯 군에 의해 국가가 이끌리는 기형적 상황은 자연스럽게 군의 위상도 강화된다. 그 사례가 '1996년 북한군 창군일'과 휴전협정 체결일인 '조국해방 전쟁승리의 달' 등 두 개의 군 관련 기념일을 모두 국가명절로 지정하였다.[196]

결국은 제도로까지 굳어져 "군대를 중시하고 그를 강화하는 데 선차적 힘을 넣는 정치"로 규정한 것이 뒷받침한다. 뿐만 아니라 선군정치 방식은 "군사선행의 원칙에서 혁명과 건설에 나서는 모

---

194) 이 현지지도 횟수는 1995, 96년에 『로동신문』에 나타난 김정일의 전(全) 동정을 분석해서 얻은 수치이다.

195) 1996년 김정일이 군 관련 기관 방문 횟수는 많아도 민간 건설현장을 찾은 것은 고작 2차례에 불과하였다.

196) 『로동신문』, 1996년 4월 24일 및 7월 26일자 참조.

든 문제를 해결하고 군대를 혁명의 기둥으로 내세운 사회주의 위업 전반을 밀고 나가는 령도 방식"으로 규정된다.[197] 그럼에도 북한은 악순환되는 '경제의 군사화'(Militarijation of Economy)현상으로 국가경제가 군사경제의 구조에서 벗어나기 어려운 상황이다. 경제의 군사화가 경제에 미치는 영향은 다음과 같다.[198] 첫째, 군사비 충당을 위해 주민의 담세율이 크게 증대되고, 둘째, 인민경제의 의존이 높으면서 인적·물적 자원배분의 왜곡은 물론 민수자원의 공급이 위축된다. 완성재와 원료의 대부분을 비생산적 군비에 할당하기 때문이다. 이 같은 경제의 군사화 현상은 향후 북한의 생존과 직결되는 문제다. 그러나 선군정치는 본래 그 작동원리가 동원이란 점을 놓고 보면 경제건설에 일정부문 기여는 예상되나 국가전략 목표인 강성대국을 건설하는 과제와는 상충된다.

2) 북한군의 조직과 제도

(1) 군 지휘 체계

북한의 최고 군사지도기관은 국방위원회이며 국방위원장이 일체의 무력을 지휘통솔하며 국방사업 전반을 지도한다. 김정일은 국방위원장 겸 인민군 최고 사령관으로서 무력일체를 직접 장악한다.

그 예하에 총 정치국은 군의 당 조직과 정치사상적으로 통제하

---

197) 송재순, 김홍룡, 「노숙하고 현명한 정치로 사회주의를 빛내어 가시는 위대한 령도자」, 『로동신문』, 1998. 10. 19.
198) 『북한 이해』(통일 교육원, 2010), p.95.

는 기구로 재 북한군의 성격을 상징하는 기구다.

총정치국은 군단 규모부터 일선 소대까지 각급 부대에 파견된 군 정치위원들을 총괄하는데, 북한군 내의 모든 명령서는 부대장 외에 정치위원들의 서명이 있어야 효력이 생긴다. 군에서 쿠데타가 어려운 것도 이런 군 정치위원들이 각급 부대에 촘촘히 박혀 있기 때문이다.

북한군이 군사·행정적 지휘체계 외에 당 조직을 통한 정치·정책적 지도를 받는 이원화 구조가 바로 총정치국의 통제 때문이다.

인민무력부는 국방위원회 산하에서 군사집행 업무를 담당하는 기관으로 군 관련 외교, 군수, 군 정권을 행사하며 대외적으로는 대표성을 지킨다. 총참모부는 전 군을 지휘하는 군령권을 행사한다. 총참모부 예하에는 지상군의 정규군단, 기계화군단, 전차군단, 포병군단, 평양방어사령부, 경보교도지도국과 해·공군사령부를 직접 지휘·통제하는 단일군 지휘체계를 형성하고 있다. 김정일 체제 출범 후 총정치국, 총참모국, 인민부력부의 지휘체계가 과거 수직관계에서 수평관계로 변화했다. 이로 인해 인민무력부가 과거에 비해 위상과 기능이 약화됐으나 군의 대표성은 계속 수행하고 있다.[199]

이와 관련해 2000년 이후 새로 짜인 군사조직체계를 도표화해 보면 다음 <표 9>와 같다.[200]

---

199) 『2009 북한개요』(통일연구원, 2009), p.94.

200) 『국방백서』(국방부, 2000), p.38. 북한의 선군정치는 1997년 10월 7일 중앙방송 정론을 통해 김정일이 "경제사정이 아무리 부담이 크더라도 선군후로(先軍后勞)"라고 한 것에서 공식화되었으나 1994년 김일성 사후 김정일이 최고사령관으로서 북한을 통치하면서 본격화되었다.

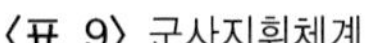

〈표 9〉 군사지휘체계

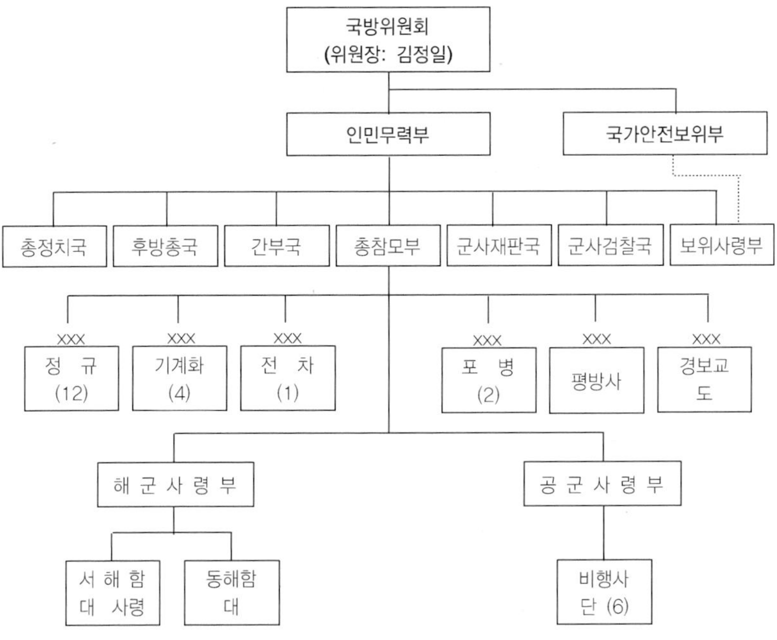

출처: 국방부, 『2008 국방백서』, p.24

현재 군사조직 및 지휘체계는 호위사령부, 수도방위사령부 등을 포함한 정규무력인 조선인민군을 비롯하여 준 군사력인 조선인민경비대, 민간무력인 노농적위대·붉은 청년근위대 등으로 구성되어 있다.

주요 군사기구로는 국방위원회, 당 중앙군사위원회, 당 군사부, 당 민방위부, 군수동원총국, 인민무력성, 국가안전보위부 등이 있다. 이들은 국방위원회로부터 군사, 행정적 지도를 받아 운영되며, 총 참모장이 지상군, 해군, 공군을 총괄 지휘하는 단일통합군 체제를 유지한다.

(2) 병역제도 및 군대생활

북한은 헌법 제86조에서 "조국 보위는 공민의 최대 의무이다. 공민은 조국을 보위하여야 하며 법이 정한 데 따라 군대에 복무하여야 한다"고 규정, 의무병제를 채택하여 모든 남자들을 군에 복무하도록 하고 있다.

북한군의 입대절차에 따르면 만 14세가 되면 징집대상자로 등록된 후 16세 때 시·군 인민병원과 도 인민병원에서 2차례에 걸쳐 징병신체검사를 거처 입대한다.

그러나 신체검사 불합격자, 성분불량자(반동 및 월남자 가족 중 친가 6촌·외가 4촌 이내, 월북자, 형복무자 등), 특수 분야 종사자 및 정책수혜자(사회안전부원, 과학기술·산업필수요원, 예술·교육·행정요원, 부모 고령의 독자 등)들은 정책적 이유로 징집에서 제외되고 있으며 대학생은 2학년 재학 시 6개월간의 군부대 입소훈련 후 예비역 소위로 임관하게 된다.

신체검사 합격자는 고등중학교 졸업 후인 17세를 전후하여 각급 행정단위 군사동원부의 초모(징집)통지에 따라 지상군은 군단 또는 사단 신병훈련소에서 병종(병과)별로 약 2개월간 교육을 받으며 해군은 전대 신병교육대에서, 공군은 비행기지별 신병교육대에서 각기 2~3개월간 교육 후 배치된다.

하사관은 당성이 강한 현역 사병이나 전문학교 실무교육을 이수한 자 중에서 선발되며 6개월(공병하사관은 10개월)간의 교육 후 하사관 결원이 보직과 동시에 진급한다.

군관은 2~5년 이상 근무한 현역사병이나 하사관 중에서 선발하

는데 강건종합군관학교, 해군군관학교, 비행군관학교 등에서 양성
되며 고급군관 양성 및 보수교육은 김일성종합군사대학 등 각종
군사대학이 담당한다. 한편 여자들은 고등중학교 졸업반이 되면 군
입대를 지원할 수 있는데 최근 식량난 등으로 여성들의 군 입대 지
원율이 증가하고 있는 추세이다. 복무기간은 1993년 4월부터는 만
10년을 복무해야 제대할 수 있는 '10년 복무연한제'를 실시하였으
며 1996년 10월 군복무 조례를 다시 변경하여 사병들의 복무연령
을 남자는 30세, 여자는 26세, 여자 군관은 28세로 연장하였다.

(3) 군 북한 인민군 계급구조

계급은 '군사칭호'로 불리며[201] 군관(軍官) 15종 하전사(下戰士)
로 6종으로 나누어진다.

현재 북한의 계급은 원수급 대원수 → 원수 → 차수 순이고, 장
령급(남한의 장군급)은 대장 → 상장 → 중장 → 소장 순, 좌관급
(영관급)은 대좌 → 상좌 → 중좌 → 소좌 순, 위관급은 대위 → 상
위 → 중위 → 소위 순이고, 사관급(부사 관급)은 남한의 부사관에
해당하는 특무상사 → 상사 → 중사→ 하사 순이고 만기 후 장기
복무를 하는 초기복무부사관(부사관급)은 초기특무상사 → 초기상
사 → 초기중사 → 초기하사 순이다.

일반병은 상등병 전사로 구분하되, 사기진작과 서열중시를 위해
다시 상급병사 → 중급병사 → 초급병사 → 전사 순으로 4등분하

---

201) 북한에선 군사칭호를 "군인들의 자격과 상하관계를 규정하기 위하여 국가가 제정하는 칭호"라고 정
　　의하고 있다. 『조선말 사전』(평양: 사회과학출판사), 1992.

고 있다.

현재 북한군 차수 이상 고위간부 현황을 보면 1992년 4월 13일 80회 생일을 앞두고 '대원수'로 추대된 김일성의 사망으로 '대원수'는 없고, '원수'에는 김정일, 리을설이 있으나 김정일은 '조선민주주의 인민공화국 원수'이며 리을설은 '조선인민군 원수'로 구분하고 있고, '차수'에는 조명록, 김영춘, 김일철, 리용무, 백학림, 최인덕, 김룡연 등 군부실세와 혁명 1세대 등 13명이 포진하고 있다.

북한군인들의 특이한 점은 정복견장에서도 나타난다. 북한군의 정복에는 모두 별이 달려있다. 언뜻 보기에는 계급을 구분하기 쉽지 않다. 소위에서 대장까지의 계급장에는 모두 별이 달렸으며 계급구분은 별의 숫자와 크기, 바탕무늬로 식별한다.

3. 북한 군사전략과 군사력

1) 군사전략

북한의 군사전략은 한반도 지형의 특성과 북한의 전쟁역량을 감안하여 선제 기습공격과 전후방 동시공격으로 초전부터 상대측에 대공황을 조성하고, 전쟁의 주도권을 장악함과 동시에 전차, 장갑차, 자주포로 무장화된 기동화 부대를 고속으로 종심(縱深) 깊숙히 돌진하여 미군의 추가 증원 이전에 우리 측 지역 전체를 석권한다는 단기 속전속결전략을 기본으로 하고 있다.

6 · 25 남침과 중동전, 월남전 등을 교훈 삼아 수립된 단기 속전 속결 전략은 현대전의 보편화된 특징이지만, 우리의 인적 · 물적 잠재력 및 현재의 대치상황, 한 · 미 동맹관계와 연합방위태세, 미군의 군사적 능력 등을 감안할 때 북한으로서 선택 가능성이 매우 높은 군사전략이다.

북한은 1980년대 말 이미 군사력의 전진배치와 기계화군단의 편성, 대규모 특수부대의 확보와 장거리포 추가 전진배치 등 3개월 이상의 독자적인 전쟁수행능력을 확보한 것으로 판단된다. 그 후 계속되는 경제난 가운데에서도 무기현대화에 치중하고 나아가 생화학무기, 미사일 개발 등 대량살상이 가능한 전략무기체계 구축을 추진하며 군사력에 기초한 '강성대국'건설을 내세우고 있다.

(1) 선제기습전략

북한은 4대 군사노선을 토대로 하는 선제기습전략은 정규군에 의한 대규모 공격으로부터 비정규군인 무장특공부대의 우회기습공격에 이르기까지 다양하게 전개되는 개념이다. 특히 군사 잠재력 면에서 열세인 북한은 선제기습전략을 통하여 북한 전체인구와 비슷하고, 북한 GNP의 수배가 되는 수도권을 조기 탈취하려고 하고 있다.

1993년부터 사정거리 50km 이상의 170밀리 자주포, 70km 이상의 240밀리 방사포를 중서부 전방지역에 집중적으로 증강하고 70여 개의 비행기지를 북한 전역에 분산 배치했을 뿐 아니라 서울까지 6분 비행거리에 있는 최전방지역에 130여 대의 구형 전투기를 전진 배치하고 있다. 북한이 "서울 불바다"라든가 "서울은 휴전선에서 40㎞"라는 협박도 선제기습을 위한 전략임을 읽게 하는 대목이다.

그 대표적 전초기지가 바로 서해5도 지역이다. 2010년 11월 23일 연평도에 170여 발의 곡사포를 퍼부어 많은 인적, 물적 희생을 낳은 도발행위도 북방한계선(NFL) 무력화를 트집 잡아 수도권으로의 길목을 트기위한 전략이다. 북한은 이 섬들을 차지하려고 1953년부터 NLL 대신 자기 마음대로 그어놓은 해상 경계선을 10여 년 전부터 주장했다.

그러면서 크고 작은 도발을 감행했고 지금까지 계속하고 있다. 1999년 6월 15일 발생한 1차 연평해전과 2002년 6월 29일의 2차 연평해전에 이어 지난해 11월 도발한 대청해전이 대표적인 예다.

현재 북한군의 공격·기동장비의 집중 및 전진 배치 동향 등을 미뤄 봐도 앞으로 북한은 선제 기습 전략을 여전히 기본적인 군사전략으로 유지해 나갈 것으로 보인다. 북한은 이를 위해 기계화·기동화·경량화된 전력을 확보하고 개량형 스커드미사일 양산을 비롯한 지상군 및 공군의 화력증강, 고속상륙정 및 화력 지원정 증강 등 속전속결에 필요한 공격형 무기체계의 획득과 유지에 전력을 다하고 있다.

(2) 속전속결전략

단기결전 형식의 속전속결전략을 흔히 '속도전'이라 부른다. 북한은 이를 위해 기계화·기동화·경량화된 전력을 확보하고 개량

형 스커드미사일의 양산(量産)을 비롯한 지상군 및 공군의 화력증
강, 고속상륙정 및 화력지원정 증강 등 속전속결에 필요한 공격형
무기체계의 획득과 유지에 전력을 다하여 왔다.

북한이 속전속결전략을 펴는 것은 경제규모가 열세인 입장에서
우리의 평시 산업구조가 전시 산업구조로 전환, 인적·물적 자원이
동원되기 시작하면 엄청난 군사역량으로 나타나기 때문이다.

초기 선제 기습으로 서울을 비롯한 수도권을 먼저 점령한 뒤 상
황에 따라 전선을 확대하든지, 아니면 협상하는 방식이다. 수도권
만 점령하면 유리한 조건에서 협상할 수 있다는 계산이다.

북한이 작전계획을 속전 속결전략으로 바꾼 것은 2003년 이라크
전쟁의 영향이다. 북한군과 전력이 비슷한 것으로 평가되던 이라크
군의 대규모 기계화 부대가 미군의 정밀 유도무기의 타격으로 제
역할을 못했다. 대남 혁명 전력의 핵심인 기계화군단을 이용한 정
규전이 승산이 없다고 판단한 것이다.

(3) 배합전략

배합전략이란 모택동의 유격 전략과 소련의 군사전략을 결합하
여 한반도 실정에 맞게 만든 주체적 전략이다.

대규모의 정규전과 비정규전인 유격전을 배합하여 '상대를 도처
에서 공격하는 전후방 없는 전쟁'으로 남한 전역을 동시 전장화한
다는 것이다. 이는 전선에 상대방 주력군을 고착시켜 두고, 후방에
서는 주요시설을 타격하고 인민항쟁을 유발시키면서 전면공세를
취한다는 것이다.

한편 제5차 당대회(1970. 11. 2)에서 행한 김일성 총비서는 사업 총화보고를 통해 "우리나라는 산과 강, 하천이 많고 해안선이 긴 나라이다. 우리나라의 이와 같은 지형조건을 잘 리용하여 산악전과 야간전투를 잘하고 대부대작전과 소부대작전, 정규전과 유격전을 옳게 배합하면 비록 최신 군사기술로 발톱까지 무장한 적이라 하더라도 얼마든지 격멸할 수 있다"라고 강조한 바 있다.[202]

2) 군사력

(1) 핵심 군사력

2008년 12월 말 북한의 상비전력은 육군 102만여 명, 해군 6만여 명, 공군11만여 명으로 총 119만여 명으로 추산된다. 이는 한국 총병력 65만 5천여 명의 1.8배 규모다(표 참조).[203]

북한군의 지상군은 9개 전·후방 군단, 2개 기계화 군단, 이들은 전시 집단군으로 증편된다. 또 평양방어사령부·국경경비사령부·미사일지도국·경보교도지도국 등 총 15개의 군단급 부대로 편성돼 있다. 이는 2006년 말에 비해 2개 기계화군단이 2개 기계화사단으로, 1개 전차군단이 기갑사단으로, 1개 포병군단이 포병사단으로 변경된 것이다.

---

202) 『로동신문』(1972. 9. 19) 참조. 『인민군』(평양: 조선인민군 군사출판사. 1987), pp.43~47. 최근 들어 북한은 구 소련군이 전차부대의 신속기동으로 NATO군 방어진지 돌파를 위해 운용하려 하였던 작전기동단(OMG) 개념을 한반도 지형에 적합하게 원용하여 발전시키고 있다.

203) IISS, 'The Military Balance 2009'에는 지상군 95만, 공군 11만, 해군 4만 6천, 특수부대 8만 4천 명으로 추정하고 있다(pp.394~395).

그러나 전력면에서는 군단급 규모를 유지하고 있어 큰 변화는 없다. 지난 10일 노동당 창건 기념일 열병식에서 외국 언론에 처음 공개한 중거리 탄도 미사일(IRBM)인 '무수단'은 사정거리가 3,000～4,000㎞의 중장거리 미사일이다. 일본의 오키나와에 주둔한 주일미군은 물론 전략거점인 괌까지도 사정권이다. 무수단은 구소련이 1960년대에 개발한 잠수함 발사 탄도 미사일로 전략 핵잠수함에 탑재했던 강력한 무기체계다. 북한은 구소련으로부터 미사일 800여 기를 들여와 1990년대 후반부터 전력화했다. 생화학 탄두 이외에 여러 개의 핵탄두 탑재도 가능하다.

무수단 미사일 관리를 위해 이미 2007년에 북한군 총참모부 미사일지도국 산하에 신형 중장거리 미사일 사단을 창설한 것으로 알려졌다. 미사일 사단은 사거리 3,000㎞ 이상의 신형 IRBM을 작전 배치 및 통제하는 임무를 전담하고 있다. KN－02 신형 단거리 미사일도 위협적이다. 사거리 110～130㎞의 단거리 미사일로 수원 이남에서 충청도 일대까지 공격할 수 있다.

이와 같은 북한의 군사력은 이론적으로는 한반도 지형에 적용될 가능성이 있지만 전쟁은 사상교육과 지형만이 고려요소에 포함되는 것이 아니라 종합적 전장 환경, 병력의 교육수준, 무기의 질, 예측불가의 마찰, 우발사태 등 여러 변수가 작용하기 때문에 전쟁지속역량으로 볼 때 북한의 군사력으로는 공격력에서 오판 또는 자의로 감행할 수는 있으나 생존력에서 결코 뜻대로 종결지을 수 없는 한계가 있다.

한편 북한의 재래식 무기체계를 벗어난 핵미사일과 생 화학무기와 같은 대량살상무기의 연구와 개발에 주력하는 점에 주목해야 한다.

북한은 오래전부터 핵무기를 보유하기 위해 온갖 수단을 동원했다. 현재 6~8개 정도의 핵무기를 보유하고 있고 "5년 이내에 미국 본토까지 도달할 수 있는 ICBM을 개발할 수 있을 것으로 본다"는 최근 자료도 나왔다.[204] 북한이 핵을 무기로 협박과 위협을 반복한다면 우리만의 힘으로는 속수무책이다.

북한의 핵은 외부의 군사적 위협으로부터 체제생존을 보장받거나 대남우위의 군사력을 유지하는 대안으로 개발됐다. 북한은 어떤 경우라도 핵을 포기하지 않을 것이다. 핵무기만이 정권과 체제의 생존을 보장해 준다고 믿기 때문이다.

과거 김정일이 후계자로 등장한 후 리더십을 보여주기 위해 시행한 정책이 핵 개발이었다. 강경한 핵 개발정책으로 초기의 불안한 후계자라는 의혹들을 일거에 불식하고 강력한 리더십을 확보했다. 김정일이 김정은을 후계자로 내정하면서 군 계급과 직책을 부여한 것은 먼저 군권을 장악하라는 의미다. 군권 장악을 위해서는 군사적 능력을 입증해야 한다. 북한이 3대 세습 구축과정에서 제2의 천안함 사건이나 3차 핵실험을 할 수밖에 없는 이유다.

북한 해군은 해군사령부 예하에 동·서해의 2개 함대사와 13개 전대 및 2개의 저격여단 등으로 구성돼 있다. 수상 전투함정 420여 척, 잠수함정 70여 척, 상륙함정 260여 척, 소해정 30여 척 등을 보유하고 있다. 또 공기부양정 130여 척, 고속상륙정 90여 척의 병력수송 수단을 보유하고 있다.

북한 공군은 공군사령부의 통제 아래 4개 비행사단과 2개의 전투수송여단 및 2개의 공군저격여단 그리고 지상방공부대로 구성돼

---

204) 『중앙일보』, 2011. 1. 20. 최근 로버트 게이츠 미국 국방장관의 발언을 인용.

있다. 전투임무기 840여 대, 감시통제기 30여 대, 공중기동기 330여 대, 헬기 310여 대, 훈련기 180여 대를 보유하고 있다.

(2) 예비전력

북한은 인민을 무장력의 가장 중요한 요소로 보고 "인민이 혁명적 군사사업의 주인이며 인민의 무궁무진한 힘과 나라의 모든 잠재력을 조직·동원해야 한다"는 김일성의 군사관(觀)에 기초하여 주민을 동원하고 있다.

14세부터 60세까지 인구의 약 30%를 동원 대상으로 하여 770여만 명에 달하는 예비전력을 확보하고 있다.

이들은 각종 전투 장비를 지급받은 상태에서 비상소집 및 병영훈련은 연간 1회 이상 각각 15~30일간의 훈련을 받는다. 주민의 군사동원이 본격적으로 강화된 것은 1958년 중국 인민해방군 철수를 계기로 1959년 1월에 '노농적위대'가 창설되고 1962년 12월 당 중앙위원회 제4기 5차 전원회의에서 4대 군사노선이 제기되고 부터이다. 곧 이어 '교도대'가 조직되었고 1970년 9월 김일성의 지시로 학생군사조직인 '붉은청년근위대'가 창설되었다.

예비전력의 지휘체계는 인민무력성과 당 민방위부로 2원화되어 있는데 교도대는 전·평시 모두 인민무력성 예하 후방군군단의 통제하에 있다가 전시에는 인민무력성의 지휘를 받도록 되어 있다.

〈표 10〉 군사예비전력

구분	규모	비고
교도대	60여만 명	전투동원대상 – 남자 17~50세, 미혼여자 17~30세
노농적위대	570여만 명	향토예비군 성격
붉은 청년 근위대	100여만 명	중학교(4~6학년)군사조직
준군사부대	40여만 명	호위사령부 인민보안부 군숙동원 지도국 속도전 청년돌격대
계	770여만 명	

출처: 국방부 『2008국방백서』. p.28

① 교도대

북한의 예비전력 중 가장 핵심체로서 1963년 노농적위대 병력 중 제대군인을 주축으로 조직되었으며 17~45세의 남자와 17~30세의 미혼여성으로 편성되며 총병력은 173만여 명이다. 인민무력성 예하 후방군단의 관할하에 120여 개의 교도사단·여단과 80여 개의 대학생 교도여단으로 구성되어 있으며 교도대의 지휘관과 공용화기 사수들은 현역군인으로 편성되어 있다.

교도대는 정규보병사단과 여단에 준하는 편제와 무장을 하고 있으며 전쟁발발 시 정규군에 배속되어 전방 전력으로 투입되거나 후방지역 방어임무를 수행하게 된다.

교육훈련은 정규군과 합동훈련을 실시하는 등 현역에 준하는 강도 높은 훈련을 실시하고 있으며 각 제대별로 소속부대 현역군관이 실시하는 자대훈련 10일과 각도 위수군단 주관하에 실시하는 동원훈련 30일 등 40여 일간의 훈련을 실시하고 있다. 특히 대학생 교도대는 연간 160여 시간의 교내훈련과 2학년 재학 시 6개월간 군부대에 동원되어 실시하는 입영 집체훈련이 있다.

② 노농적위군[205]

북한이 김정은 후계세습에 발맞춰 570만 명의 대규모 예비 병력인 '노농적위대'를 '노농적위군'으로 바꾼 것으로 최근 확인됐다.

노농적위대는 46~60세의 남자를 위주로 하되 17~45세의 남자와 17~30세의 미혼 여성 중 교도대 미편성 인원도 로농적위군으로 편성되었다.

부대 편성은 각급 직장의 부서 및 인민반별로 단위제대를 편성하고 리-동 단위에 중대 및 소대, 시-군-구역단위에 연대 및 여단, 도-직할시 단위에는 사단급으로 편성된다. 제대별 지휘관은 당해 직장 또는 지역의 노동당 책임비서가, 부지휘관은 인민보안부장, 참모장은 노동당 군사부장이 당연직으로 겸직하여 로농적위대를 실질적으로 지휘한다.

훈련은 당 민방위부 주관하에 자대훈련 15일과 동원훈련 15일 등 연간 30일을 받고 있으며 주말이나 월말에는 야외훈련, 연말에는 정규군과의 합동훈련도 실시한다. 북한 전체 인구의 25%에 달하는 '노농적위대'가 김정은 후계구도가 공식화된 직후부터 '노농적위군'으로 명칭이 바뀐 것과 관련, 인민군 대장 칭호를 부여받으며 국방업무를 넘겨받기 시작한 후계자 김정은에게 힘을 실어주기 위한 것 아니냐는 분석이 나온다. 대규모 민방위 병력을 김정은 휘하에 두어 그의 권한 범위를 넓히려는 것 아니냐는 것이다.

---

205) 『헤럴드경제』, 2011. 1. 4. 「北 노농적위대 명칭 변경, 김정은에 힘 실어주기?」. 조선중앙TV는 지난 1일 새해를 맞아 당과 국가 책임일꾼이고 김일성 주석의 시신이 안치된 금수산기념궁전을 참배했다는 소식을 전하면서 "김일성 동지의 입상 양 옆에는 조선노동당기와 공화국기, 조선인민군, 로농적위군 군기들이 세워져 있었다"고 전했다. 노농적위군이라는 명칭은 지난 해 10월 10일 당 창건 65주년을 기념하는 대규모 열병식 때부터로 사용돼 온 것으로 나타났다. 당시 중앙통신은 "조선인민군 육해공군 부대들과 조선인민내무군, 로농적위군, 붉은청년근위대 열병식이 성대히 진행됐다"고 보도했으며, 이후 북한 매체에서 노농적위대라는 명칭 대신 '노농적위군'이 사용됐다.

③ 붉은 청년 근위대

붉은 청년근위대는 고등중학교 4~6학년 남녀학생들(14~16세)을 대상으로 학교단위별로 중대 또는 대대급으로 편성되며 총인원은 118만 명이다. 노동당 민방위부의 지휘통제를 받으며 매주 토요일 4시간씩 연간 160시간의 교내훈련과 고등중학교 5학년 재학 시 여름방학기간을 이용하여 7일간의 붉은 청년근위대 야영훈련소 입영훈련과 비상소집훈련 등을 받고 있다.

주요 임무는 반혁명적 요소를 제거하여 김정일을 결사 옹위하는 친위대로서 전투력 향상의 선도적 역할을 하며 유사시에는 후방지역 방어 및 군대 하급간부 보완을 위한 후비 대·결사대로서의 임무를 수행한다.

제 IV 장

경제, 과학

1. 경제

북한의 경제체제는 소련, 중국, 동유럽 사회주의에 비해서도 더 전형적인 중앙집권적 계획경제 시스템을 유지하고 있다. 그런 가운데서도 1990년대 경제난으로 이 시스템의 유지가 어려워지면서 현실을 반영한 제도적 차원의 시스템 변화가 부분적으로 나타나게 되었다. 경제정책의 경우에는 경제난 현실을 반영한 부분적인 경제 정책의 변화를 시도하면서도, 계속 계획경제를 강화하는 추세에 있다.

1) 북한경제 체제의 특성

북한 경제는 중앙집권화된 경제이며, 따라서 북한은 계획수립을 비롯한, 의사결정과 경제정보의 흐름이 중앙에 집중되어 있고, 하부조직은 중앙의 명령에 복종하도록 되어 있다. 이를 '중앙집권적 명령(지령)경제체제'라고 부른다. 오늘날 이 지구상에는 북한과 쿠바 외에는 이런 체제를 고수하는 나라는 한 군 데도 없다.

북한은 사회주의적 소유제도와 중앙집권적 계획경제를 근간으로 하여 유일적인 지휘에 따라 경제가 움직인다.

여기서 첫째, 사회주의적 소유란 '생산수단과 생산물이 국가 및 사회 협동단체의 소유'를 의미한다. 북한 헌법에 나타난 소유 형태를 보면 전 인민적 소유(국가소유)로는 경제발전에 주도적 역할을 하는 모든 자연자원, 철도, 항공, 운수, 체신기관과 중요 공장·기업소, 항만, 은행(헌법 제21조)이 포함되며, 협동적 소유(사회협동단체 소유)는 앞으로 전 인민적 소유로 전환시켜야 할 과도기적 소유 형태의 토지, 농기계, 배, 중소공장·기업소(헌법 제22조) 등이 있다. 그리고 개인소유는 개인적이며 소비적인 목적을 위해, 매우 제한적으로 인정되는 것으로 노동에 의한 사회주의적 분배(임금, 식량 등)와 터 밭 생산물 등 합법적 경리활동을 통하여 얻은 수입(헌법 제24조)을 말한다.

둘째, 중앙집권적 계획경제란 계획의 작성, 집행 및 감독이 국가계획위원회를 중심으로 도·시·군 및 공장·기업소에까지 일관된 체계로 이루어진 것을 의미하며, 계획의 세부화는 산업부문 간, 단위기업소 간의 계획이 서로 맞물려 경영활동이 빈틈없이 세밀한 부분까지 작성하는 것을 의미한다.

특히 국가계획위원회[206)는 중앙집권의 상징기구로 남한의 과거 경제기획원과 흡사하다. 주로 생산 분배 소비를 국가가 통제하는

---

206) "권력구조 개편과 인사", 내외통신, 종합한 1998. 3. 국가계획위원회는 모든 경제계획을 종합작성하며 이를 내각에서 승인받아 각부서로 통보·작성된 계획안에 대한 해당 각부의 구체적 실행계획을 검토하며 인민경제계획전반에 걸친 예비적 결산을 한다.

북한체제의 특징을 단적으로 보여주는 기구다.

이 부처는 권력부서를 제외한 전 경제 부서를 상대로 노동당의 생산목표와 방향에 대한 거시적(巨視的) 지침을 계획하고 그 집행을 감독하는 것을 주 임무로 하고 있다.

국가계획위원회는 내각의 각 위원회 및 성(省)들에 있는 각 계획부서에서 작성된 모든 자료들을 조정·통제하는 일이 그 임무다.

2) 북한 경제노선과 관리

북한의 정책기조는 자립적 민족경제 건설, 중공업 우선 정책, 군사·경제 병진 노선으로 구분된다.

(1) 자력갱생 노선

북한은 자력갱생의 원칙에 입각한 자립적 민족경제 건설의 정책기조를 견지해 왔다. 자력갱생은 남의 덕에 살아가려는 의존심, 난관 앞에서 투쟁을 포기하는 나약한 태도, 객관적으로 유리한 정세가 조성되기를 기다리는 태도를 버리라는 것이다.

그리고 '없는 것은 만들어 내고 부족한 것은 찾아내며 부닥치는 난관과 시련을 자체의 힘으로 뚫고 나가는 것'을 자력갱생의 중요한 내용으로 삼고 있다.

자립적 민족경제 건설의 기본정신인 자력갱생을 북한은 "혁명과 건설에서 나서는 모든 문제를 자신이 책임지고 자체의 힘으로 해결하여 나가는 립장과 정신"이라고 정의하고 있다. 자력갱생은 생산수단에 대한 대내 수요를 자체에서 충족하고, 기술혁명과 확대재생산의 물질적 조건도 자체 내에서 해결한다는 것이다.

그러나 자력갱생의 민족경제 건설, 정책기조는 국가 간 자원과 상품 교류에서 오는 국제 분업 질서로 부터 빗나간 폐쇄경제(closed ecnomy)를 만들었다. 그리고 국내산업도 국제시장에서 비교우위의 원칙이 무시된 구조를 낳았다.

북한이 경제건설 초기부터 자체 자원을 이용한 자력갱생의 원칙에 입각하여 '자립적 민족경제' 건설을 표방함에 따라 자기 완결적이며 폐쇄적인 성격을 강하게 나타내어 국제 분업의 이익상실과 선진기술·해외자본의 도입 등 국제협력의 부진을 초래하여 경제성장의 장애요인으로 작용하고 있다. 또한 중공업을 우선시하면서 경공업과 농업을 동시에 발전시키도록 함으로써 소비재보다 생산재 생산에, 소비보다 자본축적에 역점을 두고 있다.

1980년대에 들어 북한은 내자동원에 의한 경제개발이 한계에 직면하게 되자, 대외무역 및 경제협력에 대한 중요성에 눈을 뜨기 시작했다. 이에 따라 서방자본주의 국가들과의 무역 증대를 도모하는 한편, 1984년 9월에는 '합영법'을 제정하여 외자유치를 시도하였다.

그러면서도 자립적 민족경제노선은 거듭 강조하였다. 계속 민족경제노선을 역설하면서, 이 노선은 "제국주의 세계경제 일체화 책동에 강경하게 맞서는 것"이라고 강변하였다.

2000년대 들어 외형상으로 자립적 민족경제건설노선을 표방하면서도, 실제에 있어서는 실리 추구의 입장에서 '자기 완결적 자력갱생'으로부터 '새로운 자력갱생'으로 변화하는 징후를 보였다.

또한 북한은 남북교역 및 경협에 높은 관심을 보였고 남북합작으로 개성공단을 설립, 폭넓은 남북교류 협력의 길을 열었다.

일단 이런 일련의 변화는 기존 자력갱생노선의 완전 포기는 아니나 대외 경제관계에 있어서는 폐쇄적 입장이 바뀐다는 데서 향후 정책 변화에 귀추가 주목된다.

(2) 중공업 우선정책

북한은 자립적 민족경제를 전면적으로 구현하기 위한 수단으로 중공업 우선주의에 기초한 불균형 성장전략을 채택해 왔다. 즉 "사회주의 공업화의 중심은 중공업 우선의 공업체계를 확립해야 인민경제의 전면적 기술개건도 실현할 수 있다고 주장하면서 중공업 우선주의를 이른바 자립적 민족경제 구축의 핵심으로 삼았던 것이다. 그리고 전력공업, 석탄공업, 광업, 금속공업, 기계제작공업, 화학공업, 건재공업 등 기간공업부문들에 중점을 두어 왔다. 그리고 중공업 우선주의는 군사 · 경제 병진 노선을 뒷받침하기 위해서 더욱 강조되었다. 그러나 북한은 2002년 7 · 1 조치 시행과 함께 2002년 9월에 선군시대 경제건설 노선을 표방하면서, 중공업 우선발전 전략을 선군혁명 노선에 따라 국방공업 우선발전 전략으로 변형시켜 강조하고 있다.

북한에 따르면, 선군시대 경제건설 노선이란 국방공업을 우선적으로 발전시키면서 경공업과 농업을 동시에 발전시키는 경제건설 노선으로 규정된다.

그러나 중공업 우선정책의 무리로 인하여 산업부문 간 구조적

불균형이 심화되었다. 1960년대부터 중공업 우선발전 노선은 한정된 투자재원을 중공업부문에 집중투자하게 함으로써 경공업과 농업의 발전이 심각하게 위축되는 산업불균형 현상을 초래하였다. 북한주민들이 경제난이 본격화되기 이전인 1980년대부터 이미 생활필수품 부족을 겪게 된 것은 사실 이러한 경제정책의 결과였다고 할 수 있다. 따라서 민수산업과의 연계성이 중공업 부문보다 거의 미약한 국방공업 우선발전 노선은 북한 산업의불균형 확대와 주민생활경제의 악화를 초래할 수밖에 없을 것이다

(3) 군사 · 경제의 병진

북한은 1962년 12월 당중앙위원회 제4기 제5차 전원회의에서 '4대 군사로선'을 채택하였다. 1960년대 중반부터는 공산권의 이념분쟁과 중 · 소 분쟁이 격화되면서 국방에서의 자위를 제창, 군사력 강화를 강조하였다. 이때부터 군사력 강화와 경제건설의 병진정책이 추진되었다.

이 병진정책은 1966년 10월 당중앙위원회 전원회의에서 채택된 이래 지금까지 경제운용의 기본방침이 돼 왔다. 이에 따라 1966년까지는 예산에서 군사비의 비중이 약 10% 정도에 불과하였으나 1967∼1971년 동안엔 군사비가 30% 이상으로 대폭 증액되었다.

그러나 1970년대 들어서는 남북대화가 시작되면서 군사비를 종전의 절반 정도(예산총액의 17% 이하)로 축소 발표했다.

그렇다고 군사력이 약화된 것은 아니다. 군수산업이 대부분 기계공업을 중심으로 한 중공업과 계열화되어 있어 민수산업과 엄격히

구별할 수가 없고, 군사비는 감소되었어도 북한의 군사력은 매년 강화되어 왔다. 말하자면 북한은 "중공업의 발전 없이는 국방력을 강화할 수 없다"는 논리로 경제정책을 추진하고 있다.

북한이 한정된 자원으로 군사력의 강화와 경제발전을 동시에 추진하기 위해서는 필연적으로 주민의 소비부분을 억제할 수밖에 없었으며, 그 결과 소비생활이 어려워진 것이다. 더욱이 2003년에는 신년 공동사설에서 이례적으로 '국방공업에의 선차적인 역량집중'을 강조하며 국방력 강화를 경제 · 사회적으로 뒷받침하겠다는 의지를 표명하고 있어 주목되고 있다.

그 일환으로 북한은 김정일 시대에 들어와 군사 · 경제 병진 노선을 뒷받침하기 위해 강조해 왔던 중공업 우선주의를 국방공업 우선주의로 전환한 것이다.

이는 김정일 정권의 입장에서 볼 때 체제유지를 위해 국방공업의 발전이 최우선적으로 요구되고 있기 때문이다. 또한 경제난 이후 그나마 유지되고 있는 국방공업 부문의 우선 발전을 토대로 삼아야 북한의 기존 경제구조가 유지되고 여타 경제부문들도 회복된다는 논리로 주장하고 있다. 그리고 주민들의 생활경제에 영향을 미치는 경공업 · 농업의 발전은 국방공업의 물질적 조건들이 충족되는 조건 하에서만 보장된다고 하는 논리로 국방공업 우선주의를 주장하고 있다.

그러나 이러한 국방공업 우선발전 노선은 과거 중공업 우선발전 노선보다 북한경제구조를 더욱 왜곡시킬 것이다.

(4) 경제관리 개선

북한은 1998년 이래 '강성대국' 건설을 위해 경제 관리개선을 강구하고 있다. 김정일은 남북정상회담(2000. 6) 및 서방과의 수교 확대 등 대외환경 개선 변화의 필요성을 인식하였고, 2001년 10월에는 당·경제기관 일꾼들과의 담화를 통해 "사회주의 원칙 고수 아래 최대의 실리 도모, 변화하는 현실에 맞게 경제관리 방식을 혁신할 것"을 강조하는 '경제관리 개선지침'을 하달하였다. 북한은 이러한 현실을 고려하여 중공업위주가 아니라 경공업의 발전을 효과적으로 뒷받침할 수 있는 중공업의 발전에 주력했다.

북한이 1989년에 '경공업발전 3개년계획'(1989. 7 ~ 1992. 6)을 발표하고 1989년도를 '경공업의 해'로 정한 것이나 제3차 7개년계획의 완충기(1994 ~ 1996)의 중점과업으로서 농업 제일주의, 경공업 제일주의, 무역 제일주의 등 3대 제일주의 방침을 제시한 것이 대표적 사례다. 1998년부터는 실리 추구를 위해 농업, 경공업 등 여타 산업부문과의 유기적 연관을 보다 많이 강조하고 있다. 그러나 이는 구조적인 경제침체로 심대한 타격을 입고 있는 전력, 석탄, 금속 등 '선행부문'을 비롯한 중공업 부문을 정상화하기 위한 노력의 일환이다.

2002년에는 대대적인 7·1 경제관리개선 조치를 단행하였다. 뿐만 아니라 이후에도 7·1 경제관리개선 조치의 계속적 추진의지를 피력하면서 후속 조치 마련에 주력해 오고 있다. 7·1 경제관리개선 조치의 주요 내용은 ① 물가 및 임금 인상, ② 환율현실화 및 관세조정, ③ 기업의 경영자율권 확대, ④ 식량·생필품 등의 배급제 단계적 폐지, 개인 경작지 확대 등이다. 7 · 1 경제관리개선 조치에 따라 물가는 쌀 가격을 기준으로 하여 모든 가격을 전면적으로 현실화하는 데 초점을 두었으며, 임금도 평균 18배 인상하고 '노동의 결과에 따른 분배 원칙'을 바탕으로 차등 지급하게 되었다.

또한 종래 고평가되어온 북한 원화 환율의 경우, 달러당 150원 수준으로 현실화하고 수입관세를 2배로 인상하였다. 나아가 동 조치에서는 기업에 대해서 기업의 독자성, 세부생산계획의 자체수립 등 자율성과 재량권을 부분적으로 허용하였으며, 농업부문에서는 개인의 경작면적을 30~50평에서 400평으로 확대하였고, 유통부문에서도 종래의 배급제를 구입제로 전환시켰다. 7 · 1 경제관리개선조치는 경제 전 분야에 걸쳐 진행된 획기적인 조치여서 주목되고 있다.

2011년 신년공동사설에서도 "우리식 사회주의 경제관리원칙에 맞게 기업 관리를 과학적으로 실시하며 모든 단위에서 계획규률, 재정규률, 로동행정 규율을 철저히 지켜야 한다"고 언급하고 있다.

그리고 사설 제목부터 "올해도 경공업과 농업에 박차를 가하여 인민생활에서 결정적 전환을 이룩하자"고 한 내용을 보면 작년 2010년 공동 사설과 똑같다.

똑같을 수밖에 없는 것이 2012년 강성대국 완성과 김정은 후계체제정착이 맞물린 때문에 주민들 생활개선과 직접적인 연관이 있기 때문이다.

이는 7 · 1 경제 관리 개선 조치의 연장선상에서 계속 실용주의 쪽으로 기울고 있음을 뜻한다.

아무튼 외형상으로는 자립적 민족경제노선을 더욱 표방하면서도, 실제로는 실리 추구의 실용주의적 모습을 보이고 있다. 이러한 맥락에서 북한은 남북교역 및 경협에 높은 관심을 보이고 있다. 특히, 1998년에는 남한과 금강산 관광 사업을 추진하기에 이르렀다.

이런 징후들은 자력갱생노선의 완전 포기는 아니나 대외적으로 폐쇄적 입장이 바꾼다는 데서 향후 정책변화에 대한 귀추가 주목된다.

2. 과학

1) 북한의 과학기술 형성

북한의 과학은 사회주의 과학관(觀)으로부터 출발했다. 북한으로서는 종주국(宗主國)인 소련의 과학이념과 모델을 수입한 것은 당연하다.

따라서 과학이념은 마르크스 - 레닌주의에서 일컫는 관념론과 형이상학을 극복하고 유물변증법에 따른, 유물사관(唯物史觀)에 입각한 사회주의식 과학이념에 기초하고 있다.

그 때문에 순수 및 기초과학 대신에 응용과학과 산업기술이 중시되고 생산현장에서 '현지과학 연구'를 중시한다. 이런 과학기술의 성과는 실험이나 관찰이 아닌 궁극적으로 실제생산을 통해 검증되는 결과물이란 유물론적 시각으로 접근한 것이다.

이에 맞춰 과학기술을 보다 사회주의적 형태로 만들기 위한 시도를 폈다. 사회주의 생산 활동이 국가와 인민을 위하는 데 맞춰 과학연구 또한 여기에 초점을 맞췄다. 초기 이 같은 과학의 방향을 잡아나간 주도세력은 초기 소련 군정사령부와 함께 북한에 들어온 소련파 2세[207]들이 주도했다.

이런 정책하에 자체 부존자원 및 기술 인력에 대한 '자력갱생의 원칙'에 입각하여 '주체과학' 정책을 고수하면서 전 주민의 기술혁신 운동을 통해 생산기술 현대화, 과학화, 주체화를 이루자는 것이다.

이를 근거로 북한이 지향하고 있는 과학기술 정책기조를 정리하면 ① 기술혁명의 계속적인 추진, ② 과학자들과 생산자들의 창조적 협조 강화, ③ 과학 연구 사업에서 주체를 철저히 세운다는 것이다.

기술혁명은 사상·문화 혁명과 함께 북한이 사회주의 건설을 위한 3대 혁명의 일환으로 추진하고 있는 것으로 첫째, 중공업과 경공업 차이해소, 둘째, 농업노동과 공업노동의 차이해소, 셋째, 여성들의 가사부담 해소 등 3대 기술혁명사상으로 구체화되어 있다.

2) 주체과학 – 선진과학

(1) 주체형 과학

초기 북한이 선택한 사회주의 공업화 전략은 특별한 경제발전전략과 결부되어 있었다.

사회주의적 경제발전전략의 주요 목표는 중공업의 우선적 성장,

---

207) 초기 스탈린주의에 입각한 사회주의 과학이 추진되는 과정에서 소련파 2세들의 공헌이 컸음. 이들은 소련 거주의 한인들 2세들로, 비교적 비정치적인 전문 테크노크라트 성향임. 그들의 선대들이 1917년 볼셰비키 혁명에 가담한 러시아 혁명주도세력의 후예들로 유복한 가정에서 소련의 유수한 공과대학이나 정치학원 출신자 들이다. 소련군정 설치와 함께 428명이 북한에 귀국, 각 부처의 부 책임자들로 앉아 소련 군정의 정책적 뒷받침을 했다.

이를 위한 경공업과 농업의 희생, 축적을 위한 소비의 희생을 핵심으로 하여 공업화를 최단기간에 완수한다는 것이었다.

즉 중공업의 우선적 성장과 함께 경공업과 농업을 동시에 발전시켰다. 바로 이런 정책노선을 뒷받침해주기 위해 꺼낸 과학이념이 주체과학이었다.

결국 북한의 통치이념(Rulel Ideology)으로 부각된 주체가 과학 앞에 붙는 이름으로까지 올라선 것이다. 그러다가 한 단계를 넘어 주체사상으로까지 비약되면서, 과학은 완전히 주체의 울타리 속으로 들어온 것이다.

그렇다면 주체과학은 무엇이며 어떻게 정책으로 전개됐는가.

단적으로 주체과학은 과학(물질)에 주체(이념)를 접목시킨 것이다. 바꿔 말해 주체란 주관적 관념에, 객관적 과학이 결부된 것으로 일반 상식으로는 해석이 안 된다.

1970년대 주체사상이 체계화되면서 사회 하부구조가 상부구조를 결정한다는 전통적 마르크스주의의 유물사관까지 거침없이 수정, 주체사상이 인간의식의 사회변화와 역사전이의 과정에서 능동적 역할을 수행한다고 강조한 것이다.[208] 그 때문에 북한의 과학도 마르크스 - 레닌주의 과학 세계관으로 부터 이탈을 하게 된다.

주체과학의 출발에 맞춰 김일성은 "… 우리의 과학자 및 생산기술 인텔리들, 생산혁신자들과 발명가들은 전시의 곤란을 이겨내고 전선의 승리를 보장하는 것과 함께 전쟁이 끝난 다음에 인민경제를 복구 발전시키기 위한 사업에도 자기의 모든 정력과 지식을 다

---

208) 주체사상은 경제적 생산 관계가 그 안에서 활동하는 행위자들의 의식과 행동을 주도적으로 결정한다는 견해를 수정하면서 인간의 의식적이고 주체적인 사고와 행위에 의해 경제구조와 사회와 역사가 변화한다는 논리를 제시하였다.『북한 이해』(통일부, 통일 교육원, 2008), p.25.

바쳐야 하겠습니다"[209]라는 견해를 펴면서 당시의 전후 복구 사업을 위해 과학기술자들의 인간중심의 주인의식을 요구한 메시지다.

그로부터 일단 주체과학은 북한에서 큰 성과를 얻었다. 주체의 기치를 들고 소련 점령당시에 이뤄진 기술제일주의, 풍부한 부존자원과 자료들을 결부시켜, 특히 제철 기계공업 등 중공업 육성의 기반을 닦는 데 기여하면서 주체과학의 정당성을 입증시켰다. 이때부터 북한은 자기만의 특유한 지역성, 민족성을 담은 '우리식 과학세계'를 만든 것이다.

주체과학은 우선 그 목표를 국가와 인민의 필요와 요구에 직접적으로 전면적으로 이바지할 수 있게 맞추어져 나갔다.

과학은 국가에 따라 기능과 역할을 달리한다고 보았기에 다른 나라에서 들여오려고 하기 보다는 스스로의 힘으로 그것을 이루려고 한다. 거기다 김일성 1인 지배체제가 확립되고 주체가 유일사상으로 격상되면서 과학 관련 연구저서나 논문에까지 최고통치자의 교시나 어록의 내용을 가장 먼저, 그리고 중요하게 언급하고 있다. 또한 주체과학이 체계화를 위해 법적인 근거들도 뒤따랐다.

1977년 김일성이 펴낸 주체사상에 입각한『주체의 기술혁명』이론에 기저를 두고 있고 북한 헌법 제2장 경제 편 제25조와 헌법 제3장 문화 편 제44조[210]에도 두고 있다. 그로부터 주체는 각 분야 영역별로 속속 적용되기 시작 주체과학, 주체공업, 주체의학, 주체

---

209) 윤명수, "조선과학 기술 발전사, 해방 후 편",『김일성 저작 선집』7권(과학백과사전, 종합출판사, 평양, 1994), p.207.

210) 헌법 제2장 경제 편, 제25조는 "국가는 과학기술 사업에서 주체를 철저히 세우고 과학자들과 생산자들의 창조적 협조를 강화하여 나라의 기술발전을 촉진시킨다"라고 명시한 데 근거를 두고, 헌법 제3장 문화 편, 제44조에는 "국가는 과학기술 사업에서 주체를 철저히 세우고 과학자들과 생산자들의 창조적 협조를 강화하여 나라의 기술발전을 촉진시킨다"라고 명시한 데 근거를 두고 있다.

농법 등으로 불러지고 과학의 구체적 분야에까지 주체철강, 주체통신, 주체철도 등 세부적으로 파급돼 나갔다. 이렇게 해서 과학기술도 주체란 이름으로 순탄하게 정착돼 갔다.

주체과학의 추진은 북한의 풍부한 부존자원을 기반 삼아 이용할 수 있어야 한다는 점이 전제조건이었다. 자체연료 및 원료자원을 효과적으로 이용하는 연구 사업을 추진, 북한실정에 맞는 능률적이며 현대적인 기계 설비를 창안하기 위한 기계공학의 연구발전도 폈다. 1978년부터 시작된 7개년계획을 통해 '인민경제의 주체화, 현대화'를 내걸고 추진한 과학기술 발전은 석유가 아닌 석탄을 원료로 이용하는 석탄 화학 산업을 가장 대표적인 산업으로 성장시켰고 정착도 됐다.

(2) 선진과학으로 전환

북한이 주체과학에서 다시 선진과학으로 눈을 돌린 것은 1980년 초부터였다. 왜 주체를 선진으로 전환했는가. 그동안 과학연구 사업에서 주체성을 너무 앞세운 결과 부작용이 속출됐다. 70년대부터 축적돼온 기술낙후가 심화단계까지 온 것이다. 이를 만회하기 위해 2차 7개년계획(1978~1984)기간에 인민경제를 주체화, 현대화, 과학화를 내걸고 국내자원을 적극 개발하면서 새로운 공업부문에 눈을 돌려 자체의 힘으로 경제발전을 다방면화하자는 것이다.

실제로 북한은 그때까지 외국과 교류를 완전 중단했고, 과학자들의 유학이나 해외연수까지도 중단된 상태였다. 그 결과 국내의 인적·물적 자원만으로 추진돼온 중공업의 결과는 어느 한 부문의 건설만으로 경제성장을 기대할 수 없음을 뜻함[211]이니 밖의 세계 과학 쪽으로도 눈을 돌리자는 것이다. 그 대안이 주체를 훼손하지 않는 범위에서의 선진과학이다. 지금까지 주체가 유지되어 온 것은 외부 세계와 차단된 폐쇄사회였기에 가능했다. 그런데 선진과학을 위해 국제사회로 문을 연다는 것은 주체의 붕궤를 의미한다.

그래서 나온 묘책이 주체과학을 유지하는 연장선상에서 자본주의 시장경제 원리와 첨단과학 분야를 육성시킨다는 것이다. 결국 주체과학의 바탕 위에서 '부분개방'을 통한 선진과학을 추진하겠다는 것이다. 그 상징적 조치가 1980년대 중반의 합영법[212] 공포다. 아무튼 처음으로 해외를 향해 '대문빗장'을 살짝 열었다는 데 큰 의미를 가진다.

우선 90년대 들어 GNP 3~4%를 과학기술분야에 투자하여 단기간에 세계적 수준으로 올린다는 목표아래 과학기술발전을 경제성장의 전략과업으로 규정하여 획기적 발전을 추구하고 나섰다.

제3차 7개년계획을 통해 첨단산업부문에 관심을 돌려 과학기술정책의 기술개조와 함께 극소형 전자계산기, 광섬유통신, 생물공학 등 첨단과학기술 분야의 연구를 강화하는 한편 연구기관 및 대학에서 과학영재교육을 강화하여 20~30대 석사·박사 등 양적 인력양성에 주력해 왔다. 이런 정책들의 뒷받침으로 1989년 『과학기술

---

211) 최수영, 『북한의 산업구조 연구』(통일연구원, 연구총서 05-18) 005), pp.27~28

212) 1984년 9월 제정해 나온 합영법은 북한이 서방권과 처음으로 경제 교류의 문을 연, 외국자본과 기술유치의 정책이다. 중국의 "합자 경영기업법"을 모방, 국내기업과의 합작투자를 통한 외자 유치를 시도하게 된 것이다. 당시 소련과 중국과의 경제관계로 이어졌으며, 동시에 일본과의 교역 확대도 시도하게 된다. 일본과는 조총련을 통하여 활동하는 등 노력해 보았지만 대체로 1980년대 초반 북한의 대외관계는 극히 저조했다. 북한은 1970년대의 서방권과 교역확대 무산, 전통적인 교역국인 소련, 중국 등과의 경제 관계의 부진, 일본과의 교역 시도의 미진 등으로 어려운 대외 경제의 돌파구를 찾아야 했다. 이에 북한은 1980년 중반부터 기업의 운용 방식을 개편하는 한편 무역 및 외환에 대해서도 중앙 집중적인 통제를 다소 완화하게 된다.

법』을 제정하였다.[213)]

결과에서 성과는 부진하였지만, 일단 기반을 다지는 시기가 되었다. 그 후 과학기술부문의 중장기 계획인 '2000년 과학기술발전 전망목표'를 제시하였다. 이 역시 첨단과학 기술을 발전시키는 전기였다. 수학 등 기초과학 발전 토대 구축, 컴퓨터, 원자력 이용기술 등 첨단과학 기술발전 도모, 금속ㆍ전자ㆍ기계공업ㆍ경공업ㆍ농업 등 산업 전 부문의 과학기술 발전 2000년까지 연간 국민소득의 5%를 과학기술분야에 투자하고 박사ㆍ준 박사 등 200만 명의 기술자ㆍ전문가양성 현장연구소의 현대화 및 연구 환경개선 등이었다.

이때부터 조금씩 과학기술의 세계적 추세인 영재교육, 대외교류, 과학기술자 우대 등이 추진되기 시작했다.[214)] 이 같은 추진은 큰 성과를 얻지는 못했으나 일단 주체과학에서 서방세계의 첨단과학 쪽으로 눈을 돌렸다는 데 큰 의미를 갖는다.

(3) 군수(軍需)과학

북한은 민수산업을 관리하는 당 산하의 제1경제위원회와 군수산업을 주관하는 국방위원회 산하의 제2경제위로 뚜렷하게 구분돼 있다. 제2경제 부문은 제2경제위원회, 자연과학원, 그리고 각급 군수공장과 군수부품공장 등을 포괄하고, 인력은 50~60만 명으로 추정된다.[215)] 제2경제위원회가 나온 시기는 1970년대 정무원의 여

---

213) 김철환, "주체과학 탈피, 첨단과학 추구", 『통일한국』(평화문제연구소, 1993년 4월 통권, 제112호), p.20.

214) 홍승원, "북한통신정책 변화추이와 인력정책",『북한과학기술연구』(서울: 한국 과학기술정보연구원, 2009), p.79.

215) 황장엽 씨 등 고위탈북자 또는 이 분야 종사탈북자, 그리고 내부연구자료 참조.

러 부서에 분산돼 있던 군수생산 관련 부서들을 통합한 부서로서 산하에 군수공장을 두고 군사장비의 개발과 수출입 업무까지 관장하고 있다. 제2경제위원회에 대한 관리는 당 전문부서인 군수공업부다. 여기서 독자적인 계획기구에 의해 생상과 소비 수요와 공급 등 전체계획을 결정하여 자체적으로 군수산업의 생상활동을 펴 나간다.216) 이렇게 정－군－산업구조가 한 틀 속에 있는 데서는 모든 산업이 군사부문과 직결된다고 본다.

<표 11> 군사 · 경제 조직과 구성

구분		주요조직/기구	경제단위	전체인력	기본기능
군사 경제	제2 경제	제2경제위원회 제2자연과학원/ 특수연구소	－ 군수공장 및 군부품직장 총 　300~500개 － 산하 무역회사	약 50~60만 명	무기/장비 연구개발, 생산
	군 경제	인민무력부 산하부대/기관	－ 자체 군수공장 70여 개 － 무역기업 및 산하 공장기업소 　/농목장 약 100개 － 부대 자체 부업경영＋산하공 　장/농목장/어장 다수	약 150만 명	군수품 생산/운 용군 운용 유지

최근 자료에 나온 군수 산업의 현황을 보면 100여 개의 무기장비 생산기업과 연구기관을 보유하고 있고 그중 40여 개는 경무기 생산 창, 10여 개는 미사일 연구기관, 장갑차량 생산 창 10여 개, 함정제조창 10개, 그리고 50여 개의 탄약 창고와 6개의 핵 연구센터를 가지고 있으며 대부분이 군수공장의 메카인 자강도 희천 지역에 위치하고 있다.217) 군사과학 공장에서 나오는 생산품들은 미

---

216) 홍승원, 위의 책, 『새로 편 북한 체제론』, p.121.
217) 김용남, "북한 군사과학 기술공업 개람", 『국방과 과학』, 2006-8.

사일을 비롯해 전차, 장갑차, 로켓, 소형함정 등 각종 경무기 및 탄약이다. 이런 생상 규모만 놓고 보아도 일반과학과 군수과학 간의 불균형을 짐작할 수 있다.

이렇게 생산된 군수품 중 특히 무기류는 외화 부족에 허덕이는 북한의 유일한 외화벌이 수단이 되고 있다. 국민일보(2009. 12. 14)의 미국 의회 조사국 발표에 따르면 북한은 2000년부터 2007년까지 10억 달러의 무기를 수출한 것으로 집계됐다. 2000년에서 2003년 까지도 연 2억 달러의 무기를 수출했다. 그러다가 2008년에는 다시 1억 달러수준을 회복했다. 그렇다면 북한이 어떻게 방대한 국방과학을 운용할 수 있었을까. 그 실태와 운용이 가능했던 것은 전시를 대비, 지역별로 2중, 3중의 중복투자와 자급체제를 지향한 결과 전체 300개 전후로 추정되는 군수공장들이 8개의 중소형 군수산업지대가 후방 산악지역에 벨트형으로 중점 배치돼 있고 엄청난 과잉고용과 낮은 가동률 상태를 유지하고 있다.[218]

특히 중점 배치된 곳은 평안도, 평양, 자강도 등 중서부 이북 지역에 전체의 2/3가 있다.

군수과학이 이토록 강대해 질수 있었던 비결은 첫째, 인민의 소비를 억제하면서 끊임없는 쇠뇌와 억압을 가했고, 둘째, 자원배분에서 군에 대한 우대책, 셋째, 계획체제의 특성상 자원을 동원 통제할 수 있었고, 넷째, 군사 전략적 자원에 대한 인위적 낮은 가격, 다섯째, 소련제 무기의 기술적 특성에 따른 획득 및 운영유지비 및 저렴성 등을 꼽는다.

---

218) 성채기, 위의 논문, p.3.

3) 북한 과학행정 체계

북한의 과학기술정책은 당중앙위원회의 과학교육부가 중심이 되어 마련한 기본 정책방향을 노동당대회에서 결정되면, 내각의 국가계획위원회에서 경제정책과 합치되도록 성안되어 과학원 및 각급 연구기관과 각 성에 시달된다.

과학원 및 각급 연구기관은 하달된 기본 정책을 바탕으로 구체적인 연구개발 목표를 각 부문별로 수립하여 연구소, 대학, 고등전문학교 등에 하달한다. 그리고 연구 과제를 설정하여 각 직할 연구소에서 자체 연구를 추진하게 하는 동시에 타부서에 속하는 연구기관의 연구에 대하여 협의·조정한다.

한편 각 성은 해당분야의 구체적인 연구개발 목표를 수립, 공장 및 농장에 시달하여 각각 연구를 수행하도록 하고 있다.

따라서 북한의 과학기술정책은 정책수립 체계나 계획, 통제방식이 지나치게 당에 의존적이고 자율성이 배제되고 있으며, 정책 내용도 국가 경제목표 지향적이기 때문에 기초과학 연구보다는 기술개발에 치중되는 특징을 나타내고 있다.

그 후 1998년 헌법 개정을 통해 경제부처들이 세분화되면서, 가변적 운영체제로 바뀌면서 과학 관련 기구와 인력도 구조조정을 펴게 됐다.

실질적인 정부이자 공공행정의 총 본산인 정무원이 내각으로 개편되면서, 과거 단순한 행정집행기관에서 전반적 국가 관리기관으로 위상을 높였다.[219] 조직운영도 융통성과 융합(融合), 그리고 권한의 폭을 넓인 수평적 분할통치(分割統治)로 바꿨다.[220] 이렇듯 내각이 바뀌면서 과학기술 조직 인력도 여기에 발을 맞춰 변화를 가져왔다.

우선 1998년 과학의 중추기능인 과학원 조직부터 단행했다.

기존의 국가과학원에서 다시 과학원으로 개칭, 조직과 산하 연구소들도 크게 개편했다. 최근 몇 년간 북한 과학원은 이전에 세분화된 지도체제와 연구소들을 통합 간소화하고 경제의 병목인 에너지와 식량 및 소수의 첨단기술 분야를 강화하는 과학기술 분야의 구조조정을 편 것이다.[221]

연구기관 운영 메커니즘도 크게 개선, 응용 연구기관의 독립채산제 전환도 이뤄지고 있다. 자체수입이 많은 응용연구기관들을 자력 운영 체제로 개편, 국가재정 투입을 감축하고 생산촉진 효과를 얻기 위함이다. 이 같은 변화들은 과학정책도 사상적 구속으로부터 다소 벗어나 자율적인 영역으로 간주하는 경향이 생겨났다는 것을 의미한다.

---

219) 북한헌법 제117조에 내각은 '최고주권'의 '행정적 집행기관'이며 '전반적 국가 관리기관'이라고 규정하고, 제120조는 내각 총리는 내각 사업을 조직하며 '정부를 대표한다'고 되어 있다. 이런 조치는 과거의 정무원처럼 단순한 행정집행기관에서 내각은 전반적 국가관리 기능으로 확대하고, 내각구성은 최고 수반인 총리를 비록 부총리, 위원장 상(相)으로 하고 행정기관의 기본단위는 기존의 부(部)를 성(省)으로 개칭했다. 위 내용은 홍승원, 『새로 편 북한체재론』(한국학술정보, 2007), pp.154~156을 인용함.

220) 내각은 국가관리 기구를 개설하기 위한 대책을 세우며 질서를 세우기 위한 검열 통제 사업을 한다는 새로운 권한도 부여 받아(헌법 제119조) 권한이 확대되었다. 이렇게 내각의 위상이 달라진 것은 "내각 총리는 내각사업을 조직하며 정부를 대표한다"(헌법 제120조)는 조항이 신설되어 예전의 정무원 기능보다 권한이 커지면서 그 위상도 높아졌다. 홍승원, 앞의 책, 『새로 편 북한체제론』(한국학술진흥, 2007), p.156.

221) 이춘근, "북한 과학기술 체제 개혁과 시사점"(인터넷 과학신문 사이언스 타임스, 2004. 10. 14)

4) 과학원

북한의 과학기술 전문 연구기관은 과학원을 비롯하여, 농업과학
원, 의학과학원, 제2자연과학원, 원자력연구단지, 각 대학 연구소
등과 각 성 산하 연구소 등이 있다. 이들 연구소는 연구실과 실험
실 및 중간 실험공장 등을 가지고 있다. 2000년 현재 북한의 과학
기술 연구기관 수는 약 300여 개로 추산되며 확인된 것은 200여
개에 이른다.

이 중 과학원은 '먹을거리'에서 중화학 분야까지 모든 연구기관
을 총괄하는 북한 최고의 과학 연구기관이다. 각 분야별로 산재해
있던 연구기관들을 1998년 과학원 산하로 통합 · 조정하였다.

과학원은 북한 최고의 과학연구기관으로 과학기술 능력제고와 과
학인재 양성을 담당하는 내각 산하의 국가기관으로 평양시 은정구
역에 위치하고 있다. 1982년 4월 과학원을 정무원의 행정부서로 격
상시켰다가 1994년 2월에는 국가과학원으로 개칭, 각 부 · 위원회
산하 연구기관들을 통합하면서 기구를 확대하였다. 1998년 9월 내
각 개편 때 다시 과학원으로 개칭하면서 일부 조직을 분리하였다.

국가의 기술정책에 의거하여 산하 연구기관에 대한 연구방향을
제시하고 외국과의 과학연구 교류업무를 수행하고 있으며, '2 · 17
과학자 · 기술자 돌격대'를 조직하여 공장 · 기업소 등 생산현장 기
술지도업무도 담당하고 있다.

중앙 기술행정기관에서 수립한 정책과 세부지침, 시행요령 등은
각 성마다 시 · 도의 기술감독처에 하달된다. 이러한 방침은 직접적
으로 지방 공장 · 기업소의 기술부에 전달된다.

과학원 및 각급 연구기관은 당에서 하달된 기본정책을 바탕으로 구체적인 연구개발목표를 각 부문별로 수립하여 각급 연구기관에 하달하고 구체적인 연구 과제를 설정, 제시한다. 1982년에는 정무원 산하의 행정부처로 승격, 산하연구기관들의 활동을 통제했다.

이어 1994년에는 과학원을 국가과학원으로 명칭을 변경하고 자연과학부문의 모든 연구기관들을 모두 국가과학원에 소속되거나 국가과학원과 성, 위원회의 기존 상위기관에 2중으로 종속되게 했다. 그 후 1998년 다시 명칭이 과학원으로 바뀌었다.

현재 과학원은 농업과학연구원, 의학과학연구원, 고려의학연구원(고려의학종합병원)의 3개 연구원과 함흥분원, 전자자동화과학분원, 생물분원, 세포 및 유전자공학분원, 건설건재분원, 경공업분원 등 10개의 분원, 물리학연구소, 수학연구소, 전자공학연구소, 기계공학연구소, 열공학연구소, 공업미생물학연구소 등 직속 연구소를 포함, 2000년 현재 전국 과학기술연구소는 220여 개에 이른다. 여기서 종사하는 연구 인력은 400여 명의 박사와 3천여 명의 학사(석사), 50여 명의 원사, 후보 원사를 비롯해 유능한 연구 인력들로 구성돼 있다.[222]

과학원산하의 연구기관들 중 주체과학의 산실로 꼽는 함흥분원과 핵 연구의 메카라 할 수 있는 원자력 연구소 등 중요 연구기관을 소개하면 다음 표와 같다.

---

222) 연합뉴스, 앞의 책, 『북한용어소사전』, p.57.

<表 12> 과학원 산하연구기관 기구표

```
                          ┌──────────┐
                          │  과학원장  │
                          └────┬─────┘
      ┌──────────────┐         │         ┌──────────┐
      │  기술·행벙부서  │─────────┼─────────│  부위원장  │
      └──────────────┘         │         └──────────┘
      ┌──────────────┐         │
      │ 1실21국21위원회 │         │
      └──────────────┘         │
   ┌──────────────┬────────────┼──────────────┬────┬────┬────┐
┌──────────┐ ┌──────────┐ ┌──────────┐
│ 직할연구소  │ │ 분야별 연구원│ │  지방분원  │
│ (은정분원) │ │ (7개소)   │ │ (1개소)   │
└──────────┘ └──────────┘ └──────────┘
```

직할연구소 (은정분원)		분야별 연구원 (7개소)							지방분원 (1개소)			
규산염연구소	자동화연구소	건설경재분원	생물분원	세포및유전자분원	석탄분원	경공업분원	철도분원	수산산분원	함흥분원	천문대	종합공장	중앙과학기술통보
용접연구소	공업미생물연구소											
채굴공학연구소	목재화학연구소											
자공학연구소	기계공학연구소											
전기연구소	열공학연구소											
반도체연구소	전자공학연구소											
중앙광업연구소	화학섬유연구소											
노동안전공학연구소	연료연구소											
지질학연구소	유색금속연구소 과학원장											
수리공학연구소	흑생금속연구소											
수학연구소	순금속연구소											
물리연구소	원격조사및지리											
전자재료연구소	정보체계연구소											
컴퓨터과학연구소	지리학연구소등											
성광공학연구소												

① 과학원 함흥분원(分院)

과학원의 유일한 지방분원인 함흥분원은 주체과학이 탄생한 유명한 곳이다.

물론 이 분원은 지금도 북한 미사일 핵과 관련해 세계적 주목을 받고도 있다. 이 분원은 함북 화대군 무수단리 외진 농촌마을에 있는데, 무수단리는 사실상 행정구역에서 벗어난 '독립왕국'으로 과학원 함흥분원에 소속돼 있는 특이한 행정체제를 갖춘 곳이다.

그만큼 함흥분원은 단순히 과학원 예하 분원이 아니라 국방의 중추신경으로 북핵 문제와 관련해 세계적 이목을 받는 연구기관이다.

이곳은 1968년에 창립된 과학원 산하 분원으로 시약, 촉매제, 접착제 등 화학공업, 제품제조 전문연구기관으로 1,000여 건의 국내 국제 발명권을 획득해가며 자리를 잡아 왔다.

특히 석탄 화학계열의 비날론 인견섬유를 세계적 수준으로 끌어올린 북한 과학계의 신화를 만든 곳으로도 유명하다.

최근엔 '대포동 미사일 1호'에서 '백두산 2호'까지 함흥분원에서 발사됐다.

이 분원이 오늘날 유명하게 된 것은 비날론 계의 1인자인 고 리승기[223] 박사가 해방직후 월북해 분원의 책임을 맡아 '비날론 신화'를 만들고 부터였다. PVC로 합성섬유 1호를 개발하여 석회석과 무연탄, 전기를 이용해 만든 카바이드를 기본원료로 만든 비날론이 주체섬유로 불려지면서 주체의 용어를 정당화시켰다.

비날론계의 또 한 사람의 권위자인 전 화학부장도 이곳 분원장 출신의 화학 분야의 학자다.[224]

② 원자력 연구소

영변에 있는 원자력 연구소는 1952년 12월 과학원 창설과 함께 부속 연구기관으로 발족했다. 초기에는 방사성 동위원소의 공업,

---

223) 이승기 박사는 누구인가. 북한 우표 모델로 나오는 세계적인 비날론 학자로 북한에선 과학의 영웅으로 칭송되고 있다. 일본 경도대 화성섬유학박사로, 1949년 남한의 서울대 공과대학장으로 있다가 월북해 초대 과학원 함흥분원장으로, 비날론 개발로 북한 과학기술의 위상을 높여, 오늘날 주체과학을 정당화시킨 장본인이다. 그는 월북 전에도 '과학의 힘은 기초과학이다'란 지론을 펴면서 남한에서도 합성섬유의 개발에 노력하다가 월북 후 함흥 카이트 생산 공장을 중심으로 무연탄 석회석을 합성섬유 원료로 비날론 생산 체계를 확립했다.

224) 『세계일보』, 1992. 3. 12.

농업, 의학 분야 이용에 관한 연구를 주로 했다.

그러다가 1964년 4월에 영변 원자력 연구 단지를 조성, 1965년 6월에 구소련으로부터 연구용 원자로 1기를 도입, 5Mw 시험용 원자력연구소를 설립, 핵 반응로를 건설·설치하였다. 이때 초대 원자력 연구소장으로 비날론 계의 권위자인 월북 과학자인 이승기 박사가 관여했다. 그리고 1969년부터 '국책사업'으로 핵무기 개발에 본격 손을 댄 것으로 알려졌다. 1986년 12월에는 5MW급 시험용 원자력발전소가 완공되었다. 그리고 영변 핵 시설에 사용한 연료봉을 써서 플루토늄을 추출하는 실험실 건설에 착수하였으나, 1994년 '제네바협약'으로 일시 중단되었다.

북한의 핵 개발을 정리하면, 첫째 요인은 북한에 핵무기 제조의 필수 원료인 매장량이 400만 톤 규모인 세계적인 우라늄 매장량과 흑연도 풍부하다는 점을 꼽을 수 있다. 이들 자원을 1947년 소련의 도움으로 우라늄 채취 작업을 전개했다. 거기다 한국전 정전 후 미국이 한반도에 전술 핵 무기를 배치하면서 자극을 받았다. 따라서 1954년 인민군을 개편, 핵 무기부대를 따로 설치했다.

핵과 관련된 대학으로는 1980년 영변에 세운 '물리대학'이 있다. 영변지역의 대단위 연구단지를 활용한 실무교육을 전담하는 핵 중심 대학이다. 핵 재료, 원자로 등 3개 학부에 10개 학과를 거느리고 있다.

원자력 관련 연구소의 조직은 크게 2개의 위원회와 1개의 연구원, 1개의 연구단지로 구성되어 있고, 나남과 원산, 박천에 분소를 두고 있다.

북한이 국제원자력기구(IAEA)사찰을 받던 1990년 초에 가동 중인 주요 시설은 16개였다. 최근에도 200여 명의 과학자를 소련 드브나 핵 연구소에 파견, 귀국 후엔 김책대학 원자물리학의 기초를 닦고 있다.

현재 영변 연구단지에는 핵 개발 능력에 대해 여러 논의가 나오고 있으나,[225] 농축 우라늄이 상당량에 이른 것으로 확인됐다. 또 2010년 11월 미국 스탠퍼드대 국제안보협력센터의 헤커 소장에게 영변의 핵 처리시설에서 수백 개의 원심분리기를 보여준 것으로 보고되었다.

이 연구소는 시설 관리도 엄격해 군 직속기구의 부대가 영변원자력 발전소에 대한 경비 및 관리운영을 전담하는데 바로 131지도국이다. 일명 '원자력 부대'라고도 불리는 이 131부대는 일반부대나 사회단체들과 엄격히 차단되어 있다.

---

225) 황인표, "무력을 양적으로만 보면 거대한 군사국가"(『통일신문』, '북한바로알기' 시리즈, 2011. 1. 10)

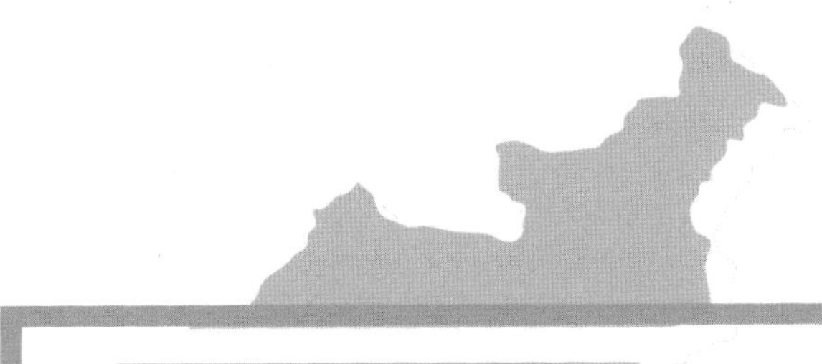

제 V 장

주요산업 부문별

1. 농업

1) 농업운영체계

북한의 모든 소유물은 인민적 소유거나 협동적 소유에 속한다. 바로 북한에서 협동적 소유의 전형이 농업부문의 협동농장이다. 그래서 생산수단의 사회적 소유형태를 기초로 하는 북한에서 정부의 농업성(農業省)은 가장 핵심 부처로 꼽는다. 이 부처의 시초는 1962년 청산리 농장시범을 토대로 한 군 협동농장 경영위원회를 농촌경리의 말단 단위로 하여 이를 도 농촌경리위원회와 중앙의 농업위원회와 일원적으로 연결시키면서 나온 부처다.

1998년 내각개편에서 농업성은 국영 농·목장과 협동 농장부문까지 확대해 관장하고 있다.

주로 농업부문을 종합적으로 지휘감독하며 농업에 대한 투자 우선순위 결정, 농장에서 올라오는 연간 생산계획에 대한 조정 관리, 그 밖에 농업부문에 대한 정부지원의 조정 업무 등을 총괄하고 있다.

도 농촌경리위원회는 군 협동농장경영위원회와 국영 농·목장을 직접 지도, 감독하며 농업생산계획을 세우고 집행을 감독하며 농업생산에 대한 기술적 지도를 수행한다. 북한은 군 협동농장경영위원회를 기업적 방법으로 지도 관리하는 전문농업기관으로 규정하고 지금까지 이를 중심으로 농업생산계획화 및 기술적 지도는 물론 농업생산의 '다각화, 전문화, 지역화'를 펴고 있다.

군 협동농장경영위원회에 나타난 '농촌경리'의 특징은 다음과 같다. 첫째, 군을 기업적·종합적 관리의 단위로 취급, 군내 협동농장들의 생산 활동과 관련 기업소의 재정활동 등 모든 기업 활동을 총괄적·집체적으로 지도하고 있다.

둘째, '협동경리'에 대한 국가적 지도협조 강화를 꼽는다. 이는 군내의 농기계 작업소, 농기계 수리공장, 수의방역소 등 국가단위의 기업소들을 종합적으로 관리함으로써 군 협동경리 전반에서 생산의 조직성을 제고시키고 군을 단위로 하여 최근엔 독립채산제를 실시하는 추세다.

협동농장이나 국영농장·목장에서 생산조직의 기본 형태가 작업반이다. 이 작업반은 일정한 경지, 노동력 및 농기구를 할당받아, 부과된 연간 생산목표를 수행 후 전체 목표량의 10%를 작업반에서 분배하고 나머지는 협동농장에 귀속시키는 방법이다. 작업반은 또한 몇 개의 분조단위로 이루어지고 있다. 작업반은 생산규모와 지역적 조건에 따라 농산작업반, 축산작업반 및 농기구수리반 등으로 분류된다.

북한은 그동안 농업에 대한 제도적 변화를 추진해 왔다. 그 중 하나가 협동농장을 전 인민적 소유(국유)형태로 바꾼 것이고, 다른 하나는 분조관리제(分組管理制)[226]에 대한 새로운 조치이다.

이런 개편은 농업관리체계를 간소화시키고 생산계획 및 관리에 자율성을 일부 부여하여 경영의 효율성을 높이기 위함이다. 특히 관심을 끄는 분조 관리제는 7~8명 규모로 일종의 가족단위의 영농제인 '포천 담당제'로 2005년 7·1경제조치 이후부터 확산돼 가는 제도다.

분조관리제 개선의 주요 내용을 보면 분조 규모의 축소로 물질보상 초과분 자유처분권 인정, 사경지(私耕地)의 허용면적을 과거 30평에서 400평까지 허용하고 작목(作木)도 벼를 제외한 여타 작목은 작목선택권을 부여함으로써 약초, 과일, 인삼 등 특수작물 재배까지 허용하고 있다.

국가에 제공하는 수확량을 과거 70~80%에서 50%로 하향 조정해 납부(물값, 전기료는 제외)토록 했고 나머지는 협동단위로 자율처분하는 상거래허용 등이다. 분조의 규모를 10~25명에서 7, 8명 선으로 대폭 축소하여 세분화하고 작업반 단위로 적용하던 '우대제'도 분조에서 직접 적용한다. 이는 책임 소재를 분명히 하기 위해 지배인 선출권 전문경영인 배치를 통해 통제와 독려를 가능케 하고, 물질적 욕구를 보다 직접적으로 제공하는 경영에서의 인센티브 제도를 극대화하려는 의도다.

---

226) 분조관리제는 1995년 대홍수를 겪고 식량을 증산시키기 위해 생산농장에서 생산실적에 따라 확정 지불하는 일종의 노동 지불제도이다. 이 제도가 2005년 7·1경제조치 이후 새로운 형태로 개선되었다. 첫째 일종의 가족영농제로 분조를 5~8명으로 축소 운영했고, 둘째 생산목표를 하향 조정해주면서, 셋째 농업생산물의 초과분은 분조원이 할당해 자유 처분하는 권한까지 주고 있다.

2) 농업생산정책과 실태

북한 농업은 몇 가지 구조적 특징을 가지고 있다. 우선 거의 산악지역으로 12.3백만ha에 이르는 국토면적의 80% 이상이 농업생산에 부적당한 산림지고, 고작 농경지로 적합한 면적은 15%정도인 200만ha에 불과하다(1인당 0.1ha 미만). 기후조건 또한 농업생산이 불리하다. 연중 3개월 이상이 영하의 날씨이며 강우량의 불규칙으로 파종기에는 한발과 가뭄피해가 오기 쉽고 수확기에는 홍수피해를 받기가 쉽다.

주요 재배작물은 벼, 옥수수, 콩, 감자 등이 주를 이루며 이중 쌀, 옥수수가 전체생산량의 80% 이상을 차지하고 있다. 농업용지 중 약 60만ha는 벼 생산에 이용되고 있으며 65만ha는 옥수수 생산에 이용되고 있다.

물론 초기에 식량의 자급자족은 성과가 있었다. 벼농사와 옥수수 농사에 치중되어 왔고, 이를 위하여 북한의 농업근대화는 수리시설, 비료, 농약, 제초제 등과 같은 농업자재의 공급, 그리고 영농기계화를 이뤘다.

이와 같은 농업정책은 1980년대까지는 그런대로 성공적이었다.

그러나 식량난은 1970년대 도입했던 주체농법이라는 획일적인 농업정책의 실패, 사회주의 협동농장 방식의 집단영농제로 인한 농업생산력 침체, 농업기반시설 및 영농자재의 부족 등 복합적 요인들이 1980년대부터 징후가 나타나더니 1990년대 들어와서는 한계를 맞게 됐다.

거기다 북한의 전통적인 교역대상 국가들 사이의 무역과 물물교환 감소로 북한의 외화가득 능력마저 줄어들었다.

계속 원자재 난, 토질저하, 농기계의 노후화 등으로 식량 생산량은 지속적으로 떨어졌고, 생산량 보충으로 산을 개간해 조성한 이른바 '다락밭'은 홍수 등 자연재해를 불러와 더욱 식량 생산량을 감소시켰다.

특히 이 중에도 북한 농업실패의 '주범'은 주체농법인데, 1990년대 사회주의권 몰락 와중에 까지도 주체농법만을 고집했다. 그 결과에 대해, 인터넷 대북 '자유북한방송'은 90년대 중반 300만 명 아사한 것도 북한 발표대로 자연재해 때문이 아니라 경직된 '주체농법'을 고수한 것이 실패의 근본 원인이며 오늘까지도 만성적인 식량위기는 주민들의 생계를 최악의 상황으로 몰아가고 있다고 밝히고 있다.

따라서 주체농법의 재해석이 나왔다. 결국 그렇게도 '금지옥엽'처럼 여기던 주체농법의 수정이 눈길을 끌게 된 것이다.[227] 종자혁명, 감자농사혁명, 두벌농사 방침, 농업의 정보화, 과학화 등 실용주의에 입각한 농업증산 정책과 토지정비사업과 관개체계 개편은 농업기반조성 사업을 적극 추진하고 있다. 그리고 지역적 기후, 토양, 농지 위치와 관계없이 옥수수 밀식 재배를 수직적 교시의 지시방식에서 탈피, 감자, 밀, 보리, 콩 등 재배작물을 다변화 하는 농민에게 작물 선택권을 주었다.

1990년대 들어와서도 소련을 비롯한 사회주의 국가들의 지원 및 우호무역의 감소, 경제난으로 인한 농업원자재 생산의 급락, 연속

---

227) 주체농법이란 '농민들의 의사와 실정에 맞게 농사짓는 과학농법'이라고 재해석(1999년 농촌테제 발표 35돌, 기념 중앙보고대회).

적인 자연재해 등으로 식량 생산량도 400만 톤 이하로 급락하면서 매년 100만 톤 이상의 식량이 부족한 것으로 나타났다.[228]

기근이 가장 심각하게 진행된 것으로 알려진 1995~1997년간 식량생산량은 평균 354만 톤에 불과해 감량배급 기준으로 식량 부족량이 평균 164만 톤에 이를 정도였던 것이다.

2000년대 들어와서는 남한 측의 지속적인 비료지원과 국제사회의 농업지원 등에 힘입어 2001년을 제외하고 매년 400만 톤 이상의 생산수준을 다시 회복하고 있지만, 2000~2008년간 식량 부족량은 여전히 연평균 123만 톤을 나타내고 있다. 그럼에도 북한에서 1990년대 중반과 같은 기근 현상이 나타나지 않은 데는 이유가 있다. 연평균 100만 톤 이상의 부족량에도 불구하고 그대로 넘어가는 것은 식량지원, 개인경작지 증대, 식량의 시장거래 등 때문이고 특히 북중 국경을 통해 상당한 정도로 거래되는 식량 밀무역과 전국적 규모로 발달된 장마당이 원인이다.

〈표 13〉 연도별 식량 작물 생산량

(단위: 만 톤, 정곡기준)

구분	2000	2001	2002	2003	2004	2005	2006	2007	2008
총생산량 (쌀)	359 (142)	395 (168)	413 (173)	425 (172)	431 (180)	454 (202)	448 (189)	401 (153)	431 (186)

식량난은 최근에도 마찬가지란 자료가 2011년 새해 벽두부터 속속 나오고 있다.[229] "국가가 10년 넘게 식량배급을 하지 않은데다

---

228) 양운철, 「북한식량난과 한국의 대북지원 북한의 식량위기 실상과 해법」, 세종연구소, 2010년 11월 25일, p.5.

화폐개혁으로 장사밑천까지 잃은 주민들이 이제는 최상의 가보로 여기던 김일성의 선물도 돈이 된다면 서슴없이 팔고 있다"고 설명했다.

이는 "동유럽 사회주의나라들이 몰락하면서 시장에 훈장, 레닌과 스탈린의 초상도 마구 팔리는 것을 뉴스를 통해 봤다"며 "지금(북한)시장에서 김일성의 초상화는 물론 '김일성 명함시계'와 선물용 가전제품까지도 팔리고 있는데 당국의 통제에도 불구하고 매매는 계속되고 있다"고 전했다.

최근 소식에 의하면 지난 1월 7일, 평양에서는 쌀이 kg당 2,100원에 거래됐다[230]고 하며 지난 연말까지만 해도 1,600원에서 거래되던 것이 해를 넘기자마자 2,000원대로 껑충 뛰어오른 것이다. 1월 중순까지 2,000원대를 오르락내리락하던 쌀값은 최근 상순 배급이 풀리면서 1,500원대로 떨어졌다. 각 기관 및 단위들에서도 뒤늦게 명절 공급을 마련하면서 식량가격 하락에 영향을 미쳤다. 그러나 배급이 풀리지 않는 다른 지역들에서 곡물가격은 여전히 고공행진 중이다. 지난 1월 1일, 새해 곡물 값 폭등에 대해, 중앙당의 몇몇 간부들은 외부에서 곡물 수입이 늦어지고 있고, 미국 달러화와 중국 위안화의 가치가 뛰고 있기 때문으로 분석했다.[231]

---

229) 『뉴 시스』, 2011. 01. 04. 북한 주민들이 식량 문제 해결을 위해 김일성에게서 받은 각종 선물들도 시장에 내놓고 있다고 대북 인터넷 라디오 방송인 '자유북한방송'이 4일 전했다. 이 방송은 함경북도 청진시의 통신원을 인용, "주민들이 식량해결을 위해 최근 시장에서 김일성에게 받은 각종 선물과 이름이 새겨진 시계도 암암리에 매매하고 있다"고 보도했다. 또 "김일성의 이름이 새겨진 선물시계는 시장에서 70~150달러에 거래되고 있다"며 이 같은 현상은 "전국 어느 시장에 가도 흔히 볼 수 있다"고 말했다.

230) 대북 인터넷 라디오 방송인 '자유북한방송'은 "김일성이 살아있던 1990년대까지만 해도 이 같은 일은 상상할 수도 없었다"며 2011. 01. 19일 [386호] 전국 식량 값 연일 폭등세 제하의 기사.

231) "전국식료품값 연일폭등세"(오늘의 북한, 좋은 벗들 제383호 2010년 12월 29일자)

〈표 14〉 최근 평양 곡물 가격표

(단위: 북한 원/kg)

시기	쌀	옥수수
2010. 12. 20	1,600	650
2010. 1. 7	2,100	950
2011. 1. 17	1,500	600

이런 가운데도 북한 식량 배급에도 차질을 빚는 요인들이 있다. 바로 식량 분배시스템의 불균형이다. 지역별·계층별 식량 공급 격차가 점차 확대되고 있어 함경도 등 북부지역과 노약자, 부녀자 등 한계계층의 식량사정은 더욱 어려운 실정이다.

참고로 최근 통계청에서 나온 남북한 농수산물 대비 통계를 보면 2009년 남한의 식량작물 생산량은 555만 3천t으로 북한의 410만 8천t보다 1.4배 많았고 쌀은 남한이 491만 6천t, 북한이 191만으로 2.6배, 수산물은 318만 2천t과 66만 3천t으로 4.8배의 격차를 낸 것으로 나왔다.

2. 에너지

북한의 가장 중요한 에너지로 대종을 이루는 전력과 석탄 에너지의 현 실태는 어떤가.

아무리 자급자족의 주체경제를 외치는 북한에서도 수입이 불가피한 품목이 석유자원이다. 현대경제의 필수품인 석유자원이 전혀 없기 때문에 대체 자원으로 전기 석탄의 의존도가 높을 수밖에 없다.

아무튼 북한의 에너지 부족문제는 식량난과 더불어 북한경제 회복의 최대 관건으로 꼽히고 있다. 에너지 공급이 수요량의 절반도 안 됨으로써 북한이 1980년대 수준의 산업생산력을 회복하는데 애로가 있다. 북한의 심각한 에너지 부족은 생산량의 지속적인 감소가 가장 중요한 원인이다.

1) 원유실태

1998년 내각 개편 때 신설한 채취공업성, 이 부서는 원유개발에 나서 산유국으로 부상하기 위해서 새로 생겼다.

북한은 1980년대에 들어 본격적으로 원유매장 탐사에 나섰고 1986년엔 소련과 대륙붕 경제조약을 맺었고 캐나다, 호주, 스웨덴에서도 투자가 들어와 서해 7개, 동해 2개의 시추공을 뚫었으나 별로 성과가 없었다.

1997년 현대그룹 정주영 명예회장이 '평양이 기름더미 위에 오를 것이다'란 발표 후에 나온 현대의 시베리아 - 평양 - 서울을 잇는 시베리아 원유개발 프로젝트로 다시 활기를 띠기 시작했으나 그 후 진척상황은 미지수다.

북한은 가정 난방용 및 취사용 목적의 원유사용량은 아주 비중이 낮다. 따라서 1990년 최대치를 기록한 250만 톤 대의 원유도입량은 북한이 1980년대의 경제수준을 유지하는 데 필요한 최소한의 원유 량으로 추측해 볼 수 있는데, 현재 원유 도입량이 과거의 20% 수준에 머물렀다면 북한경제에 어떤 영향을 미쳤는지 짐작이 간다.

북한의 원유 도입량이 이렇게 급감하게 된 데에는 1990년을 전후한 사회주의 경제권의 붕괴가 결정적 영향을 미쳤다.

이전까지 북한은 원유의 80% 이상을 소련으로부터 사회주의 우호무역 방식을 통해 국제시세보다 아주 낮은 가격에 구상무역 형태로 도입하였다. 그러나 소련 붕괴 이후 원유 도입 결제 방식이 국제시장 가격에 의한 경화결제 방식으로 바뀜으로써 원유도입량이 대폭 감소될 수밖에 없었다.

결국 1990년대 이후 최근까지 원유 도입의 대부분을 중국에 의존하고 있는데, 중국 역시 1992년부터 국제시장가격에 의한 경화결제 방식을 북한에 요구하고 있는 실정이다. 중국으로부터도 도입량이 현저히 감소되어 1990년에 연간 252만 톤에 달하던 원유도입량이 지금은 50여만 톤에 불과한 실정이다. 그런데 최근 북한의 '생명줄'로, 여겨온 연간 50만t의 원유마저 중국의 단둥(丹東)과 신의주로 연결된 석유 공급 송유관마저 중단되면서 중단위기에 놓였다고 한다.[232]

이러한 원유 도입량과 석탄 생산량의 급격한 감소는 당연히 심각한 전력난으로 연결되어 북한 공업시스템의 토대를 붕괴시키는 직접적 원인으로 되고 있다.

북한의 정유공장 가동률이 16~17% 정도로 극히 낮은 것은 북한이 석탄·수력 등 자력갱생에 입각한 주탄종유(主炭從油)의 에너지 정책에 중점을 두고 있는데다 외화난으로 석유수입량 감소에 기인한 것으로 파악된다.

북한은 1960년대 중반 이후 에너지 확보를 위해 유전개발에 높은

정책적 관심을 표명하고 외국 석유개발기업들을 적극 유치하여 내륙과 해저탐사를 실시해오고 있으나 경제성 있는 유징은 아직 발견되지 않고 있다. 참고로 연도별 원유 도입량을 보면 다음 표와 같다.

<표 15> 연도별 원유 도입량

(단위: 만 톤)

1980	1990	1995	2000	2001	2002	2003	2004	2005	2006	2007	2008
210	252	110	38.9	57.9	59.7	57.4	53.2	52.3	52.4	52.3	52.9

※ 출처: KOTAR

2) 전력실태

북한은 수자원이 풍부한 지역이다. 거기에다 큰 산악지대가 많고 강과 하천의 지류가 많은 등 천혜의 수력발전 조건을 갖추고 있다.

무려 북한지역에 댐 건설에 적합한 장소는 무려 200여 곳, 발전 가능한 포장수력(包藏水力)[233]이 1957년 500만kw, 1963년에는 886만kw, 그리고 오늘날엔 1,000kw정도가 된다.

이런 좋은 입지조건에도 지금 북한은 고질적인 전력난 고통을 10여 년 넘게 겪고 있다.

북한도 전력난이 심각한 상태임을 실토하고 있다.[234] 이 같은 전력난은 최근까지 지속돼 2005년 실질 발전 설비량은 200만kw로

---

233) 포장수력이란 발전용수자원의 이용 가능한 양을 의미하며 석탄이나 석유등 화석 에너지의 매장량과 유사한 개념이다. 포장수력은 발표 기관이나 시기, 기술발전, 경제성 등에 따라 그 규모가 달리 산정된다.

234) '홍승원 앞의 책 『새로편 북한체제론』 166P'입니다.

이는 인천시의 전력 소비량수준인데 총설비량 739kw, 턱없이 부족한 실정으로 남한의 8분의 1 수준이다.

이런 절박한 현실 타개를 위해 북한은 2000년 에너지 산업구조 차원에서 조직 기구를 통폐합하면서 '전력은 인민경제의 생명선'이라는 구호를 앞세워 가며 전력증산운동을 강력히 촉구하고 있다.

'전기절약은 곧 생산'이라면서 모든 부문과 단위, 가정 등에서 전기절약 투쟁을 전개했다.

북한 에너지 산업의 주요 쇠퇴원인은 어디서 나왔는가.

첫째, 1980년대 말 구소련의 해체와 중국의 개방정책에 따라 이들 국가들의 석유공급과 에너지 관련 기술지원 중단이다. 거기다 KEDO(경수로사업단)사업의 지지부진으로 받는 전력손실, 2006년 말 핵 실험 이후 매년 55만 톤의 원유 공급을 20%가량 원유공급을 감축한 것 등이 전력난을 가중시키고 있다.[235]

둘째, 1990년 중반 잇따른 대홍수로 에너지 공급의 주축인 석탄 생산과 수력발전이 결정적인 타격을 입은 것이다. 1995~1996년 대홍수로 인해 침수된 석탄광의 미복구 및 수력 발전소 댐의 용수량 저하이다.

셋째, 가장 큰 이유는 전력시설 노후를 꼽는다. 전력 변환장치, 송배전 설비, 비규격품 사용, 유지·보수 부실 등인데 에너지 설비의 노후화와 개·보수 장비의 부족 등이다.

넷째로는 외화부족으로 인한 설비투자 재원의 절대 부족과 함께 석유수입 능력의 부재 등이 그 원인으로 꼽히고 있다. 여기에다

---

235) 『동아일보』, 2006. 11. 27. 그 대안으로 중소형 발전소들에 의존하고 있다. 이 발전소들의 전체 생산규모는 각 발전소당 7~2,000㎾ 수준으로 현재 북한 발전용량의 6%정도 비중을 차지하고 있는 것으로 추산된다.

'핵무기 개발 시도'로 에너지 위기를 타개할 주변국의 도움기회마저 박탈당하고 있는 지경에 놓여있다.

자체 해결책으로 현재 중·소형 발전소 설치에서 찾고 있다. 이런 발전소는 총 6천485개로서 발전설비용량은 2만 5천kw로 추정된다.

북한에서 중소형 발전시설이 용이한 것은 지형적으로 하천의 지류(支流)가 많고 수계(水系)의 낙차 지점이 많기 때문에 농가취사용이나 가정용 전기 공급수준은 해결할 수 있다. 그 결과 "지방의 소형발전 건설회복"으로 평양시내까지 전기회복이 됐다는 지난해 말 노동신문 발표는 눈여겨볼 대목이다. 북한의 전력 생산량은 1989년 대비 1998년 한 때 42.2% 수준까지 하락하다가, 2003년 이후부터 연평균 5% 정도의 증가세를 나타내고 있다.

2003년 이후 이러한 전력 생산량의 지속적인 증가는 북한이 1990년대 말부터 6,800여 개에 이르는 중·소형 및 중·대형 수력 발전소들을 건설하고 여기에 최근 강우량도 풍부해서 나타난 현상이다. 그리고 2000년대 이후 본격화된 북한의 경제회복정책에 따라 화력발전소의 일부 노후화된 발전설비들이 대체된 효과도 있다고 한다.

그럼에도 발전설비들은 전반적으로 낙후되어 있고 석탄 생산량, 원유 도입량이 1980년대 후반 수준에 아직 못 미치고 있기 때문에 2008년 전력 생산량은 1989년 대비 86.6%만 생산되고 있다.

발전소 가동률도 30% 수준에 지나지 않은 실정이다.

그리고 북한의 전력난은 발전설비들의 심각한 노후화 및 효율성 저하로 인해 1980년대 중반 경부터 이미 진행되기 시작하여 1980년대 후반에 발전소 가동률이 40%대에 지나지 않고 있었다. 그러므로 북한이 1980년대 후반 수준의 전력생산 수준을 회복하더라도 한 산업을 활성화하는 데는 미흡할 것으로 판단된다.

따라서 북한은 이러한 에너지 생산부문의 애로에 직면하여 석탄 광산 및 발전소 가동의 정상화를 위해 다양한 노력을 기울여 왔다. 즉 '에너지문제 해결 3개년계획'(2003~2005)을 세우고, 노후화된 발전설비들의 교체 및 기술개선·보수, 전력 및 석탄생산에 노동력·수송 등의 집중 배분정책을 시행하였다.

2006년에는 8년 만에 다시 전기석탄공업성을 전력공업성 및 석탄 공업성으로 분리하여 각 성(省) 차원에서 전문적으로 생산애로를 타개하도록 하였다.

그리고 중·소형 발전소건설과 함께 대규모 수력발전소 건설에도 박차를 가하고, 메탄가스 등 대용연료의 개발 및 풍력·태양열·조력 등 대체에너지의 활용도 모색하였다.

2007년 이후부터는 재원을 집중 투입하여 건설 중인 대규모수력 발전소들(원산청년발전소, 예성강 청년1호 발전소 등)의 조기 조업과 더불어 북창, 동평양 화력발전소 등 핵심 석탄 화력발전소들과 일부탄갱의 기술개선 및 설비 현대화에도 노력을 기울였다. 그리고 2008년에는 6자회담을 통한 북핵 불능화의 대가 일부를 중유가 아닌 발전설비들로 받아 보일러 등 노후화된 설비들을 일부 개선하였다.

그러나 북한의 이러한 노력들은 에너지 문제를 근본적으로 해결하기 어려운 미봉책들이라고 할 수 있다. 북한의 에너지 부족문제는 자체적으로는 해결하기 어렵고, 국제사회와의 경제협력을 통해야 해결이 가능한 문제이나 북핵 문제가 해결되지 않고 있는 현 상황에서는 계속 어려운 문제로 남아 있을 것으로 보인다.

참고로 2011년 1월 현재 북한의 전설 비용량을 비교해 보면, 남한이 7천347만KW, 북한이 692만 8천KW로 10.6배, 발전량은 4천336억KWh와 235억KWh로 18.5배, 원유도입량은 8억 3천516만 3천 배럴과 379만 5천 배럴로 220.1배의 차이를 나타냈다.[236] 현대경제를 움직이는 기본적인 에너지원이 전기라는 사실을 상기하면, 이는 현재 북한의 에너지 현실이 어떤 상황에 놓여 있는 지를 상징적으로 보여 주는 수치라고 할 수 있을 것이다.

3) 석탄실태

현재 북한의 에너지 소비구조는 철저히 석탄 위주로 되어 있다. 국제 에너지기구(International Energy Agency)에 따르면, 2004년 북한의 총 에너지 소비 가운데 67%를 석탄이 차지하고 있는 것으로 나타난다.

그만큼 석탄 의존도가 높다는 뜻이다. 석탄은 북한에 풍부하게 매장되어 있을 뿐만 아니라, 공급가격 역시 비교적 저렴하다는 점에서 손쉽게 이용할 수 있다. 매장규모 또한 이미 알려진 대로 매장과 분포가 남한에 비해 훨씬 유리한 조건에 있다.

대표적 광물자원인 철광석과 석탄의 남북대비 만해도 북한의 철광석 생산량은 495만 5천t으로 남한의 45만 5천t의 10배였고, 석탄 또한 북한이 2천550만t으로 남한의 251만 9천t보다 10배에 이른다.[237]

---

236) 『연합뉴스』, 2011. 1. 5(통계청, 북한주요통계지표 보고서 참고).

석탄은 무연탄 117억 톤과 갈탄인 유연탄, 저급의 초무연탄 및 나탄(토탄) 등으로 분류되며 주요 석탄광은 평안남북도와 함경북도에 분포돼 있고 최대 탄전은 37억 2천만 톤으로 평남 북부탄전으로 알려졌다.[238]

우선 석탄 생산량부터 살펴보면, 1990년에는 전년 대비 23.4%나 하락하는 것을 시작해서 2002년도에 이르기까지 지속적으로 하락하는 추세를 보였다.

석탄 생산량은 2003년부터 연평균 1.8%씩 증가하는 모습을 보이고 있으나, 2008년 생산량은 1989년의 약 71%정도 회복되고 있을 뿐이다.

그럼에도 채굴 후 가공을 해야 자원으로의 부가가치가 창출되는데 북한은 인프라 가공 시설이 취약, 채굴된 광물을 헐값에 중국에 넘기는 실정이다.

북한의 석탄 생산량은 이미 1980년대 중반 이후부터 채탄장비의 노후화, 탄광의 심부화(深部化), 신규설비의 부족, 자재의 공급애로 등으로 점진적으로 감소하고 있었다. 여기에 1990년대 중반 3년 연속 일어난 대규모 홍수 피해로 서해안 지역에 집중되어 있는 많은 탄광들이 파괴됨으로써 결정적 타격을 받게 되었다.

이 당시 수해를 입었던 탄광들 중 많은 탄광들이 아직도 예전 수준으로 복구되지 못함으로써 1989년도 수준을 회복하지 못하고 있다고 한다. 북한은 과거 수준으로의 석탄 생산량 회복이 쉽지 않자,

---

237) 위 통계청 자료, 연합뉴스, 2011. 1. 5.

238) 김태유, "북한광물자원 개발의 필요성과 경제성 평가"('북한: 광물자원개발전망과 정책방안' 논문 발표집, 통일연구원, 2005).

2006년에 중앙정부는 채굴조건이 좋은 일부 대규모 탄광에 역량을 집중하도록 하고, 중소탄광의 경우 기관·기업소·단체들이 자체적으로 개발·운영할 수 있도록 하는 '중소탄광 개발 및 운영규정'을 채택하기도 하였다.

즉 개별경제기관은 말할 것도 없고 비경제 기관들까지도 자본만 있으면 탄광에 투자·개발할 수 있는 권한을 부여해 준 것이다. [239]

그럼 보다 근본적인 이유는 어디서부터 나왔는가.

첫째, 인력에 의존한 채탄방식을 채택하고 있어, 채굴이 심부화되면서 생산성이 떨어진 점과 경제난으로 장비의 노후화, 기계적인 채탄 설비의 공급이 중단된 점이다.

둘째, 자연재해로 주요 탄전지대가 타격을 입은 원인이 크다. 1990년 중반 홍수는 탄광에 결정적 타격을 가져왔다. 갱구가 토사로 막히고, 송배전시설이 소실되고, 산지개발로 갱목 부족 등이 큰 원인이었다. 거기다 탄광 운영 방식이 연합기업소,[240] 종합기업소 등 콤비나트식 대규모 공장 체인망으로 운영되면서 한 공장의 가동이 중단되면 다른 공장까지 연쇄파급이 되면서 업종, 지역, 생산 연계에 따른 연합기업 집단이 일시에 통제 불능에 이르는 연쇄파급을 가져왔다.

셋째, 러시아, 중국 등의 동구권 국가들의 개방화에 따른 자국이익 추구와 이로 인한 북한과의 광업부문 협력사업의 중단, 그리고

---

239) 2008년도에 북핵, 불능화 대가로 도입된 주유량 18만 8천 톤은 전력부문 월소요 주유량의 3.7개월분에 해당되는 양으로 전력증산에 도움을 준 것으로 알려지고 있다. 통일연구원, 『2008년 북한경제 종합평가 및 2009년 전망』, 2009, p.65.

240) 연합기업소란, 일종의 기업들 간의 체인망 구조인데, 모체기업을 중심으로 부문 간, 지역 간, 기업 간 기업들을 한 데 묶는 형태다. 실례로 제철소를 중심 할 때 연료, 수송수단 등 공통적인 기업을 한 묶음으로 하는 것이다. 그 폐단은 경기침체로 한 공장이 가동을 중단 한 때는 연쇄 파급되는 '도미노'현상이 벌어진다.

결정적으로는 전기부족으로 지하수 축출이 어려워 갱내침수가 심
화되고 있는데다 연료부족에 따른 수송상의 문제로 갱목 등 부자
재 공급이 중단되는 등 악순환이 이어지고 있다.

1998년 내각 개편 후부터 막대한 투자를 펴 신규 탄광개발, 채탄
방법 도입, 운반능력향상 등 탄광산업의 현대화에 전력을 강조하고
있다.[241]

한편 최근에는 산업 구조조정도 대대적으로 단행했다. 예컨대 탄
광 발전소 등 대규모의 동종제품을 생산하는 연합기업소 군단을
하나의 경영단위로 통합하는 구조조정을 단행했다.

이 같은 조치는 2003년 북한전역에서 연합기업소, 종합기업소
등 콤비나트식 대규모 공장 체인망이 폐지되고 개별공장 기업소나
관리국체제로 축소되면서 부터였다.

3. 기초원자재-광물

북한이 공급부족 상태에서 벗어나지 못하는 또 하나의 원인은
산업의 주요 생산요소인, 기초 원·부자재 생산력의 급격한 하락에
있다. 기초 원·부자재의 부족은 에너지부족으로 인한 공장가동률
저하에 기인하므로 결국 에너지난과 맞물려 야기되고 있다.

에너지 공급의 감소로 철강, 시멘트, 화학, 비료 등 기초 원자재
생산이 하락하게 되고, 이는 다시 중간재 생산부문의 생산력 저하를

---

241) 통계청, 『남북한 경제, 사회상 비교』(2001. 12), p.54.

가져왔으며, 결국 최종 소비재의 생산력 하락으로 이어지게 되었다. 물론 북한의 기초 원·부자재와 생산력이 저하된 문제는 사회주의 경제권의 붕괴로 그동안 원자재 공급원 역할을 해주었던 외부 조달 원이 축소된 것도 주요 요인이었음을 간과해서는 안 된다

북한에서는 '강철, 비료, 비날론'을 3대 공업이라고 한다. '자체 원료와 자체기술, 그리고 자체 '로력'으로 산업기술을 발전시켜 나 가자는 '자립적 민족경제로선'의 상징이기도 하다.

1) 광물자원

그렇다면 기초 원자재에 속하는 광물자원의 실태는 어떤가.

통계청의 2011년 1월초 통계발표에 의하면 2008년 기준 북한의 북한 광물 매장량의 잠재 가치는 금 2천t(61조 3천274억 원), 은 5 천t(1조 9천124억 원), 동 290만t(9조 2천791억 원), 연(납) 1천60만 t(11조 913억 원), 아연 2천110만t(26조 680억 원), 철 5천억t(304조 5천300억 원), 몰리브덴 5만 4천t(1조 6천669억 원) 등 금속류만 416조 5천311억 원에 달했다. 이 같은 광물 매장량의 잠재가치는 6천83조 5천936억 원으로 남한의 289조 1천349억 원 보다 24.1배 나 컸다.[242]

석탄의 경우 북한은 무연탄이 45억t으로 519조 4천350억 원, 갈탄

---

242) 통계청의 북한 주요통계지표 보고서에서 남한의 광물가치는 290조 원으로 北의 25분의 1 수준이고 북한 광물 매장량의 잠재가치는 7천조 원에 달하는 것으로 나타났다. 반면 남한은 금 매장량이 42.7t 으로 1조 3천93억 원, 철이 37억t으로 2조 2천717억 원, 석회석이 103억t으로 122조 3천344억 원, 무연탄이 13억 6천만t으로 156조 9천848억 원의 잠재 가치를 지니고 있었다(『연합뉴스』, 2011. 1. 5).

이 160억t으로 2천143조 4천720억 원의 잠재가치를 가지고 있었다.

특히 금, 철광석, 연·아 연은 90% 이상이 북한에 집중 분포돼 있고 품질에서도 세계적으로 우수하여 경제성이 높다.[243] 비금속 광물로는 인상흑연 200만t(1조 2천49억 원), 석회석 100만t(1천183조 3천800억 원), 인회석 1억 5천만t(38조 8천326억 원), 마그네사이트 60억t(2천679조 7천320억 원) 등 모두 3천904조 4천155억 원에 이른다.

이 중 마그네사이트와 인회석 등은 세계적인 매장량을 자랑하고, 경제성이 높은 것으로 파악되고 있다. 따라서 이들 금, 마그네사이트, 철, 아연(연), 몰리브덴, 동, 인광 등 7대 광종들은 남한 수요와 북한의 공급력을 감안해 향후 남북 자원교류 협력의 주요 대상으로 떠오른다.

북한에는 특히 2,600만 톤의 우라늄이 매장돼 있다. 북한은 이 우라늄을 이용하기 위해 자체적으로 원자력 개발을 시도하기도 했다.

그러다가 1994년 제네바 '북·미 기본합의문' 체결로 북한은 원자력 개발을 포기하는 대신, KEDO(한반도에너지개발기구)를 통해 1,000MW급 경수로 원전 2기를 제공받기로 했다.

그러나 북한은 2002년 11월 NTP(핵확산금지조약) 탈퇴를 선언한 데 이어, 6자회담 불참 통보와 또 다른 사항 요구 등 '럭비공 행보'로 미국 등 6자회담 당사자국들과 대립각을 보이고 있어, 경수로 건설공사 중단이라는 새로운 국면을 맞고 있다.

특히 철광석, 비철금속, 강철, 시멘트, 비료 등 주요 기초원자재 공급량이 1990년대 이후 계속 감소하다가, 2000년대 들어와서 서

---

243) 홍성국, 『자력갱생의 기로』(도서출판 '피시라인', 2006), p.215.

서히 회복 추세를 보이고 있음을 알 수 있다.

이 중 철광석 생산의 경우 2003년 이후 연평균 3.3%씩 지속적인 증가세를 나타내고 있는데, 이는 중국이 늘어난 원자재 수요를 충당하기 위해 북한에 기계부품 등 일부 생산요소를 조달해 주고 수송도 지원해 줌으로써 채광량이 많아졌기 때문인 것으로 알려져 있다.

그리고 다른 한편으로 북한이 대중국 수입을 늘리기 위해 무산철광 등에서 중국이 직접 채굴해 가도록 하는 계약을 맺음에 따른 것이기도 하였다. 강철생산의 경우 2005년 이후 3년 연속 증가세를 나타내고 있는 것은 북한 당국이 인민경제의 개건 · 현대화'를 앞세운 경제정책에 따라 비날론(2 · 8비날론 공장)과 비료(남흥화학비료공장), 그리고 체철(성진제강소, 김책제철소 등) 생산에 국가 경제의 명운을 걸고 있다고 해도 과언이 아니다. 전량을 수입해야 하는 코크스가 아닌 무연탄을 사용하는 이른바 '주체 철' 생산방법을 개발 · 도입한 것에 기인한 것으로 알려져 있다.

2) 기초 원자재

비철금속 공업은 북한은 풍부한 비철금속 광물자원을 배경으로 비철금속의 전략 수출품화에 주력하는 정책을 추진해 왔다. 북한의 동서부 광산지대에 제련소를 배치하여 연(생산능력 9만 톤), 아연(30만 톤), 동(9만 톤) 등을 생산할 수 있고 알루미늄은 구소련의 기술지원하에 1985년 3월에 개장한 북창알루미늄공장(연 2만 톤의 능력)을 보유하고 있다. 이외에 기타 귀금속은 제련소에서 나오는

부산물로 생산하는 가운데 주로 구소련과 일본이 사용하였던 1960
년대 재래식 용광로 법에 의한 제련설비로 생산하고 있는 실정이
다. 과거의 구식방법으로 제련시설을 운용하므로 공해방지시설이
갖춰져 있지 않고 기술수준이 낙후되어 있다.

그러나 시멘트를 제외한 철광석, 비철금속, 강철, 비료 등의 생산
은 여전히 1990년대 초반 수준을 회복하고 있지 않은 실정이다. 예
컨대 1991년도에 비해 2008년도 생산량이 철광석의 경우 60.1%,
금속의 경우 41.4%, 강철의 경우 40.1%, 비료의 경우 43.4% 수준
에 머물러 있는 실정이다.

시멘트 실정은 북한이 2012년 강성대국을 앞두고 평양 10만 세
대 주택건설과 희천발전소 완공 등 시멘트 수요가 늘었지만, 올해
도 시멘트 부족현상이 심각할 것으로 예상된다. 최근 평양의 10만
세대 건설장에 동원됐던 함경북도 한 관계자의 증언[244]에 의하면,
"지난해 10월부터 공사장에 자재가 잘 공급되지 않고 있으며, 상원
과 순천시멘트 공장에서 생산되는 시멘트 전량이 10만 세대 건설
과 희천발전소 건설에 분산되고 있어 시멘트 부족 현상이 심각하
다"고 전했다.

2007년 평양 상원시멘트를 인수한 후 지분의 50%를 보유하고
있는 프랑스 라파즈사의 캐롤라인 윈클러 공보담당관은 "상원시멘
트 공장은 계속 가동하지만, 북한의 사업 상황은 늘 똑같다. 그냥
공장 가동에만 신경 쓸 뿐 투자 확대나 시설 증대 계획은 없다"고
방송에 밝혔다.

이 같은 한정된 생산량으로 대규모 건설을 추진해 온 북한은

---

244) 자유 아시아방송(RFA)의 2011년 1월 12일자.

2012년 강성대국 건설을 선언한 후 시멘트 부족이 더욱 극심하게 나타나고 있다.

특히 비료생산의 경우 흥남비료공장이 아직 정상 가동되지 못함으로써 북한 비료수요의 1/3정도만 충당하고 있는 것으로 알려져 있다.

따라서 이러한 기초 원·부자재 생산부문의 정체 및 미미한 생산증가율은 북한경제가 1999년 이후 전반적으로 플러스 성장세를 보임에도 불구하고, 산업연관관계의 연결고리 회복을 가져오지 못하는 주요 원인이 되고 있다고 할 수 있다.

원·부자재를 생산하는 기초 원자재 산업시설들의 대부분은 과거 소련과의 경제협력 프로젝트에 의해 건설된 것으로서, 사실상 1980년대 중반 이후 보수 및 대체투자가 거의 이루어지지 않아, 많은 설비들이 폐기 처분되거나 대체되어야 하는 것으로 알려져 있다.

4. 공업

1) 금속공업

북한에서는 금속공업을 흑색금속공업과 유색금속공업으로 구분[245]하고 있는데, 전자는 철광석을 주원료로 하여 선철·입철·강철·압연강재· 2차 금속 가공품 등을 생산하는 제철·제강공업 부문을 말하며, 후자는 금·은·구리·연·아연·알루미늄 등을

---

245) 『조선대백과사전 3』(평양: 백과사전출판사, 1996), p.531.

생산하고 그 가공품을 제조하는 비철금속부문을 의미한다.

금속공업 중 철강공업은 자동차, 전기·전자, 조선과 건설 등 주요 산업에 기초소재를 제공하는 기간산업으로서 막대한 설비투자를 요하는 자본집약적 장치산업인 동시에 에너지 다소비 산업, 환경오염 유발산업이라는 특징을 지니고 있다.

(1) 제 철

북한은 철강공업의 발전이 나라의 공업화 수준과 경제력, 군수공업의 잠재력을 구성하는 중요한 요소임을 인식하고 '철은 산업의 쌀이다', '철은 공산주의다', '철은 산업의 쌀이다' 등의 구호를 내걸고 철강공업의 육성과 발전에 적극적인 노력을 기울여 왔다.[246]

자체의 원료와 연료에 기초한 금속공업의 발전 전략 하에 흑색금속 생산과 유색금속 생산의 균형발전 및 금속 생산 공정의 완비, 금속공업의 기술적 토대 강화 등을 금속공업정책의 기본으로 삼은 것이다.

우선 흑색금속공업 실태를 보면 주요 제철·제강공장으로는 김책제철연합기업소(함북 청진), 황해제철연합기업소(황북 송림), 성진제강연합기업, 천리마제강연합기업소(남포), 청진제강소(함북 청진), 4.13제철소, 8호 제강소, 대동강제철소 등이 있다. 이 중에서 북한이 자체 건설한 것은 4.13제철소, 8호 제강소, 대동강제철소뿐으로 나머지는 일제 때 건설된 시설들을 개건·확장한 것이다.

---

246) 북한은 김일성이 1945년 만경대의 강선제강소(現 천리마제강소)를 방문하였던 10월 9일을 금속노동절로 제정한 사실 등에서 철강 산업을 매우 중요시했음을 알 수 있다.

1984년에는 철강생산 목표를 기존 수준의 2배인 740~800만 톤으로 책정하고 이를 달성하기 위해 김책제철소를 비롯한 청진·성진제강소를 대폭 확장하였다. 제2차 7개년계획기간(1978~1984)에는 김책제철연합기업소, 황해제철연합기업소 등 주요공장에 대해 원격조종화를 추진하였다. 그리고 제3차 7개년계획기간(1987~1993)에는 금속공업의 기본정책 방향으로서 '자체의 원료·연료에 의존한 금속공업의 주체화·현대화'를 제시[247]하고 철강 1천만 톤 생산목표를 설정하고, 생산능력 확장, 철강생산의 과학화·자동화를 통한 생산성 제고와 고강도 제품생산을 추진하였다. 1989년에는 구소련의 지원으로 건설된 김책제철연합기업소 2단계 확장공사(철강 생산능력 240만 톤, 압연능력 140만 톤) 완료 및 천리마제강소 내 10월 9일 강철공장(철강 연산 200만 톤 규모)을 착공하였고, 1990년대에는 10월 3일 제철소 신설(1993), 김책제철소 압연롤 생산개시(1994), 황해제철소 설비를 확장하였다.

1995년 이후부터는 투자재원 부족으로 생산시설을 확장하지 못하고 있으며 기존 제철·제강시설의 정비·보수를 통해 가동률을 높이는 데 주력하고 있다.

2000년 이후 북한은 신년공동사설 등을 통해 4대 선행부문(전력·석탄·금속·철도운수)을 지속적으로 강조하면서 철강 산업발전을 위하여 무산광산에서 철정광 생산증가, 검덕광산 광물증산, 성진제강소 대형 산소 분리기 설치, 김책제철소 용광로·소결로·해탄로 보수를 통한 철강생산 확대에 나서고 있다.

---

247) 이 기간에 북한은 금속공업부문의 발전이 인민경제의 기술개조와 함께 사회주의 물질적·기술적 토대를 강화하는 기본열쇠라는 인식하에 금속공업부문을 우선적으로 발전시켜야 할 선행부문의 하나로 설정하였다.

북한의 연간 철강생산 능력은 선철 546만 톤, 강철 650만 톤, 압연강재 404만 톤으로 평가되고 있다. 김책제철연합기업소는 북한 최대의 제철소로서 연간 생산능력이 제선 217만 톤, 제강 240만 톤, 압연강재 147만 톤에 달한다. 황해제철연합기업소는 제선 113만 톤, 제강 145만 톤, 압연강재 75만 톤이며, 성진제강연합기업소는 제선 48만 톤, 제강 82만 톤, 압연강재 42만 톤이며, 천리마 제강연합기업소는 강철 76만 톤, 압연강재 55만 톤의 생산능력을 보유하고 있다.

북한의 철강 산업은 각 공장의 시설규모가 영세하고 대부분의 공장이 일제하에 건설된 소규모 시설을 기본으로 하여 부분적인 시설의 재건 확장을 통해 현재에 이르고 있기 때문에 일관공정체계를 이루지 못하고 있고, 기술적 측면은 물론 구조적으로도 낙후하여 기존설비의 교체나 현대화를 추진하지 않고서는 정상적인 가동이 어렵다.

유색금속공업에 해당되는 비철금속은 철을 제외한 금속을 총칭하며, 기계, 전기·전자 및 군수공업 등 여러 산업분야의 기초소재로서 산업이 발달함에 따라 다양한 용도로 쓰이고 있으며 외화가득률이 높다.

또한 기계·전기·전자 및 군수공업 등 여러 산업분야에 기초소재를 공읍하는 특성 때문에 전방연관효과가 큰 장점이 있다.

(2) 비철 금속

비철금속 산업은 대규모 장치산업이자 에너지 다소비 산업이며,

공해유발 산업의 특성을 가지고 있어 환경 친화적 기술개발이 절실한 산업이다. 뿐만 아니라 세계시장에서 공급탄력성이 낮아 제품의 가격변동이 심한 편이다[248].

북한이 생산하고 있는 주요 비철금속 제품은 연·아연·동과 알루미늄을 비롯하여 니켈·몰리브덴·금과 은 등 귀금속이 있다. 최근에는 탄탈·나오브와 세륨 등 희귀금속 생산에도 주력하고 있다. 북한 내각의 채취공업성 산하 유색공업관리국에서 비철금속 부문을 담당하고 있으며, 주요 비철금속 공장은 문평제련소, 흥남제련소, 해주제련소, 북창알루미늄공장, 단천제련소, 9.21 제련소, 평북제련소 등이 있다. 북한은 1970년대 들어 국내수요를 충족시키기 위해 비철금속공업 분야에 대한 시설확장 정책을 추진하였으며, 80년대부터는 주요 외화 가득원으로 활용하기 위해 적극적인 개발 정책을 실시하였다. 1984년 구소련 및 서방 등으로 부터 설비를 도입해 건설된 북창알루미늄공장[249](연간 2.4만 톤)은 원료인 알루미나를 평남 순천에 있는 부산알루미나공장(연간 4만 톤 규모)으로부터 공급받아 알루미늄·텅스텐·니오브와 세륨 등의 희유금속 생산에도 노력하고 있다.

북한은 1990년대 이후 비철금속 생산을 증가시키기 위해 최대의 비철금속생산기지인 검덕광산에 인력을 대거 투입하여 수출용 납과 아연 정광 증산을 독려하였다. 2000년대 들어서는 생산량 확대를 위한 검덕광산의 대대적인 보수공사를 추진해오고 있다.

---

248) 이외에도 남포제련소가 있었으나, 2002년 12월 설비노후화, 공해문제 등으로 폐쇄·철거되었다.

249) 북한은 1970년대 말까지 기술부족으로 니켈, 몰리브덴, 알루미늄의 생산이 불가능하여 전량 수입에 의존하였으나, 북창 알루미늄 공장이 완공됨에 따라 알루미늄, 텅스텐 및 기타희유금속 생산이 가능하게 되었다.

1990년 2월에는 스테인레스강, 내열강 등 합금특수강 생산의 주요원료인 니켈광산이 함남 정평군에서 새로 조업되었는데, 연간 약 20만 톤의 원광(Ni 0.5%)을 처리하여 약 3만 톤의 니켈정광(Ni 3%)을 생산할 수 있는 능력을 가지고 있는 것으로 알려지고 있다.

한편 1991년 4월에는 북한에서 채굴되는 희유 광물의 정련과 해외수출을 목적으로 조총련계회사와 함흥화학합영회사를 설립하여 조업(이트륨 등 연 1,000톤 생산)하였으며, 1998년 4월에는 금속 가공품과 주물품 등을 생산, 수출하는 북·중 합작공장인 청진금속합작회사가 설립된 바 있다.

그러나 1990년부터 1998년까지 북한경제가 9년 연속 마이너스 성장을 하면서 에너지 부족에 따른 원부자재의 공급 감소, 자금부족에 따른 코크스 수입 감소, 제련설비 노후화 등으로 인해 비철금속 분야의 가동상태가 매우 부진한 양상을 보였다.

2000년대 들어 북한은 경제복구를 위해 비철금속을 포함한 광물자원의 생산증대를 도모하였다. 2002년 제10기 최고인민회의에서는 연·아연·구리를 비롯한 유색금속의 생산 확대를 위해 검덕·혜산지구의 광산들과 제련소 등에 역량을 집중하도록 하였다. 또한 7.1조치 이후 광업 분야에서 대폭적인 임금인상, 누진 성과급 지급, 시설보수 및 확장을 했다.

2) 기계공업

기계산업은 군수 산업 및 자립 경제 노선과 연계된 중공업 우선

정책에 따라 북한이 핵심적인 산업으로 육성해온 부문으로서, 북한의 산업 구성에서 큰 비중을 차지해 왔다.

북한에서 기계산업은 "생산도구, 기술수단의 생산을 보장함으로써 중공업과 경공업, 농촌경리, 기본건설과 운수 등 인민경제 모든 부문의 생산능력을 확대하고 기술 장비를 강화할 수 있게 하는 중공업의 핵심부문이며 기술적 진보의 기초"로 규정되어 있다.[250]

이렇듯 북한은 일찍부터 기계 산업을 가장 핵심 산업으로 육성해 왔으며, 그 수준도 다른 산업 부문에 비해 상대적으로 앞서 있다.

(1) 기계공업 운영체계

북한 기계공업의 운영체계는 1877년 이종옥 총리[251]가 이끄는 6차 내각 때 사상개조 및 기술혁신을 통한 생산성 제고와 인민생활 향상을 목표로 내걸면서 나왔다.

여기서 추진한 정책이 기계제작을 중심으로 하는 중공업 집중육성에 중점을 둔 기간산업 확충과 과학기술 발전이었다.

북한의 기계 산업은 내각 산하 금속 기계공업성이 관할하는 부문과, 제2경제위원회 소관으로 나누어지며, 산업기계는 그 각 분야별에 따라 해당 관리부처에서 관장하고 있다. 전자 및 자동화 관련

---

250) 사회과학원 주체경제학연구소, 『경제사전 1』(평양: 사회과학출판사, 1985), p.268.

251) 이종옥은 현 내각의 전신인 정무원 총리와 폐지된 부주석을 두루 역임한 원로로 북한 직업 관료들 등장시켜 실용주의 노선의 문을 연 대부(代父)로 꼽힌다. 1916년 함북 성진(현 김책시)출생으로 40년에 만주의 하얼빈 공과대학 광산 공학부를 졸업하고, 휴전 후 56년에 당 중앙위원회 중공업부장으로 전시 군수품 생산과 전후 중공업 복구건설을 지휘했다. 이후 72년 내각 중공업위원장, 76년 정무원 부총리, 77년 12월 6차 경제개각 총리에 각각 올랐다. 그가 편 인민경제의 주체화 일환으로 추진한 기술혁신, 생산성 제고는 지금의 내각을 기능 위주로 변화시켰다. 특히 1977년 6차 내각총리 때 정부조직 개혁과 전문 관료들의 충원의 시초가 오늘 북한개혁의 밑거름이 된 데서 그의 공적은 역사적인 평가를 받는다.

산업은 전자자동화총국에서, 탄광 및 광산용 기계는 채취기계 공업국에서, 농업용 기계는 농업기계국에서 각각 관장하고 있다.

그 후 조직 개편은 1998년 내각개편 때 금속기계 공업성으로 통합했다가, 2005년 5월 최고인민회의 상임위원회에서 금속기계 공업성을 금속공업성과 기계 공업성으로 다시 분리하였다.

금속기계 공업성의 주요업무는 일반기계, 정밀기계, 전기기계, 중기계공업을 관장하며 기계설계와 설비부품에 대해서도 관리권을 가지고 있다.

기계 산업의 분야별 실태를 요약하면 다음과 같다.

북한의 금속·기계공업부문은 역시 군사력 증강에서 '선행부문'을 앞세우고 있다. 그로 인해 기계공업 각 부문의 불균형적 성장과 군수부문과 민간부문의 불균형이 심화돼 있다.

따라서 다른 공업 분야와 같이 금속기계공업도 2000년 들어 사업 구조조정을 폈는데, 과거 「연합기업소」형태의 대규모 공장들은 「연합연구소」체제로 복원했고 과거 「종합기업소」공장들은 일반 공장·기업소 형태를 그대로 유지하고 있다.

제3차 7개년계획기간(1987~1993)에서는 기계공업 생산을 1986년 대비 1993년까지 2.5배로 증대시킨다는 목표 아래 기존 생산기반의 개건·확장과 함께 기계설비의 정밀화·대형화·고속도화에 중점을 두었다. 이 기간 동안의 생산시설 건설실적은 희천 정밀 분사구공장 신설(1988), 승리자동차연합기업소 시설확장(1989. 8)[252] 후라이스(fraise)반 5,000대 생산능력의 희천-고리끼 합영회사 완

---

252) 북한은 확장된 승리자동차공장이 연건평 10만여㎡에 30여 개 생산건물이 건설되어 있고 '자주-82형'의 자동차를 계열 생산할 수 있는 생산 공정이 갖추어졌다고 한다.

공(1989. 10), 구성공작기계공장 내 수치제어 공작기계 생산기지 조성(1993), 천리마 제강연합소 내 5월 18일 대형 단조공장 조업 등을 한 것으로 알려져 있다.

주요 공장으로는 각종 공장건설에 필요한 대형설비를 제작하는 용성기계연합기업소, 낙원기계연합기업소, 대안중기계연합기업소, 북중기계연합기업소, 광산기계를 생산하는 낙원탄광기계연합기업소, 회령탄광기계공장, 공작기계를 생산하는 희천공작기계종합공장, 구성공작기계공장, 정밀기계를 생산하는 희천정밀기계공장(2월 26일 공장), 농기계를 생산하는 금성트랙터종합공장을 비롯하여 승리자동차연합기업소, 김종태 전기기관차공장, 남포조선소, 함북조선소 등이다.

〈표 16〉 기계공업부문 생산량

(2007 현재)

자동차	공작기계	트렉터	화차	조선 *
4.6천 대	8.2천 대	8.9천 대	1,216량	21.4만G/T

※ 조선 능력은 '06년 수치임.
※ 출처: 대외경제협력추진위원회(북한) 및 통계청(남한) 자료

(2) 부문별 실태

분야별 실태를 요약하면 다음과 같다.

첫째, 북한에서 기계공업은 한마디로 공작기계[253]정책이라고 해도 과언이 아닐 만큼 시범용 기계 공작류의 생산이 주류를 이루고

---

253) 공작기계란 기계를 제작하거나 기계부품을 가공하는 기계를 말한다. 즉 공작기계는 기계를 만드는 기계(moter machine)인 것이다.

있다. 그리고 생산증대와 대형제품 생산에도 주력하고 있다. 이 분야는 경제, 국방 건설의 병진정책에 따라 집중 육성해온 분야로 희천, 구성, 청진, 만경대 공작기계공장 등이 건설되어 있으며 연간 3만 5천여 대의 생산능력을 보유하고 있다.

특히 북한의 공작기계분야는 1960년대부터 동구권과 구소련의 지원으로 범용 공작기계 모방생산을 시작하여 대부분의 범용 공작기계는 자체 생산체계를 갖추고 있다.

둘째, 기계공업의 종합산업이라 할 자동차공업도 '선행부문'으로 간주 1958년 트럭 생산을 시작으로[254] 지금까지 구소련, 동구의 제품을 모방한 화물자동차, 버스 등의 조립생산에 치중하고 있으나 생산기술은 여전히 낙후돼 있다. 현재 자동차공업분야는 승리자동차, 평양무궤도전차, 청진버스공장 등이 운영되고 있으며 이들 공장에서는 화물차를 비롯하여 승용차, 버스 등 연간 3만여 대의 생산능력을 갖추고 있다. 하지만 신제품의 개발능력은 전혀 보유하고 있지 못하고 대부분이 구소련과 동구권의 자동차를 모방 생산하는 수준이다.

셋째, 철도차량 분야는 김종태 전기기관차, 원산철도차량, 청진철도공장 등에서 각종 철도차량을 생산하고 있다.

이외에 낙원, 북·중기계공장 및 평양건설기계공장 등에서 굴착기, 불도저(300마력), 기중기(100톤급) 등의 건설기계를 생산하고 있다.

넷째, 농기계 산업은 현재 북한의 농기계 생산능력은 32,000대 수준으로 남한의 5% 수준으로 추정되고 있다. 트랙터 등 대형 농

---

254) '선행부문'이란 사회주의 건설에 있어서 우선적으로 발전시켜야 하는 산업부문을 뜻하며 주로 석탄, 전력, 철도운수, 금속부문을 의미한다.

기계는 금성트랙터공장과 같은 중앙농기계공장에서, 이앙기, 양수기, 시비기 등 중형 농기계는 청진, 함흥, 곽산연결농기계공장 등 도(道)급 공장에서, 호미, 쟁기, 낫 등 소형 농기구는 각 군별 농기구공장에서 생산하는 형태로 되어 있다. 다섯째, 건설·광산기계산업 북한의 건설기계산업은 자본 및 기술의 한계로 인해 생산설비 및 품질에서 국제수준에 미달되고 있다. 그리고 광산기계와 탄광기계 역시 자체적으로 설계 가능하나 정밀도가 낮다. 제작능력 면에서 광차와 탄차는 10톤과 5톤을 그리고 채탄기를 주로 생산하고 있다.

여섯째, 섬유기계산업으로 북한의 방적사 생산설비는 1997년을 기준으로 약 94만 추(남한 약 280만 추)를 갖추고 있는 것으로 추정되며 전반적인 기술수준이 남한에 비해서 떨어지고 실의 굵기도 대부분 30번수로 60번수인 한국에 비해 떨어지고 있는 실정이다.

일곱째, 조립금속 및 기계요소부품은 일반 볼베어링과 스러스트 베어링을 생산하고 있으나 특수 베어링은 생산하지 못한다. 범용 스프링은 자급하고 있으나 소재 및 열처리 기술이 뒤떨어져 있다. 일반유압부품은 생산하지만 특수유압부품은 기술 부족으로 외국에서 도입하고 있으며 기어(Gear)류는 필요에 따라 각 공장에서 생산하나 대부분 정밀도가 떨어지고 소음이 많이 발생하고 있다.

여덟째, 정밀기계. 북한의 정밀기계공업은 기계공업 중 가장 늦게 발전한 분야이다. 최근에 과학원 산하 기계공학연구소에서 $0.5\mu m$의 가공정밀도를 얻었다고 한다.

아홉째, 전기기계. 북한의 전기기계분야는 자력갱생의 원칙에 따른 폐쇄정책으로, 외부와의 신기술 교류가 잘 되지 않아 현재 북한의 산업분야 중 가장 낙후된 것으로 평가되고 있다. 민수용 전자기기, 산업용 전자기기, 자동화기기, 유무선통신기기와 전자부품 등 모든 전자산업부문이 정체 내지는 퇴보하게 되었다. 특히 전자레인지, VTR, CDP 등 고부가가치제품의 생산은 하지 못하는 것으로 알려지고 있다.

열 번째, 인쇄기계로, 북한의 인쇄기술은 전반적으로 남한보다 수십 년 뒤져있는 것으로 평가되고, 인쇄기계는 주로 일본과 독일에서 수입한 것들로서 대개 20~30년 정도 지난 낡은 기계들이 주종을 이루고 있다.

전반적으로 볼 때 북한의 기계공업분야 일부 대형기계 및 공장설비의 생산은 질적으로 국제수준에 미달되나, 내부적으로 필요한 공정설비들은 자체생산으로 해결하고 있는 것으로 판단된다. 북한은 2007년 주요 기계공장인 용성기계연합기업소, 희천·구성 공작공장 등 주요 공장의 현대화·정보화 사업을 추진했다. 결론적으로 북한의 기계공업은 다음 몇 가지 문제점을 안고 있다.

첫째, 투자재원 부족과 설비노후화로 생산성이 급격히 하락되었으며 둘째, 자력갱생의 원칙으로 새로운 기술정보 도입이 부진하여 기술적인 낙후를 초래하였다. 셋째, 기계공업 각 부문 간에도 불균형적인 성장정책으로 체계적인 공업화와 기술적 발전이 저해되어 공작기계, 광산 및 건설기계, 철도차량 등은 비교적 발전 하였어.나 기술변화속도가 빠른 정밀기계공업이나 전기·전자공업 부문은 북한의 폐쇄정책에 따라 기술적인 낙후가 더욱 심화되었다. 넷째, 지역 간 자급자족 원칙에 따라 기계공업의 연관효과가 차단되어 기계공업의 효율성 향상과 체계적인 발전이 저해 되었다. 다섯째, 군수산업과 민간산업과의 불균형이 심화되었다.

이밖에도 경제성보다는 정치·사상을 우선하는 북한의 경제정책, 군사부문의 집중육성에 따른 자원의 비효율적 배분, 사회간접자본 미비로 인한 자원낭비와 생산성 하락 등을 기본적으로 지적할 수 있다.

3) 화학공업

따라서 화학공업은 '식·의·주'문제와 밀접히 관련된 공업부문이다. 북한은 식량증산에 필요한 화학비료 및 농약공장 건설과 화학섬유 증산을 위한 비날론공장 건설에 전력을 경주하고 있다. 북한의 화학공업은 화학공업성에서 관할하고 있으며 화학공업성에서 직접 관리하지 않는 중소규모의 공장은 중소화학연합회사에서 관할하고 있다.

북한은 화학공업을 육성하는 과정에서 자급이 가능한 석탄과 석회석 등을 원료로 이용하는 석탄화학공업을 채택하였고 원료수입이 필요한 석유화학공업은 자력갱생에 위배된다는 이유로 가급적 배제하였으며, 지역적 자급자족의 원칙에 따라 원료산지를 중심으로 중소규모 화학공장들을 건설하여 상호 독립적인 생산체제를 형성하고 있다.

그러나 이는 화학공업이 장치산업으로서 규모의 경제가 필요한 사업이라는 특성을 무시한 산업배치라 할 수 있다. 또한 경공업·자동차 등후방산업의 침체로 소재산업인 화학공업의 발전 역시 답

보상태에 머물러 있다.

주요 공장으로는 흥남비료연합기업소, 승리화학연합기업소, 신흥화학연합기업소, 순천석회질소비료공장, 2.8비날론연합기업소, 남흥청년화학연합기업소 등이 있다.[255]

북한은 농업생산 증대를 통한 식량문제 해결을 위해 농업의 화학화를 채택하고, 비료증산정책을 적극적으로 추진하였으나 비료공장의 가동률은 20~30% 안팎인 것으로 알려지고 있다. 북한 최대의 화학비료공장인 흥남비료연합기업소는 연간 생산능력이 133만 톤[256]이나 큰 고장이 자주 발생하는 등 정상적으로 가동되지 못하고 있는 실정이다.

북한의 화학비료공업은 1990년대 들어서 설비 노후화, 에너지 및 원자재 부족 등으로 생산량이 지속적으로 감소하여 2008년 현재 화학비료 생산량은 47.9만 톤에 불과하였다.

특히 화학비료 생산체계는 단비(單肥) 중심으로 되어있기 때문에 요소별 생산능력의 불균형이 심하며, 가리비료의 생산이 절대적으로 부족한 실정이다. 그리고 비료의 유효 성분이 10~20% 수준으로 국제수준인 유효성분 함양 40%에 미달한다고 한다.[257]

석유화학부문을 보면 정유공장은 중국의 지원으로 건설된 봉화화학공장(평북 피현군)과 구소련의 지원으로 건설된 승리화학공장(나선시)이 있는데, 각각 150만 톤, 200만 톤의 정유능력을 보유하

---

255) 사리원 카리비료 연합기업소는 「3차 7개년계획」기간인 1986년 9월에 착공하여 1992년 3월 1단계 공사를 완료하였으나, 정상적으로 가동하지 못한 채 2004년 완전히 철거된 것으로 알려졌다.

256) 산업은행(2005. 12), 『북한의 산업실태 분석』, p.385. 요소 18만 톤, 질산칼슘 35만 톤, 황산암모늄 40만 톤, 과인산석회 40만 톤.

257) 홍성국, 위의 책, 『자력갱생의 기로』, p.245. 의화학 공업 내용 중 북한에서 생산되는 비료 중 질소비료는 순질소성분이 18-205에 불과하며 인비료는 유효성분이 10% 미만에 불과하다고 밝히고 있다.

고 있으며, 가솔린·나프타·등유·경유·제트연료·중유·윤활
유 등을 생산하고 있다.

봉화화학공장은 신의주 남방 14km 지점에 위치해 있어 중국의
대칭(大慶)원유를 송유관을 통해 공급받아 사용하고 있으며 남흥청
년 화학연합기업소에 나프타를 공급하기 위하여 경질유 위주의 제
품 생산을 위한 수첨분해(Hydrocracker) 설비[258]를 보유하고 있다.

승리화학공장은 1973년에 건설된 북한 최대의 정유공장으로 러
시아로부터 철도를 이용한 원유도입에 유리한 조건을 갖추고 있으
며 인접한 선봉항을 통해 원거리 산유국으로부터 원유를 공급받을
수도 있다.

그러나 1990년대 들어 사회주의권의 붕괴와 함께 러시아로부터
의 원유도입이 거의 중단됨에 따라 1998년 이후 정상적인 운영이
어려운 상태이다.

석유화학공장으로는 1971년부터 프랑스 등 서구로부터 설비를
도입하여 건설한 남흥청년화학연합기업소(평남 안주)가 있는데, 이
공장은 봉화화학공장으로부터 나프타 등을 공급받아 비료·폴리에
틸렌·에틸렌글리콜·아니론섬유(폴리에스텔 섬유)·펄프 등을 생
산하고 있다.

---

258) 감압경유를 촉매가 채워진 고온·고압의 반응기에서 수소와 반응시켜 분해하는 시설로 LPG·나프
타·등유·경유 등을 생산한다.

4) 건재공업

북한에서의 건재공업이라 함은 "기본건설에 이용되는 시멘트 · 철재 · 목재 · 벽돌을 비롯한 건설자재를 생산하는 물질적 생산부문"[259]을 뜻한다.

따라서 시멘트공업, 목재가공공업, 금속건재공업, 요업건재공업, 화학건재공업, 유리건재공업, 돌건재공업 등이 여기에 포함된다.

그러나 철근 · 형강 · 판강 등의 압연강재는 금속공업에 속하고, 통나무는 임업부문에 속하므로, 건재공업부문에서 생산되는 중요한 자재는 시멘트 · 유리 · 기타 내화물 등이다.[260]

풍부한 석회석 자원을 보유한 북한은 전후 산업시설 복구와 주택보급 확대를 위해 시멘트공업을 기간산업으로 육성코자 노력하여 왔으나 자본부족과 전력난 등으로 시멘트공업의 발전이 거의 이루어지지 못하였다.

북한의 시멘트공업은 1970년대 후반에 완공된 순천시멘트공장, 1989년 4월에 완공된 상원 시멘트공장을 비롯하여 2.8, 해주, 승호리, 천내리, 만포, 고무산, 부래산, 구장 시멘트공장 등 10여 개의 주요 공장과 50여 개의 중소규모 시멘트공장을 보유하고 있다.

북한은 제3차 7개년계획이 끝나는 1993년 말까지 총 2,200만 톤의 시멘트 생산능력을 갖춘다는 계획을 세웠으나 실제 생산능력은 1,202만 톤 수준이다. 시멘트 생산은 1991년 이후 시설 노후화, 전력난 및 유류난 등으로 1998년까지 감소하다가 1999년부터 조금씩

---

259) 『경제사전』1권, 1985, p.75.
260) 『조선대백과사전』1(평양: 백과사전출판사, 1996), p.544.

증가하여 2008년 현재 641만 톤에 이르고 있다. 북한은 2000년대 들어 개천-태성호 물길공사, 미루벌 물길공사, 주택보급 확대정책에 따른 주택 건설 및 평양시 등 도시 재건 현대화 등 대규모 건설 사업 추진으로 건설용 시멘트 수요가 증가함에 따라 생산 증대에 많은 노력을 기울이고 있다.

북한의 판유리공업은 제조기술 및 품질 면에서 크게 낙후 되어 있는 것으로 평가되고 있다. 북한은 양질의 규사가 풍부하게 부존되어 있음에도 불구하고 2~3개 공장을 제외한 대다수 공장이 연산 10만 상자 미만의 소규모 공장이며, 판유리 이외에도 광학유리, 유리병 등도 생산하고 있는데 판유리의 경우 평활성이 낮아 자동차용 또는 산업용으로 사용하기에는 문제가 있는 것으로 알려지고 있다.

2000년 9월 남포유리공장 폐쇄와 시설낙후, 에너지 부족 등으로 2003년에 북한의 연간 판유리 생산량은 51만 상자로 극히 부진한 상황이었으나 2005년 10월에 중국의 무상원조에 의한 대안친선유리공장이 준공됨으로써 현재는 292만 상자의 생산능력을 보유하고 있다. 대안친선유리공장의 판유리 생산으로 평양시 등 아파트 창유리 공급이 원활해졌으며, 일부는 중국·러시아·한국 등으로 수출하고 있다.

내화물공업은 세계 최대 규모로 부존되어 있는 마그네사이트가 힘이 되어 발전하여 왔는데, 이 중 단천 마그네시아 종합공장은 연간 200만 톤 규모의 북한 최대 공장이다.

북한은 해외 전략수출품목으로 개발하기 위하여 도자기 공업에도 많은 관심을 기울이고 있는바, 주요 생산 공장으로는 경성도자기연합회사, 문덕도자기공장, 안변요업공장 등이 있으며, 1990년 9월에는 경성도자기연합기업소 산하에 7.6도자기공장을 새로 완공하였다.

벽돌 및 기와공장은 북한의 주택공급계획에 부응하여 전국적으로 분포되어 있으며, 이중에서 평양벽돌·순천벽돌·강남벽돌공장 등 25개 공장은 비교적 규모가 크다.

1998년 8월 완공된 강계기와공장은 자강도 내 주택보급의 확대를 목적으로 자체 건설된 것으로 연산 300만 장의 기와생산능력을 보유한 것으로 알려져 있다.

5) 경공업

2011년 새해 공동사설의 첫 화두가 '올해에 다시 한 번 경공업에 박차를 가하여 인민생활 향상과 강성대국 건설에 결정적 전환을 일으키자'다. 이는 북한 주민들의 심각한 생필품 부족현상이 향상되지 않고는 2012년 강성대국 개막과 맞물린 김정은의 3대 승계절차도 순조롭게 이뤄지지 못한다는 데서 지난해에 이어 두 번째 내놓았다. 그럼 경공업 육성책의 현실은 어떤가.

북한의 산업정책은 편향된 중공업 우선정책으로 집중투자하면서 경공업분야는 상대적으로 낙후된 것이다.

그럼에도 북한이 늦게나마 공업에 눈을 뜨기 시작한 것은 1980년대부터 이었다. 경공업의 발전이 주민들의 소비생활수준 향상과 직결된다는 점을 인식하고 관심을 보이기 시작하였다.

(1) 늦게 출발한 경공업

1984년부터 김정일 주도로 전개되고 있는 이른바 '3인민 소비품 증산 운동.'[261] 제3차 7개년계획기간(1987~1993)에는 방적설비의 현대화, 지방공업부문에서의 공정 및 설비 현대화, 합영법에 의한 국제협력의 강화 등 주요 목표 제시, 1989년의 '경공업의 해' 설정 과 '경공업발전 3개년계획'(1989. 7~1992. 6)의 추진,[262] '전국경공업대회' 개최(1990. 6), 외국과의 합영·합작을 통한 경공업 제품의 공급증대 모색 등이 그 예이다. 특히 1994년부터는 당 중앙위 제6기 21차 전원회의(1993. 12. 8) 결정에 따라 완충기(1994~96) 중점과업의 하나로 경공업제일주의 방침을 설정, 왜곡된 경제구조를 조정하고 주민들의 생필품공급을 증대시키는 데 정책적 주안점을 두었다.[263]

경공업 제일주의는 생필품 부족을 타개하고 인민생활을 향상시키기 위해 모든 잠재력을 동원 인민생활에서 획기적 전환을 가져오기 위한 조치[264]이다. 중소규모의 북한에서의 경공업제품 생산체계는 대규모의 중앙공업, 중·소규모의 지방공업, 제품생산과정에서 발생하는 각종 부자재·폐자재를 활용하여 소위 '8.3인민소비품'을 만들어내는 공장·기업소의 생필품직장이나 작업반 등 세

---

261) 1984년 8월 3일 김정일이 평양에서 개최된 경공업제품 전시회를 현지지도하면서 각지의 공장·기업소 내에 가내작업반을 확대 조직하여 폐설물과 부산물을 이용해 피복·일용품·신발·잡화 등 생필품을 공급할 것을 지시한 데서 유래하였다.

262) 이 계획은 제6기 제16차 당중앙위원회 전원회의(1989. 6. 7~11)에서 채택되었다.

263) 북한은 1993년 12월 제3차 7개년계획의 실패를 자인하고 향후 2~3년을 완충기로 설정하였으며, 동 기간 중에는 농업·경공업·무역제일주의 방침으로 경제정책을 추진할 것임을 제시하였다.

264) 서승환, "경공업 제일주의 방침을 철저히 하는 것은 현 시기 사회주의 경제건설에 나서는 중요한 전략적 과업", 『경제연구』(평양: 과학백과사전 종합출판사, 1994. 2), pp.8~12.

가지로 구분할 수 있다.

북한은 1973년부터 지방 예산제를 확대하면서 주민생필품 생산
은 지방행정기관 책임하에 중·소규모의 지방 경공업공장이 담당
하도록 하고 있으나, 지방재정 조달의 한계로 인해 지방 경공업공
장을 건설하기 위한 신규투자가 원활하지 못하였다.

북한 발표에 의하면 군(郡)마다 평균 25개 이상의 지방 경공업공
장이 가동 중에 있다고 하나,[265] 대부분 규모가 영세하고 설비가
낙후하여 별다른 성과를 보지 못하고 있다.

대외적으로 보면 과거에는 구소련과 경공업상품 생산에 대한 중
장기 ‘조·소 경공업협정’을 체결, 구소련이 공급하는 원료로 각종
의류·신발 등을 생산하여 완제품을 구소련에 납품하고, 일부제품
은 노동력제공대가로 북한이 사용하도록 되어 있었으나 구소련의
체제 붕괴 이후 러시아와의 관계악화 및 북한의 경공업 기술수준
낙후, 납기지연속출 등으로 양국 간 경공업분야 협조는 급격히 감
소되었다.

최근에는 ‘경제건설과 인민생활에서 결정적 전환’을 목표로 경
공업공장들의 개건 현대화 추진과 원자재 보장대책을 세워 질 좋
은 인민소비품을 양산할 것, 인민소비품 종류를 늘일 것 등을 중점
과업으로 설정하고 있다.

그러나 이와 같은 경공업 발전을 위한 각종 운동전개나 계획수
립에도 불구하고, 생산시설의 영세성, 시설장비 및 생산 공정의 전
근대성 등으로 여전히 제품의 질적 향상과 대량생산체제를 갖추지
못해 2005년도 직물생산량은 1994년의 절반 수준으로 감소하였다.

---

265) 『조선중앙통신』(1990. 10. 8). 274.

북한은 1983년 이후 '경공업혁명'을 통한 인민생활 향상을 강조해
왔지만, 경제난이 지속되면서 거의 실효를 거두지 못했다. 북한의
경공업 제품은 수입 중국 공산품 소비재와의 경쟁에서도 밀려났다.
2000년대 초반 이후 장마당에서 팔리는 공산품 소비재의 80~90%
가 중국제인 것으로 알려지고 있다.[266]

(2) 분야별 실태

북경공업 분야 중 가장 큰 비중을 차지하고 있는 섬유공업 실태
는 다음과 같다.

북한의 섬유공업은 주로 경공업성에 소속된 방직공업관리국, 은
하 무역총회사, 비단공업관리국 등이 관리하고 있으나, 소규모의
의류공장이나 직물공장은 지방행정기관의 피복공업관리국에서 관
할하고 있는 것으로 알려지고 있다.

방직공업관리국 산하에는 구성 · 평양종합 · 신의주 방직공장과
강계 · 선교 · 사리원 편직공장과 평양 양말공장 등의 편직공장이
속해 있다. 선교 공장은 2003년 8월 5일 김정일 위원장의 현지지도
이후 개건, 현대화의 목표에 따라 수백 대의 설비들을 새로 도입하
는 등 개건 · 현대화를 통해 양질의 제품 생산과 수출증대 노력
등[267]으로 경공업부문에서 전국적인 본보기 단위로 알려졌다.

5은하무역총회사 산하에는 신의주 · 성천강 · 원산 및 대동강 등
수출피복 공장과 동대원, 용성과 선교 피복 공장 등 2여 개의 의류

---

266) 최수영, 『북한의 산업구조 연구』(통일연구원 연구총서 05-18, 2005), p.45.

267) 『조선신보』(2006. 1. 17).

공장들이 있다.

비단공업관리국은 성천·평양 제사공장, 금야·팔원·영변·박천[268] 견직공장 등 제사 및 견직공장을 관할하고 있다.

또한 경공업성 산하 '피복연구소'에서는 주민들의 직업·체격·연령 등에 맞는 옷의 형태와 규격을 제정, 의복을 제작하고 있다.

다른 공업 분야에 비해 비교적 발전한 섬유공업은 학사(인견사와 화학섬유)와 모사, 면사를 혼방한 방직계열이 주축을 이루고 있으며, 특히 석탄과 석회석을 원료로 하는 비날론 공업이 발달하였다.

직물부문은 제3차 7개년계획기간(1987~1993) 중 생산목표를 15억㎡로 설정한 바 있으나 2005년 직물 생산량은 1억㎡로 직물 생산능력(6.7억㎡)의 14.9%에 불과하다. 화학섬유 생산량은 2.8만 톤으로 생산능력(17.7만 톤)의 15.8% 수준으로 설비가동이 매우 저조함을 나타내고 있다.

북한은 전력사정 악화, 기술력 저하, 장비의 노후화, 원료난 등으로 전반적인 생산능력의 침체를 겪으면서 생산량도 1990년 이후 매년 줄어들다가 2005년에 들어 약간 회복되었다.

화학섬유공업은 함흥의 2.8비날론연합기업소, 의주화학섬유연합기업소, 청진화학섬유공장과 함흥모빌론공장 등이 있다. 북한의 방직공장은 대부분 방적(紡績)과 제직(製織)을 겸하고 있으며, 주요 방직공장으로는 북한 최대의 종합방직공장인 평양종합방직공장을 비롯하여 강계방직공장, 사리원방직공장, 개성방직공장, 구성방직공장 등이 있다. 특히 평양은 북한 최대의 방직공업 중심지로서 전

---

268) 박천 견직공장은 생산 공정 현대화에 성공한 모범사례로 2000년 6월에 이어 2007년 3월에 김정일 위원장이 현지지도를 하였다.

체생산의 약 40%를 차지하고 있다.

1992년에는 UNDP의 지원 하에 은하무역총국이 컴퓨터 피복설계기술을 도입하는 등 5개 공장에서 현대화 공사가 추진되었다. 2002년에 들어와서는 '흐름식' 생산 공정을 갖춘 평성피복공장의 조업을 시작했다.

2006년에는 인민생활 향상을 위한 '경공업혁명'을 강조하면서 평양방직공장, 평양방직기계공장, 박천견직공장, 영변견직공장, 평양제사공장, 신의주신발공장, 평양일용품공장 등 경공업분야 여러 단위들에서 생산 공정 현대화 사업을 추진하고 있다.[269] 특히 경공업 우선 지원의 국가적 조치를 시행하면서 '국가투자'에 의해 평양방직공장·평양편직바늘공장·박천견직공장의 개건·현대화 사업이 추진 중에 있다.[270] 비단공업관리국에서는 견직공장들의 설비능력 향상을 위한 기술계조사업과 품질향상을 도모하면서 다색단과 비로도천 생산에 주력하고 있다.

북한의 신발생산은 경공업성 산하 신발공업관리국에 의해서 관리되고 있다. 신발공업관리국의 관할하에 있는 공장으로는 평양신발공장·평양염화비닐신발공장·신의주신발공장·순천구두공장 등 대부분의 신발공장과 신발연구소 등이다.

북한은 각지의 신발수요를 충족시키기 위하여 각 도소재지들과 주요도시에 신발 생산 공장을 배치하고 있으며 가장 큰 중심지는 평양과 신의주다.

북한의 연간 신발생산능력은 약 9,300여만 켤레 수준으로 추정

---

269) 『중앙방송』(2007. 3. 24)
270) 『조선신보』(2007. 1. 23)

되고 있으며, 평양과 신의주의 신발생산능력이 각각 2,200만 켤레씩으로 두 지역이 전체 신발생산능력의 47%를 점유하고 있다.

신의주신발공장의 연간 생산능력은 2천만 켤레로 북한에서 제일 큰 신발공장이며, 주요제품은 천 신발이 큰 비중을 차지하며, 운동화 · 노동화 · 농구화 및 편리화 등을 전국에 생산, 공급하고 일부는 수출도 하고 있다.

최근에는 신발설계를 전산화하고 절전형 기름가열기를 도입하는 등 최신 설비도입에 의한 생산 공정의 현대화에 주력하고 있다.

5. 사회간접자본(SOC)[271]

1) 철도

2011년 통계청이 발표한 통계자료 중에 2009년 현재 북한이 남한보다 앞서는 산업부문은 철도 총연장뿐이라는 대목이 나온다. 물론 북한철도의 역사도 남한보다 앞서 있다.

실제로 철도총연장은 북한이 5,214km, 남한이 3,392km로 북한의 철도연장이 남한보다 1.53배 더 길며, 전철화연장은 북한이

---

271) 사회간접자본이란 국민생활의 질 향상, 국토의 효율적 이용, 경제사회의 장기적인 발전을 위해 불가결한 기반으로 경제와 산업 활동에 기여하고 생활환경향상과 안전적 국토형성에 기본이 되는 기반시설(철도, 항만, 도로, 공항, 통신, 에너지 시설 등)로서 하부구조(infrastructure)라고 불린다. 참고로 사회간접자본의 남북한 대비를 보면, 철도의 경우 남한은 북한이 5천242km로 남한의 3천378km보다 1.4배 많다. 도로 총연장은 1억 498만3천km로 북한의 524만 2천km보다 4.1배 길었고, 항만하역능력은 남한이 8억 53만3천t, 북한이 3천700만으로 21.6배, 선박 보유톤수는 1천392만과 84만t으로 16.6배가 벌어졌다.

4,132km, 남한은 1,596.7km로 역시 북한이 2.58배 더 길다. 차량보유 현황을 보면, 화차는 북한이 남한보다 1.33배 더 보유하고 있으나 객차의 경우 남한의 0.45배 수준에 불과하여, 북한철도에서 화물수송이 차지하는 비중이 여객 수송보다 높음을 간접적으로 알 수 있다.

그밖에 북한 철도 시설 현황을 보면 기관차 대수는 1천1백53량이며 객차는 1천45량, 화차는 2만 1천2백71량 규모이다. 철도망은 전국적으로 70여 개의 노선으로 짜여 있다.

철도의 현대화를 위해 우선 철도의 전기화·중량화에 주력하고 있는데 핵심은 개성－평양－신의주를 연결하는 서부지역 노선과 원산－나진을 연결하는 동부지역 노선, 그리고 평양－원산을 잇는 동서횡단 노선을 기본으로 하고 있다.[272]

이와 더불어 평양－만포－혜산－무산을 연결하는 북부내륙 순환노선과 길주－혜산을 잇는 북부동서 연결노선으로 구성되어 있다.

주요 철도망을 살펴보면 평의선(평양－신의주, 224.8km)을 비롯해 평나선(평양－나진, 819km), 만포선(순천－만포, 303.4km), 함북선(청진－회령건나진, 326.9km), 북부철길(만포－혜산, 252km), 평부선(평양－개성－봉동, 199.3km), 백무선(백암－무산, 187.4km), 평남선(평양－남포－온천, 89.6km) 등이다. 한편 금강산 관광개발을 목적으로 '89년 착공했던 원산－금강산 간 철도(101.5km)가 1997년 4월 개통된 바 있다.

철도 운영 체계를 보면, 일제 때 평양철도국－북조선철도국－교통성－교통체신위원회가 철도부와 체신부가 육·해운부로 분리되

<hr>

272) 안병민, "북한의 철도현황과 한반도의 대륙철도망"(남북철도연결기념, 정책 세미나 2000), p.57.

면서 철도부도 따로 분리됐다가 1998년 헌법 개정에 철도성으로 명칭만 바뀠다.[273]

이토록 기구의 명칭이 많이 바뀐 것은 그만큼 역사도 오래 됐고, 한편으로는 사회간접자본(SOC)의 상징이라 할 철도의 열악한 현실도 엿보게 하는 대목이다. 철도성의 주 업무는 철도부문에 대한 계획, 작성, 실행기술지도 자재 및 설비보강, 대책수립 연구사업 운영 등에 대한 계획을 수립, 집행한다.

북한에서 철도의 중요성은 1946년 김일성이 '철도는 나라의 동맥이다'라고 한 데서부터 철도가 수송의 절대적 위치를 차지하고 있다. 이는 김정일 시대에 와서도 반복되는데 '철도의 물질, 기술적 토대를 튼튼히 꾸리고 수송 조직을 개편 철도운행을 정상화할 것'을 촉구하고 있다.

그만큼 철도는 북한의 수송에 있어서 그 의존도가 절대적 위치를 차지하고 있다. 실제 철도 총연장은 수송 분담 능력도 철도가 전체 물동량의 86%(도로 12%, 해운 2%)로 높은 의존현상을 보여주고 여객수송에 있어서도 철도가 60% 정도를 담당하는 주철종도(主鐵從道)현상을 띠고 있다. 이런 현실은 산악지대가 80%를 차지하는 험준한 지형적 특성과 동·서해안의 분리로 도로 및 해운수송망이 취약하면서, 결국 철도 의존도가 높을 수밖에 없다.

거기다 철도와 도로의 연계도 불합리하다. 장거리 교통수단이 돼야 할 철도가 가까운 육로거리까지 커버하는 실정이다. 이런 불균형적 수송구조는 사회경제적 이동성(Socio-Economic Mobility)을 크게 제약시켰고, 결국 북한사회경제 전반까지 저해하고 있다.

---

273) 홍성국, 앞의 책,『자력갱생의 기초』, p.233.

철도 운수정책의 기본은 수송능력 확대에 모아지고 있으며, 이를 위해 광궤화(협궤를 표준궤로 전환), 중량화가 적극 추진되고 있다. 전철화 비율은 비교적 높은 편으로 철도 총연장의 78.8%수준인 4천30㎞가 완료됐다.

이같이 전철화에 주력하는 이유는 첫째, 험준한 산악지대가 많은 지형적 제약으로 인해 증기기관차나 디젤기관차에 비해 견인력이 좋아 효율성이 높고, 둘째 노후화돼 가는 증기기관차의 대체가 불가피한 데 있다. 셋째, 수입 유류를 사용해야 하는 디젤기관차보다 전기기관차를 운행함으로써 동력의 자급화를 도모하는 데 유리하기 때문이다.

철도 정상화에 그렇게도 안간힘을 쓰는 데 왜 난맥상은 그대로 드러나고 있는가.

첫째, 수송수단이 다양화되어 있지 못한 북한 교통체계에서, 여전히 전체 물동량의 86%를 철도에 전적으로 의존하고 있다는 점이다.

둘째, 전철화가 계속 추진되면서 운행의 빈도도 그만큼 높아진다. 그럼에도 1998년 말 현재 총 연장은 5,214㎞로, 전철 연장은 4,132km(전철화율 79.2%)이다. 그러나 대부분의 철도 관련 시설은 여전히 노후화된 상태이며, 철도의 98%가 단선이다. 그래서 중간역에서 대기시간이 길어 지체현상이 늘고 있다.

셋째, 전력난이 심화되어 전력공급이 원활치 못한데다 열차 안전운행을 위한 자동신호 및 정지장치 등 현대적 시설이 미비하여 탈선 및 충돌사고가 빈발하고 있다. 2003년 용천 열차 폭파 사건의 원인도 철도 시설 미비였음이 만천하에 드러난 사례다.

시설에서도 교량, 터널, 침목, 노반 등 철도 부대시설이 취약하여 열차의 평균시속이 30~65km에 불과하다.

넷째, 지역 내의 단거리 도로운송 시설이 빈약해 장거리 운송용인 철도가 단거리 수송까지 맡으면서, 철도운영의 효율성을 저하시키는 요인이 되고 있다.[274]

끝으로 철도망 분포의 불균형한 형성도 문제다. 일제가 대륙침공의 교두보 구축을 위해 실시한 철도가, 인구이동이 빈번하게 이뤄진 지금까지 그 골격을 유지하고 있는 불균형 구조이다. 이 같은 철도 수송난 해결을 위해 북한은 다각적인 노력을 펴고 있다. 철도 수송정책에 대한 내각결정에 따라 철길보수, 자갈정리, 도랑치기 등 노력동원을 통한 지원사업과 함께 철강재와 목재, 디젤유 등 물질적 지원까지 다양하게 펴고 있다.

2002년부터 펴는 청년동맹원들을 동원한 노동참여와 기동선전대 활동을 통해 3만 5천여km 구간의 자갈정리, 1천여㎥의 자갈다짐, 3천1백km의 철길보수, 1천4백km의 도랑치기가 그 사례다.

한때 남북 간의 교류 접촉의 첫 번째 화두가 철도연결 문제였다. 남·북·러시아 간 시베리아철도 개설추진에 따라 2001년 8월 북·러 간 정상회담에서는 한반도 종단철도(TKR)와 시베리아 횡단철도(TSR) 연결에 합의도 했다. 그리고 그 실천을 위해 우선 평양-원산-회령-도문-핫산을 연결하는 움직임이 추진하다가, 지금은 주춤한 상태다. 일단 남북철도 연결 사업은 일부 구간이 우여곡절 끝에 완공됐다.

바로 문산-판문역(27.3km)공사를 끝냄으로써 향후 개성공단사업의 활성화가 기약돼 있고, 동해안에도 저진-금강산(25.5km)을

---

274) 『북한개요』(통일부, 2002), p.398.

연결, 철도를 통한 금강산 관광의 활성화가 점 처지고 있다. 아무튼
이 사업은 분단 55년 만에 연결된 철도라는 데 일단 의미를 부여할
수 있다.[275]

2) 정보통신, IT

(1) 북한식 정보통신 개념

무릇 북한에서는 '체신'을 어떻게 정의하고 있는가. 우편, 전신,
전화 등을 접수 전달하는 사업을 통하여 사회적 생산과정과 주민
생활에 복무하는 경제부문이라 정의하고 있다.[276] 따라서 그 중요
성에서도 '사회생활의 영역에서 이뤄지는 연계를 신속 정확히 지
어주고 소식을 제때에 전달하여 주는 나라의 신경'으로 간주한
다.[277]

이 같은 포괄적인 뜻만으로도 자본주의 사회에서의 정보통신은
사회간접자본 혹은, 하부구조를 칭한다는 정의와는 다소 다르다.

거기다 체신의 영역에 방송까지도 포함되는데 이는 당의 노선과
정책의 정당성을 제때에 전달, 침투시키는 역할을 한다는 의도에서
방송도 체신의 범주에 넣고 있다. 체신사업은 크게 전기통신, 우편
통신, 방송 등으로 구분한다.[278]

---

275) 김영윤, "북한의 사회 간접 자본 현황과 경협 전망"(통일교육연구원 2004년 5월 28일 월례 통일 포
 럼), p.5.

276) 김상택 · 공정일, "북한의 정보화와 남북통신통합", 남북정상회담개최기념 심포지엄(발표논문, 2000.
 6. 23), p.4

277) 김일성, "체신은 나라의 신경이라고 말할 수 있습니다", 『김일성 저작선집 2권』(조선노동당 출판사,
 1979), p.139

체신의 기구와 조직이 처음 생긴 시기는 1945년 '북조선 체신국'이 조직된 후, 1946년 북조선 인민위원회 결정에 따라 체신국으로 전환되면서 부터였다.

그 후 정권수립 후 체신국이 체신청으로 개편되면서 단일운영체계를 갖추었고 1972년에는 철도성과 해운 및 육운성을 통합 교통체신위원회로 단일화했다가 1976년 체신성을 다시 분리, 체신에 대한 계획, 작성, 실행, 기술지도 등 운영을 담당하고 있다.

조직은 체신성 아래 체신관리국, 체신소 등이 있고 사업을 직접 담당하는 체신운영기업소들은 전신전화국, 중계소, 무선결속소, 방송국 등이 있다. 체신행정기능의 독특한 현상은 체신업무의 기능별 다원화를 꼽는다. 일반적으로 체신의 고유 업무인 우편(편지, 소포, 송금), 전기통신(유·무선 전신, 전화), 전파관리는 물론이고 다른 나라에선 방송 영역으로 구분돼 있는 방송(유·무선 라디오 TV)까지 통신의 범위에 넣었고 지역의 유선방송까지도 체신영역에 포함하고 있다.[279]

북한은 체제의 특성상 선동선전 경제(propaganda economy)인 만큼 통신을 전 인민적 소유로 분류하여 중앙이 직접 통제, 관리하는데 이는 통신이 국가안보적 차원에서 중요한 비중을 차지할 뿐 아니라 선전선동의 주요 수단으로 활용되기 때문이다.

그래서 북한은 통신을 '나라의 신경'으로서 중요한 부문으로 규정은 하고 있으면서도 실제로 국가 안보적 사안인 때문에 공개는

---

278) 홍승원, "북한 통신정책 변화와 교류협력 모색", (한국방송통신학회『방통학회 연구』창간호, 2009), p.213.

279) 홍승원「북한통신정책의 특성과 실태」(『전기통신 론총』제1집, 1990), p.359.

안하고 있다.

(2) 통신현황

북한의 통신부문은 지금까지 그 기능이 행정의 수요를 충족시키고 주민들에게 정책을 전파하는 공공성에 국한시키고 있기 때문에 매우 취약한 상태에 있다.

대내전화망은 평양과 도·시·군·리 간에 종적으로 연결된 중앙집중체계로 구성되어 있는데, 2005년 말 현재 총 110여만 회선 가운데 평양을 비롯한 주요도시를 제외하고는 대부분 교환수를 통하는 수동 교환시스템에 의존하여 왔다.

먼저 국내 통신현황을 종합해 보면, 1946년 구소련과 우편물 교환업무를 개시했고, 조·중 통상우편협정(1949)을 시작으로 통신영역을 열어 왔다.

특히 1990년대 경제난의 가중은 통신 인프라의 노후화를 초래했고 통신의 디지털화는 매우 낮다. 또한 통신정책 자체가 주민 간의 정보교환이나 편의제공인 대국민 서비스 측면보다 '지휘통신과 산업통신'으로서의 기능을 강조하는 데서 행정 수요에 초점을 맞추게 된다. 그러니 일반 전화 보급률이 낮고 따라서 통신의 공적 서비스도 열악하다.

주로 전화가 공장, 기업소, 협동농장, 정부기관 등에 설치된 '산업전화'의 운영에 우선하고 있다. 공장 기업소 등엔 성형구조(star structure)로 된 일반 전화망과는 별도로 연관된 공장, 기업소의 통신을 중계하는 산업별 통신망이 400여 개나 있다[280].

1990년대 이후 통신사업 현대화를 내걸고 대외적으로는 유엔개발계획(UNDP) 국제통신연합(ITU) 등 국제기구의 지원 하에 선진기술 도입을 추진하면서 각국별로 '체신협정'을 체결하는 등 국제협력 강화를 모색하여 체신기반을 조성했다. 그리고 2003년부터 북한 전역의 시, 군에까지 광케이블 확장 공사를 추진, 통신 중계소 증설, 컴퓨터 통신망구축 하면서 지금까지의 수동식 교환기[281]의 자동화기기로의 교체작업에 착수하는 등 평양과 지방 도시 간 통신망 현대화사업을 적극 추진하여 왔다.[282]

북한은 제3차 7개년계획(1987, 1993) 기간 중 평양을 중심으로 대도시 간의 현대적인 통신망을 확충하는데 평안북도의 1단계 광케이블공사는 평양-신의주, 신의주와 도내 16개 시·군 및 3개 노동자구 사이의 400km에 달하는 통신망 현대화 공사가 완공되었다. 그러나 대체적으로 북한의 통신망은 열악하다.

북한의 조선체신회사는 태국 록슬리 회사와 공동으로 2002년 11월에 평양시·나선시에 유럽형 GSM방식의 휴대전화를 개통하였고 이후 2003년 9월 남포·개성·해주·함흥·신의주 등 9개 도 소재지와 평양-개성·향산, 함흥-원산 간 도로 주변 지역에 이동통신망을 추가로 개통하였다.

그러나 북한 당국은 2004년 4월 용천역 폭발 사고 소식의 외부 유출을 계기로, 일부 간부들을 제외한 일반 주민들의 휴대전화 사

---

280) 노승훈, 박종봉, "북한의 정보통신현황과 정책", 『인터넷과 북한』(서울: 극동문제 연구소, 2000), p.12.

281) 『조선중앙방송』(2003. 10. 1: 북한은 전국체신부문 일꾼 대회를 통해 광섬유 통신망 구축사업에 대한 나름대로의 청사진을 제시했다.

282) 홍승원, 「남북 간 통신교류진단」(『델타마띠끄 문명과 정보문화』, 1989. 4. 21 체신의 날 기념 학술 강연회 발제안).

용을 금지한 바 있다. 이후 북한은 낙후된 통신환경을 개선하기 위해 2008년 12월 15일 이집트 오라스콤 회사의 지원으로 구축해온 WCDMA 방식의 휴대전화 서비스를 평양지역에 한정 개통하였다. 오라스콤은 1년 안에 평양을 비롯한 대부분의 주요도시에서 휴대전화서비스가 가능하도록 추진할 예정이다.

또한 전화망 분포와 같은 체계로 전 지역에 컴퓨터 통신망을 구축했으며 주요 기관 간 「광명」(인트라넷)을 통해 전자우편을 교환하고, 자료도 공유하는 등 인터넷처럼 사용하고 있다. 한편 2006년 경부터 평양의 세계식량계획(WFP)과 유니세프가 각각 인터넷 서버를 설치해 이용 중이다. 나머지 여러 국제기구는 이 서버를 공유하여 사용 중이다.

한편 북한은 1990년 8월 정지위성과 궤도위성으로부터 기상자료를 수신할 수 있는 기상수문국 기상위성 수신소를 준공함으로써 중장기 기상예보가 가능하게 되었다. 이에 따라 농작물 피해 감소 및 해상, 항공운수의 안전운항은 물론 해류분석으로 어족자원의 분포실태 파악 등 농수산업 분야에서 기상예보의 활용도가 다소 향상된 것으로 보인다.

국제 통신 현황을 보면 러시아, 중국, 싱가포르 등 10개의 국가와 국제통신을 운영하고 있으며 이들 국가를 경유하는 중계망을 이용하여 세계 170여 개 국가들과 통화를 할 수 있게 됐다. 특히 오랜 혈맹관계를 유지해 온 중국, 러시아와는 국제 통신망이 잘 짜여 있다. 무선망으로는 평양 - 북경, 평양 - 모스크바가 연결돼 있고 유선망으로는 신의주 - 북경 간, 청진 - 블라디보스토크 간에 구축되어 있다.

서방국가들과는 평양-홍콩, 평양-싱가포르, 평양-일본 사이
에 무선망이 이용되고 중국의 북경지구국을 통한 간접적인 국제통
신방식도 사용되고 있다. 위성통신사업은 1984년 사회주의권의 통
신위성 기구인 INTERPRETING에 가입했다. 1986년 평양 근교에
일본, 프랑스 기술진의 참여로 위성통신 지구국이 건설되어 위성통
신을 통한 직접통신이 가능했으며, 1990년에는 UNDP의 원조로
현대화된 기상위성 수신소를 건설하여 궤도위성으로부터 기상자료
를 받게 됐다. 국제통신망은 1986년 3월 평양 근교에 위성통신지구
국이 건설되어 직접통신이 가능하게 되었다. 2003년 10월 현재 총
6개국과 위성 또는 광케이블을 통해 직통으로 연결되어 있으며, 기
타 국가들과는 이들 6개국을 통한 중계방식으로 통화하는 시스템
을 구축하였다.

남북 간 통신회선은 극히 제한적으로 연결되어 있는데 총 56회
선의 통신라인이 구축돼 있다. 이 중 남북한 사이에 직접 연결된
통신회선은 29회선이며 제3국을 경유하는 회선이 27회선이다.

이렇게 열악한 이유는 통신기술 장비의 성격상 군사부문과 밀접
하고 통신교류의 폭이 확대된다는 것은 곧 분단국 통합 논리인 통
상, 통신, 통행이란 '3통'[283]과 직결되기 때문에 남북한 성격상 통
신 연결이 지연될 수밖에 없기 때문이다. 그러나 개성공단개발 금
강산개발, 철도연결사업 등은 통신수요가 증가 요인으로 떠오르고
있다.

---

283) 사회과학원 주체경제연구소, 『경제사전』(평양: 사회과학 출판사, 1985), p.514.

3) IT산업 동향

　2000년에 들어 체신사업을 기능별로 다원화하면서 나온 부서가 전자공업성이다. 지금까지 체신영역에서 함께 다뤄온 전자산업 및 교육 연구 분야를 독립시킨 것이다.[284] 이는 남한의 1980년대 정부 주도하의 통신사업을 독립시킨 선례와 비슷하다.

　그만큼 전자 산업 분야가 북한에서도 "컴퓨터를 안 하면 무지몽매에서 벗어 날 수 없다"는 김정일의 강조가 일러주듯 시급한 과제다. 인민경제 각 부문의 정보화 없이는 강성대국 건설이 불가능하다고 역설하는 가운데, IT산업 육성을 경제회복을 위한 '단번도약'의 중심 고리로 강조하고 있다. 예컨대 세계적인 정보화 산업에 편승, IT산업을 전략산업으로 육성시켜 '빈곤의 늪'에서 탈출하기 위해 IT산업에 박차를 가했다.

　또한 북한은 각종 과학기술행사, 언론선전 등 다양한 방법으로 IT산업의 중요성을 부각시키면서 산업 각 부문의 정보화 추진에 주력하고 있다. 특히 현재의 열악한 기술·자본여건 하에서는 본격적인 IT산업 육성이 어렵다고 판단하고 우선적으로 인재양성 및 IT마인드 조성에 치중하고 있다.

　우선 첫째 과제가 2000년 초부터 북한은 사상 군사 과학기술을 중심축으로 하는 강성대국 전략과 과학기술을 중시, 정치를 표방하면서 대대적으로 인민경제의 현대화, 정보화를 추진해 왔다.[285] 그

---

284) 홍승원, "북한통신정책의 변화 추이와 인력양성"(『북한과학기술 연구』제7집 한국과학기술정보연구원, 2009), pp.81~82.
285) 배경화, "북한 IT기술 활성화를 위한 청사진 마련"(북한과학기술 네트워크 2008. 5. 6, 뉴스레다)

일환으로 '교육에서의 실리주의'라는 일종의 발전교육론을 교육부
문의 핵심전략으로 채택했다. 첫째, IT분야 인재를 집중 양성하는
과학기술교육, 둘째 중등 및 고등교육에서 수재의 발굴과 양성에
중점을 두는 교육체제 개편, 셋째 교육의 질 향상과 경쟁력 제고,
특히 과학기술과 컴퓨터 부문에서 재능 있는 인재를 선발, 집중 육
성하는 조기 교육체제 구축이다.[286] 그 일환으로 대학에서도 자본
이 많이 소요되는 HW보다 단기간의 성과를 위해 IT(정보기술),
BT(생명공학), (나노기술)전문가양성 및 해외유학 및 연수단을 파견
했다. 교육방법도 수재교육 방법을 도입하고 김일성대학 및 주요대
학에 IT과목을 확대하고 수재반 교재 50종을 발간했고 김책공대
교과목 610개를 개편 확대했다. 하나같이 기술개선 현대화를 통한
생산성 향상 품질제고 및 생산 비용절감 개선사업에 과학기술인력
을 충원키 위함이다.

북한은 2000년 10월 전국을 광섬유 케이블로 연결하는 인트라넷
구축을 완료하여 2001년 말부터 시범 서비스를 시작했다.[287] 그리
고 2002년 11월부터는 지역별로 운영해오던 컴퓨터 네트워크를 전
국적인 연결망으로 구축하고 본격적인 서비스를 시작했다. 북한의
인트라넷은 자체의 웹브라우저, 이메일 프로그램, 뉴스그룹, 검색
엔진 등을 포함하고 있으며 내각의 각 위원회와 성, 중앙기관, 김일
성 종합대학을 비롯한 각 대학, 평양 정부센터 등 연구기관, 과학원
발명국, 인민대학습당, 주요 공장, 기업소 등 1,300여 기관 및 기업

---

286) 조정아, "최근 북한 교육의 변화 동향 및 전망"(북한과학기술 네트워크 2008. 5. 6. 뉴스레다)
287) 이하의 내용은 고경민 외, "북한의 IT 딜레마와 이중전략"(『정보화정책』제4권, 2007 겨울), pp.146
    ~147.

소 등이 연결되어 있다.

그러나 북한의 IT 관련 인프라가 기본적으로 컴퓨터 보급률, 이용가능 인구 등에서 취약한 개발초기 수준에 머무름에 따라 당국의 정책적 노력을 뒷받침하지는 못하고 있는 실정이다.

다만 IT산업 육성을 위해 조선컴퓨터센터, 평양정보센터 등 전문 연구기관을 중심으로 S/W 개발에 주력함으로써 일부제품을 수출할 수 있을 정도로 개발수준이 향상되는 성과를 보여 왔을 뿐이다.

2002년 7. 1 경제관리개선조치 이후 북한은 과학기술 발전을 위한 다양한 조치를 강구하고 있으며, 특히 IT부문의 선도적인 역할을 통한 생산성 향상을 도모하기 위해 점차적으로 컴퓨터 관리체계를 도입하는 등 '새로운 자력갱생'을 추구하고 있다. 3차 과학기술 발전 5개년계획(2008~2012)은 중점 사업의 하나로 정보산업발전을 제시했다.

6. 대외무역

1) 무역창구의 다변화

북한이 대외무역에 박차를 가한시점은 1980년대에 들어서다. 북한은 내자 동원에 의한 경제개발이 한계에 직면하게 되자, 대외무역 및 경제협력에 대한 중요성을 인식하기 시작하였다. 이에 따라 서방자본주의 국가들과의 무역 증대를 도모하는 한편, 1984년 9월에는 「합영법」을 제정하여 외자유치를 시도하였다.

특히 1990년대 동구사회주의권의 연이은 붕괴로 주요 경제협력 기반을 상실하게 되자, 1991년 12월 '나진·선봉자유경제무역지대' 개발계획을 공식 발표하고 외자유치에 적극적으로 나섰다. 그 후속으로 외국인 기업법, 합작법, 외국투자은행법, 외자유치법을 개정 적극성을 보였다. 그러나 외화난 수출전선 취약으로 1998년 5억 6천만 불 수준에 그쳤다. 외환관리법에 따라서 대외무역을 총괄하기 위해 출범한 북한 개혁개방의 상징성을 보여주는 선두창구가 현 내각의 무역성이다. 1998년 새 내각 출범 후 조직을 구조 조정했고, 무역성의 권한도 대폭 확대했고, 신진인력을 충원해 가며 자본주의 시장경제 도입의 선발대로 나서고 있다. 이 부처는 남한의 지식경제부와 무역공사(KOTRA) 관세청, 무역협회를 합친 기관과 비슷하다.

우선 산만했던 기구들을 통·폐합, 각 도(직할시)는 1개의 무역회사만을 보유하게 하고, 그 이외는 모두 무역 성으로 흡수해 지위와 권한을 한층 강화시켰다. 수출입업무의 혼란으로 인한 비효율성을 제거하기 위해 관리를 체계화시킨 것이다.

무역성 산하에는 상(相) 밑에 6명의 부상으로 지역별 담당체계를 갖춘 점도 특징이고 각종 투자설명회를 통해 자본주의 경제체제를 접하고, 신세대 인력들도 계속 등용하고 있다.

업무영역도 무역 업무는 물론 세관업무, 외국회사와의 합영(合營)업무 및 운송, 대남교역까지 넓혀서 담당하고 있다.

이렇게 조직을 단일화시켜 놓으면서 과거 국가가 독점해 온 무역부문을 대폭 분권화시켰다. 그 사례가 1992년 무역관리제도의

자율화와 분권화를 촉진시킨 신무역체계의 발표다.[288]

무역성 산하 기구로는 대외협력추진위원회와 국제무역촉진위원회를 비롯해 경제협조관리국, 대외건설관리국, 지방무역지도국, 법규국, 계획국, 무역대표부[289] 등인데 주로 반관반민(半官半民) 성격을 띤 기구들이다.

특히 대외경제협력추진위원회는 외국자본과 기술유치 및 개방특구로 지정된 나진·선봉지대의 개발 사업까지 관장하고 있다.

국제무역촉진위원회는 산하에 많은 무역회사를 둔 무역 전담기구로서, 서방국가와의 무역, 외자유치, 개방특구지원, 나진·선봉개발 부문까지 지원하고 있다.

또한 대남교역 부문에선 1998년 내각의 무역성 산하 기구였던 민족경제협력연합회(민경련)가 주도하고 있다. 무역부의 핵심 단체로 외화벌이 창구다. 1998년 중국 북경, 단동을 거점으로 남한기업들의 유치활동을 펴면서 출발했고 그해 현대그룹 정주영 명예회장이 방북했을 때부터 현대와 인연을 맺었고 이 단체가 남한의 현대아산과 경협합의에 서명, 주로 경제협력을 전담하고 해 왔다. 현재 개성공단사업의 주체기관이기도 하다.

위원장도 국장급에서 차관급으로 격상되면서 권한이 강화된 기구다.

이 단체는 광명성총회사, 삼천리총회사, 개선무역회사, 금강산국제관광 총회사, 고려 상업은행 몇 개의 산하기구를 두고 그동안 남북 교류의 창구 역할을 해 왔다.

광명성총회사는 남한과의 90년 초기 때부터 피복·경공업·농

---

288) 이창규, "북한경제체제의 분권화 분석"(『통일경제』1996년 6호 통권 18호), p.91.
289) 홍성국, 앞의 책, p.337.

수산물을 전문으로 한 오래된 회사이고,[290] 삼천리총회사는 92년 최초로 대우가 북한과 맺은 최초의 합영창구다. 남포공단에 봉제, 의류생산을 벌인 북측의 주체회사다. 그 후 남한의 전자·중공업·화학 분야의 무역 및 투자 산업을 전문으로 하고 있다.

금강산총회사는 현대의 금강산개발 사업을 실무적으로 총괄하고 있고, 금강산관광사업과 관련된 수입금 이체 업무도 관장하고 금강산 육로관광도 여기서 주관했다.

개선무역회사는 농수산물 계약재배 계약, KT&G의 담배, 홍삼 임가공 합작 사업을 벌여 왔다. 최근엔 북한 군자금 유입논란이 일고 있는 북한모래 반입의 창구로 부상하고 있다. 남한의 북한 모래 반입업체 11개 회사가 모두 민경련 산하의 개선총회사와 계약을 맺고 대남 반출을 펴고 있다.

한때 삼성전자가 펴온 소프트웨어 공동개발 프로젝트 및 전자제품 임가공 생산을 체결한 기구도 바로 개선무역회사다.

샛별총회사는 민공련 산하기구로 교역(주로 반출)사업을 펴고 있다. 피복 임가공 농수산물을 주로 하며 대북사업 희망업체를 주로 중국 단동의 민경련과 연결시키고 있다. 최근 최초의 남북연합 사업으로 공장문을 연 '안동 평양 대마(大麻)공장'도 여기서 관장하고 있다. 이 회사는 남북이 각각 500만 달러씩의 자본금을 투자한 남북 첫 공동사업으로 새로운 이정표를 세운 사례다.[291]

조선대풍 국제투자그룹은 국방위원회 소속 구가개발은행소속으로 설립된 회사로, 그동안 동남아를 무대로 외자유치 활동을 펼치

---

290) 『남북교역』(통일부 통일백서, 2003), p.119.
291) 홍성국, 앞의 책, p.251.

고 있으나 최근엔 대북제재로 실적 올리기가 주춤한 것으로 알려졌다. 북한이 1,000억 달러(약 110조 원) 이상의 해외투자를 유치해 10년 안에 농업과 국가기간산업 등을 육성하겠다는 '국가경제개발 10개년전략계획'을 발표했다.

북한 조선중앙통신은 16일 국가 기반시설과 기초산업을 육성하겠다는 경제개발계획을 채택하고 정부 총괄기구로 국가경제개발총국을 설립한다고 밝혔다. 조선중앙통신은 "전체 인민이 2012년에 강성대국의 대문을 열어젖힐 기세로 내달리고 있다"며 '강성대국'을 거듭 강조했다. 이번 '10개년전략계획'이 강성대국 진입을 위한 경제회생 방안이라는 것이다.

2009년 하반기부터 준비해온 이 계획은 12개 분야에 걸쳐 1,000억 달러 이상의 해외 투자를 유치하는 것을 목표로 삼았다. 그동안 대외 사업과 외자 유치 등을 맡아온 조선대풍국제투자그룹이 이 업무를 위임받았다.

10개년전략계획은 농업과 인프라, 지하자원 개발을 목표로 삼았다. 주민들의 식량난을 덜어줄 농업개발을 1차적인 과제로 삼고, 이어 물류산업단지 조성과 전력 생산·고속도로 건설 등 국가기반시설 확충과 에너지 개발에 집중하겠다는 것이다.

그리고 산하에 반관반민성격의 자회사(子會社)와 또 그 아래 재투자회사가 120여 개로 자본주의 기업을 상대로 본격적으로 문호를 넓혀나간다.

최근 4년 넘게 민경련 단둥대표부에서 근무한 전성근 대표가 조만간 평양으로 돌아갈 예정이고, 유럽 등 해외에 나가 있던 민경련 관계자들이 속속 귀국하고 있는 것은 경협 조직 개편과 맞물려 있다는 관측이다.

특히 북한이 시장 경제와 해외 무역에 밝은 전문 인력을 중심으로 민경협 조직을 짤 것으로 보이는데, 더욱 남북 경협을 확대하고, 더 효율적으로 진행하겠다는 의지로 판단된다.

이 같은 움직임은 그동안 남북 교류 협력이 침체기에 놓였다가 다시 기지개를 펴는 것이 아닌가 싶다.

2) 무역규모

북한의 무역규모는 1960년부터 1980년대 말까지 꾸준히 증가하는 추세를 보여 왔다. 그러다가 1990년대 들어와 소련과 사회주의권 교역이 크게 위축되면서 1998년 14.4억 달러까지 급락하였다. 마이너스 경제성장이 지속된 1990~1998년간 무역규모 하락률은 연평균 약 -11%로서, 연평균 약 -3.8%씩의 하락률을 보인 GNI 하락률의 3배나 될 정도로 심각하였다.

특히 이 기간의 수출 하락률은 연평균 약 -10.2%인 반면 수입 하락률은 -11.8%로 수입의 감소율이 더 컸다.

그러나 북한의 대외무역은 GNI가 플러스 성장세로 전환되는 1999년부터 회복조짐을 보여, 1999년 14.8억 달러에서 2008년 38.2억 달러로 매년 연평균 15.8%씩의 성장세를 나타내고 있다.

특히 2010년엔 북한과 중국 간 교역액이 처음으로 30억 달러를 넘어섰다고 한다.

이 같은 수치는 전년도 대비 33% 이상 증가한 것이다. 또 이전 최고 기록이던 2008년의 27억 9천3백만 달러를 넘어선 액수다.

또한 북한의 대 중국 수출액도 종전 최고 기록인 2009년의 7억 9천3백만 달러를 넘어 처음으로 10억 달러를 돌파했다.

통계자료에 따르면 북·중 간 수출은 하반기부터 급증했다. 상반기에는 −4.8%를 기록했지만 7월부터 9월까지 평균 70%가 증가한 데 이어 10월과 11월에는 각각 130%와 153%까지 폭증세를 보였다.

북한의 대외무역 통계는 대한무역투자진흥공사(KOTRA)가 북한과 다른 나라들 간의 무역규모를 수집해서 추산하고 있으며, 남북경협 금액은 포함시키지 않고 있다. 만일 동 기간 동안의 남북경협 규모까지 포함시키게 되면 북한의 대외무역 성장률은 연평균 21.2%의 높은 성장세를 나타내게 된다. 이러한 무역 증가세는 동 기간 동안 총 GNI의 연평균 2%대 성장률에 비하면 비약적인 성장세라고 할 수 있다.

북한의 대외무역은 2006~2007년간 잠시 30억 달러대에서 정체된 적이 있지만, 2008년도에 다시 38.2억 달러로 회복되어 남북경협까지 포함할 경우 이미 1980년대 후반의 최대 규모를 넘어서는 실정인 것이다.

그러나 이러한 북한 대외무역의 양적인 성장 내용을 구체적으로 살펴보면 북한경제의 기초 생산력 회복에 토대를 둔 대외 개방화가 아닌, 단순 해외의존도의 확대 및 전형적인 후진국 무역형태로 구조화되고 있음을 보게 된다.

첫째, 무역규모가 늘어날수록 무역수지 적자규모가 확대되는 만성적인 무역수지 적자국으로 고착되는 모습을 보이고 있다. 북한의 무역수지 적자는 1999년도에 4.5억 달러였지만, 2008년도에 15.6억 달러로서 10년 동안 3배 이상 증가하였다.

그것도 대중국 무역수지 적자가 압도적인 비중을 차지하는 형태로 발전하였다. 1999년도에 대중국 무역수지 적자는 총 적자의 약 62%의 비중이었지만, 2008년도에는 82%로 증가하였다.

둘째, 북한의 무역규모는 중국과의 무역 및 남북경협 의존도의 방식으로 증대되고 있다. 1999년도에 북한 대외무역에서 북·중교역과 남북경협을 합한 비중은 49.4%였지만, 2008년에는 82%로 증가하고 있다(북·중계역 비중 49.7%, 남북경협 비중 32.3%). 한 마디로 북한의 무역증대는 북·중교역과 남북경협이 전적으로 견인하고 있다고 할 수 있겠는데, 이 중에서 특히 북·중교역이 주요 역할을 하고 있다.

셋째, 산업생산력 회복이 더딘 가운데 진행된 북한의 대외무역 증대는 무역구조를 기초원자재·공업완성품 및 에너지·식량 등을 주로 수입하고 1차 자원(광물자원, 동물제품, 수산물 등) 및 위탁가공 제품을 주로 수출하는 형태로 고착화시키고 있다. 특히 총수입에서는 원유 및 에너지 관련 제품, 식량이 매년 절반 가까이 차지하고, 총수출에서는 하는 경직된 모습을 보이고 있다. 그리고 이 제품들의 수입과 수출이 거의 전적으로 중국에 편중되는 구조를 나타내고 있다.

북한은 구조적으로 매년 상당한 수준의 식량, 에너지 등을 수입해야 하는 요인을 안고 있으면서, 다른 한편으로 산업생산력의 파괴로 인해 공산품 및 소비제품과 더불어 경제회복을 위한 기계설비·원자재 등에 대한 수입 수요가 커질 수밖에 없는 실정이다. 따라서 북한이 적극적으로 수출산업을 육성하지 않는 한 이러한 대

중무역편중 현상, 후진국형 무역구조, 만성적인 무역역조 현상 등
은 향후에도 지속될 것으로 평가된다.

　참고로 남북한 무역 규모를 대비하면 무역 총액에서도 남한은
2009년 6천866억 달러였으나 북한은 34억 달러에 그쳐, 201.9배의
격차를 나타냈다. 남한의 수출과 수입은 3천635억 달러와 3천231
억 달러, 북한은 11억 달러와 24억 달러를 기록해 각각 330.5배와
134.6배의 차이를 보였다.

제 VI 장
사회

1. 사회정책 구조

1) 사회정책의 기조

북한의 사회정책 기조는 '온 사회의 주체사상화와 공산주의 사회 건설'이라는 당의 당면목적을 충실히 성취시키는 데 있다.

노동당 규약 전문에 "조선노동당의 당면목적은 공화국 북반부에서 사회주의의 완전한 승리를 이룩하여 전국적 범위에서 민족해방과 인민민주주의의 혁명과업을 완수하는 데 있으며 최종 목적은 온 사회의 주체사상화와 공산주의 사회를 건설하는 데 있다"[292]고 명시하고 있듯이 사회정책도 이 목적 달성을 위해 추진되고 있다.

이러한 사회정책의 기본은 계급정책으로, 북한사회의 계급적 성격이 노동당 규약과 헌법에 명시되어 있다.

---

292) 사회주의 헌법 제12조.

노동당 규약 전문에서 "조선노동당은 온 사회의 혁명화, 노동계급화, 인테리화를 촉진하고…"라고 명시되어 있고, 사회주의 헌법 제8조에는 "국가는 착취와 압박에서 해방되어 국가와 사회의 주인으로 된 노동자, 농민, 근로 인테리와 모든 근로인민의 이익을 옹호하며 보장한다"고 밝히고 있다.

즉 북한은 사회주의 국가로서 기본계급을 노동자, 농민, 근로인테리 및 모든 근로인민으로 분류하고, 이들이 주권을 행사하는 주체임을 명시하고 있다.

또한 계급노선을 견지함으로써 프롤레타리아 독재사회를 지향하고 있다.

프롤레타리아 계급을 중심으로 하여 자주적이고 창조적인 사회주의 사회건설을 당면목표로 삼고 최종적으로는 온 사회의 주체사상화와 공산주의 사회건설을 국가목표로 삼고 있으며, 사회정책은 이러한 목표를 달성하기 위한 수단적 의미를 지닌다. 이러한 의미에서 공산주의 사회정책이란 '온 사회를 정치적으로 단합된 하나의 집단으로 만드는 것'이다. 이를 위해서는 강력한 프롤레타리아 독재를 실시하며, 계급이 생성될 수 있는 물질적 토대를 없애는 계급투쟁을 계속 전개할 필요가 있다. 이에 북한당국은 주민들에 대한 사상교양사업과 함께 소위 '반당·반혁명분자'에 대한 색출과 감시를 강화하여 전 주민을 '공산주의적 인간'으로 개조하는 데 주력해왔다. 또한 전 주민에 대한 성분조사사업과 계층구분사업, 노동당의 조직적 지도사업과 감시계통의 조직화를 통해 '온 사회의 주체사상화'에 모든 주민들의 노력을 최대한 이용하는 전사회적 동원 체제를 갖추고 있다.

2) 성분별 계층구조의 특징

북한의 불평등구조 가운데 가장 두드러진 것은 성분별 계층구조이다. 성분별 계층구조는 정치사회적 측면에서 분류한 것으로 출신성분에 따라 북한사회의 주민은 3계층 51개 부류로 구분되어 있다.

북한의 사회주의헌법은 평등사회를 표방하고 있다. "국가는 모든 공민에게 참다운 민주주의적 권리와 자유, 행복한 물질문화생활을 실질적으로 보장(제64조)"하며, "공민은 국가사회생활의 모든 분야에서 누구나 다 같은 권리를 가진다(제65조)"는 것이다. 그러나 실제에 있어 북한사회는 엄격한 계층구조를 이루고 있으며 북한주민들은 국가사회생활의 모든 분야에서 성분에 따른 차별대우를 받고 있다.

출신성분과 당성을 기준으로 하여 정치적·인위적으로 이루어진 북한주민의 계층화 및 계급화는 당국의 주민 통제 및 관리의 효율성을 높임으로써 초기 유일체제 확립 및 강화에 상당부분 기여한 것이 사실이다.

그러나 성분의 계층화에 의한 불합리한 주민 차별정책은 동요계층 및 적대계층의 불만뿐 아니라 주민들 사이에 상호 갈등을 심화시키는 결과를 초래하였으며, 이에 따라 북한은 주민의 계층 간 이동을 시도해 오고 있다. 이는 곧 기본군중은 물론 복잡군중까지도 체제 내로 포섭하겠다는 것이며, 바로 김정일의 '인덕정치'와 '광폭정치'로 표현이 이들을 감싸겠다는 것이다.

북한 이탈 주민들에 의하면 1980년대 말부터 성분이 좋지 않은 가정에서 가족 중에 한 사람을 입당시키거나, 전과자들이 소외되지 않도록 교양·보호하는 방식을 통해 적대계층에 대한 포섭이 지속적으로 이루어지고 있다고 한다.

무릇 계층 간 이동이란 개인이나 집단이 서로 다른 사회적 지위로 이동하는 것을 뜻한다. 수직적 이동은 계층적 지위가 상승하거나 하향하는 이동을 말하고 수평적 이동이란 계층적 지위 변화가 아니고 지역 간, 직업 간에 이뤄지는 이동을 말한다. 이중 북한의 경우 계층이동이 주로 수평적으로 움직인다.

그것도 계층이동이 성분정책을 기준으로 인위적으로 통제되며, 거주 지역과 직업은 주로 신분정책에 의하여 배분된다. 2000년대 들어 미약하나마 계층이동이 보였다. 가령 적대계층의 기술수준, 물질적 신분상승 욕구 등이 주요 원인이며 주민이 부를 축적하여 경제적으로 상승이동을 경함하는 경우이다. 그렇다고 아직 경제적 지위 변화를 통한 계층이동이 활발하다고는 볼 수 없다. 왜냐하면 경제적 지위상승은 정치적 배경과 사적 연줄망, 기술수준, 물질적 신분상승 욕구 등이 주요 원인이며, 이들은 기존의 성분정책에 따라 상당히 영향을 받는다.[293]

북한의 계층구조는 인위적이며 폐쇄적 구조를 형성하고 있다.

첫째, 북한이 계층은 출신성분과 당성에 의해 인위적으로 구조화되어있다. 자본주의 사회 계층은 개관적 요소에 의해 측정되지만 북한은 소득, 직업, 교육수준의 불평등은 인위적 성분정책의 결과일 따름이다. 즉 상위계층일수록 교육기회가 많이 주어진다. 또한 상위계층일수록 높은 지위의 직업을 배정 받으며, 소득수준도 높다.

---

293) 최봉대, "계층구조와 주민의식", 정영철 등, 『1990년 이후 북한사회 변화』(한국방송, 2005), pp.162~229.

둘째, 북한은 귀속지위(ascribed status)에 근거한 폐쇄체제(closed system)이기 때문에, 개인적 노력에 의하여 사회이동을 할 수 있는 기회가 제한되어 있다. 핵심계층은 큰 잘못이 없는 한 그 자리를 그대로 지킬 수 있고, 또 후손에게까지 이어진다. 반면 출신성분이 나쁘면 개인능력과 무관하게 상위계층으로 진입이 안 된다.

마지막으로 북한의 계층구조는 사회주의 체제를 형성, 유지하고 사회통제를 목적으로 이뤄졌다.[294]

따라서 이 같이 경직된 사회계층제에 의해 북한사회가 지탱된다고 보아야 한다. 이런 계층구조가 이념지향과 역사적 배경에 의해 인위적으로 형성, 발전 해 왔다는 것을 감안하면 계급정책의 변화는 힘들다.

3) 북한주민의 성분 분류

북한은 1958년 12월부터 1970년 6월까지 실시된 일련의 주민성분 조사사업을 통해 북한주민을 3계층 51개 부류로 구분함으로써 철저한 계급정책의 토대를 마련하였으며, 그 후에 실시된 몇 차례의 성분 조사사업을 통해 효율적인 관리·통제의 공고화를 시도하였다.

북한은 1997년에도 주민성분조사사업을 실시한 바 있는데, 이는 김정일의 공식승계를 앞두고 김정일 정권의 사회주의 체제를 정비하기 위한 데에 궁극적인 목적이 있었지만, 1994년 이래 탈북자의 수가 급증 추세를 보임에 따라 효율적인 주민 통제를 위해 행해진

것으로 알려졌다.

초기의 3계층 51개 부류의 성분분류는 주로 개인의 출신성분과 사회적 성분을 기준으로 계층화·계급화를 시도한 것이다.

출신성분이란 부모의 직업, 재산, 사회적 지위를 표시하는 것으로서 지주·자본가·소시민·노동자·부농·중농·혁명가 등으로 구분되며, 사회성분은 본인의 성장과정과 경력을 가리키는 것으로서 혁명가·노동자·농민·사무원·군인 등으로 구분된다.

또한 성분 분류 이후 실시된 일련의 성분조사는 개인의 당성을 주요 기준으로 주민성분을 분류하여 효율적인 주민통제 및 관리의 공고화를 시도하였다. 1970년 이후 김일성 유일체제 확립 강화에 박차를 가하게 됨에 따라 출신성분과 함께 당성이 체제유지 및 강화에 있어 중요 요소로 인식되기 시작한 것이다.

출신성분과 당성을 기준으로 한 성분별 계층화 및 계급화는 먼저 핵심계층(핵심군중)은 북한 사회체제를 실질적으로 이끌어나가는 지도적 계급으로 전 주민의 28%를 차지하고 있다. 특히 이 계층의 주요 부류인 노동당원과 관료들은 북한에서 인텔리라 불리는 '전문지식과 기술을 가지고 정신노동에 종사하는 사회계층'에 속하며 북한사회에서 핵심적 기능을 맡고 있다.

핵심계층의 여러 부류 가운데 최고의 상류층은 이른바 '백두산 줄기'이다. 이 부류에는 김일성, 김정일과 그의 가족 및 친척들, 그리고 김일성과 항일빨치산 활동을 했던 사람들과 그 가족들이 포함되며 이들은 의식주 생활과 각종 분야에서 최고의 특권을 누리고 있다.

백두산 줄기 다음의 계층은 당 중앙위원, 내각의 상(장관)급 이상, 노동당의 부부장급 이상, 군 대장급 이상 등 고위 관료와 군 간부들이며, 이들은 물자공급 등급에서 1등급을 차지하고 있다. 이들과 그의 가족들 역시 사회적으로 대우 받으며 의식주를 비롯한 각종 분야에서 물질적 특혜 및 특권을 누린다. 핵심계층의 주요 부류들은 대부분 평양을 비롯한 대도시에 살고 있다.

동요계층(기본군중)은 위기상황에서 믿을 수 없는 부류들로 분류된 북한체제의 중간계층이며, 일반노동자 · 기술자 · 농민 · 사무원 및 그 가족들로 구성되어 있다. 이들은 제한된 수입과 배급으로 생활해 나가며 지방의 중소도시와 농촌 등지에 살고 있다. 이들에게는 의료혜택 등 국가적 시혜가 충분하지 못하며, 경우에 따라서는 공민으로서의 권리가 제한되기도 한다. 이들은 전 주민의 45%를 차지하며 그 중 일부는 핵심계층으로 신분이 상승되는 경우도 있다.

적대계층(복잡군중)은 '계급적 적대자'와 '민족적 적대자'들로 구성되어 있다. 소위 불순분자, 반동분자로 낙인찍힌 자들로서 사회로부터 소외된 계층이다. 복잡군중은 과거 지주, 자본가 가족, 일제시 공직자, 종교인 가족, 월남자, 부역자 가족 등이 해당되며 이들은 대학진학, 입당, 군 장교 등의 자격이 원칙적으로 박탈된다.

끊임없는 감시와 통제의 대상이다. 이른바 불순분자, 반동분자들로 낙인찍힌 이들에게는 사회진출의 기회가 원천적으로 봉쇄된다.

복잡계층 가운데서 특별독재대상에 속하는 자들은 일반군중과 격리된 산간지역이나 탄광지대에서 강제노동을 하고 결혼 및 출산제한 등의 인권유린을 당한다. 전 주민의 27%를 차지하고 있다. 참고로 주민 성분 조사 및 주민 통제 조치 내용을 보면 다음 표와 같다.

〈표 17〉 주민성분 조사사업 및 주민통제조치

구분	시기	내용
중앙당 집중지도사업	1958. 12~ 1960. 12	불순분자 색출처단 및 산간벽지강제 이주
주민재등록사업	1966. 4~ 1967. 3	100만 적위대의 사상결속을 위한 주민성분분류(직계 3대·처가·외가 6촌까지 내사)
3계층 51개 부류 구분사업	1967. 4~ 1970. 6	주민등록 사업 결과를 토대로 전 주민을 핵심계층, 동요계층, 적대계층으로 구분, 이를 다시 세분하여 51개 부류로 구분
주민요해사업	1972. 2~ 1974	남북대화 관련, 주민동태 조사·파악, 전 주민을 믿을 수 있는 자, 반신반의자, 변절자로 구분
주민증검열사업	1980. 1~ 1980. 12	김정일 지시로 공민증 대조·갱신으로 불순분자 색출과 통제기능 강화
외국인귀화인 및 월북가 등에 대한 요해사업	1980. 4~ 1980. 10	월북자 등 외부에서 입북한 자들을 13계층으로 구분, 감시자료를 체계화
북송재일교포 요해사업	1981. 1~ 1981. 4	북송교포들에 대한 자료를 세분하여 동향 감시자료를 과학화
주민증갱신사업	1983. 11~ 1984. 3	공민증 갱신 및 주민문건 정비
주민재등록사업	1989. 10~ 1990. 12	주민등록부 재조사 정리, 이산가족 개인신상카드 작성
공민등록법채택	1997. 11	출생증, 공민증, 평양시민증 발급
공민증갱신사업	1998. 2~ 1998. 10	수첩형태에서 양면 비닐코팅 카드형으로 교체
공민증교체발급	2004. 4	비닐 코팅식 공민증에서 수첩식 공민증으로 교체

2. 사회구조 변화와 사회통제

1) 주민의식 변화

1980년대 말 이래 북한 주민의 가치관은 당의 공식적 가치지향과는 달리 집단주의 가치관에서 개인주의 가치관으로, 정치·사상

우선의 가치관에서 물질 우선의 가치관으로 변화하고 있다.

가치관 변화 요인은 역시 극심한 경제난과 외부사조의 유입이다.

1980년대 말 이래 북한 주민들 사이에 확산·심화되고 있는 사상적 이완과 혁명의식 약화, 곧 가치관의 변화를 초래한 요인들 여러 가지가 있다.

거기다 1990년대 중반 이후 '고난의 행군' 시기를 지나면서 부터는 지배계급인 핵심계층들까지 크게 위축되었을 뿐만 아니라, 이 계층에서조차도 기존의 사회주의적 계급투쟁의식과는 거리가 먼 변화된 의식이 나타나다는 소식이다. 이 핵심계층은 약 400만 명으로, 북한 전체 주민의 약 28%가량이었는데, 90년대 식량난시기에서도 당에 충실했던 이들 핵심계층인 하급 관리와 교사, 노동당원이나 성분 좋은 하층 주민들의 변화가 나타난다.

이무튼 극도의 폐쇄적 환경 속에서 이루어지는 의도적·집단적·획일적 사회화 과정에 대한 주민들의 심리적 부담과 염증이 가치관 변화에 잠재적 요인으로 작용했을 가능성이 크다.

그러나 무엇보다 가치관 변화에 직접적인 계기는 식량난을 비롯한 경제난 악화와 부분적 체제 개방에 따른 외부 사조 및 문물의 침투라고 하겠다. 즉, 1980년대 이래 지속되어 온 물질적 결핍과 생활고는 북한 주민들로 하여금 개인과 가족, 물질적 가치와 경제적 풍요 등을 중요시하는 자아중심의 개인지향적 가치관, 실리주의적·물질주의적 가치관을 지니게 하였으며, 이와 같은 가치관의 변화는 부분적으로나마 체제개방으로 인한 외부사조 및 문물과의 접촉으로 인해 확산·심화되었다고 볼 수 있다.

북한의 경제난은 식량난·에너지난·생필품난·외화난 등 4가지로 구분된다. 이중 주민의 가치관 변화에 가장 크게 작용한 것은 식량난이다. 식량난으로 인한 사회적 파급효과는 다음의 세 가지로 요약된다.

첫째, 기존 사회질서에 대한 주민동요의 증대이다. 식량사정이 악화됨에 따라 각종 사회적 일탈행위 및 가족해체 현상 급증, 사상적 해이와 자본주의 문화수용의 확산·심화, 체제 비판적 행위 증대, 집단주의적 사고 및 의식 약화와 개인주의적 가치관 형성 등의 현상이 보다 더 현저하게 나타나고 있다. 따라서 '서구 문화에 대한 환상, 과시형 결혼문화' 등의 '사회문화'적 붐의 변화에, 직업관까지 바뀌고 있다. 대학을 졸업한 이후 '평양'이기만 하면 직업의 종류에 대하여서는 상관이 없다는 '도시선호' 경향도 나온다. 외화벌이나 외국 관련 기업 취업 등 '외국선호'의 경향, 이러한 특성도 공동체에 대한 책임을 중시하는 전체주의적 직업관에서, 이기주의적 직업관으로의 변화다.

둘째, 식량구입을 위한 주민 이동에 따른 주민 상호 간 정보 유통의 증대이다. 또한 식량구입과 장사를 위해 국경을 넘나드는 유동인구도 크게 증가함에 따라 이들에 의한 해외정보 유입도 증대하고 있다.

셋째, 대북식량 지원 등과 관련한 남한 및 국제기구 관계자들의 잦은 방북도 북한 주민의 의식변화에 영향을 끼치고 있다. 한편 식량난이 초래한 공식 배급체계의 붕괴와 장마당의 활성화는 또한 주민들이 부분적으로나마 자연스럽게 자본주의적 사고와 시장경제 원리를 체득하는 계기가 되고 있다.

과거 동구 사회주의 국가나 舊 소련에서도 이러한 현상이 나타났다. 동서독 교류에 있어서도 서독의 시트콤이나 오락프로그램 등이 동독 지역에 수입되어 보급되면서, 잠재적으로 의도하지 않은 가치 변화를 가져왔다. 즉, 시트콤에 등장하는 고가의 가구나 세트장, 오락 프로그램에 등장하는 인물들의 화려한 옷차림 등에 대한 선망이 특히 변화에 민감한 청년 세대들에게 강하게 형성된 것이다.

또한 동구와 소련 모두에서 물질만능주의는 '관료부패'나 '뇌물', '공공기물의 사적 절취' 등에서 매우 광범위하게 발생했다. 북한 역시 지금 발생 시기는 늦을지언정 매우 유사한 방향으로 나타난다.

아무튼 외부문화 유입의 활성화는 북한 주민의 가치관 변화를 말해 주는 주요 사례이자 가치관 변화의 가속화 및 심화를 초래한 주요 요인이기도 하다.

그렇다고 북한 주민들의 가치관 변화를 속단키는 어렵다.

사람의 인격과 자아정체성을 구성하는 데 있어서 중요한 개념은 '통합성'이다. 이러한 통합성 구성은 가족, 종교와 같은 집단이 가장 중요한 영향을 미치고, 소속 지역(고향)이나 국가와 같은 거시적 집단도 중요한 역할을 한다.

때문에 인지적으로는 외부의 정보가 이해가 간다 하더라도, 정서적인 선호와 애착, 즉 내 것에 대한 소중집단에 대하여는 공격적 혹은 방어적인 태도를 보일 수 있다.

예컨대 물질적 측면에 대한 수용은 비교적 큰 저항 없이 정서적으로 받아들여질 수 있으나, 가치 혹은 제도와 같은 비물질적 측면은 거부할 수도 있는 논리다.

오랫동안 받아 왔던 사상 교육은, 우리 식의 어린 시절부터의 '밥상머리 교육'이나 부모의 정치적 선호, 가족과 종교 차원에서 주입되고 형성되어 온 가치관 등으로 비물질적 측면을 수용키 어렵게 만든다.

① 북한의 신흥계급 의식구조

한편 2002년 7·1 경제관리 개선조치 이후 장마당 활성화에 힘입어 상인(商人)들이 이제는 공식적으로 상행위를 할 수 있게 되었고, 종합시장이 합법화되면서 장사는 더욱 탄력을 받고 있다.

이들 신흥 계층인 상인들의 의식을 살펴보면, 그들의 의식에는 당장 전쟁이 나고, 체제가 변해도 돈으로 다 해결할 수 있다는 황금만능주의가 자리 잡고 있으며, 따라서 이들은 돈을 벌기 위해서라면 권력층과도 결탁하지만 그러나 김정일 정권이야 어떻게 되든 말든 별 상관이 없다는 식의 생각을 한다는 점에서는 김정일 정권이 몰락할까봐 고심하는 핵심계층과는 확연한 차이가 있다.

이들 상인들은 또한 화폐도 달러나 위안화로 바꾸고 있는데, 이는 체제붕괴나 급작스런 화폐개혁에 대비하기 위해서다. 이들은 특별히 출신성분이 좋은 것도 아니고, 오직 타고난 상술과 재간으로 돈을 벌었기 때문에, 체제가 변해도 별로 문제될 것이 없다고 간단히 생각한다. 김정일 체제가 무너질 경우 재빠르게 사업가나 거상으로 변모할 능력을 가진 계층인 이들 신흥 상인들은 개혁과 개방에 대한 관심이 높으며, 북한체제가 개혁을 하지 않고서는 당면한 경제문제를 풀 수 없다는 것을 잘 인식하고 있다. 그러나 이들 신흥 상인그룹에 합류하지 못한 하층 주민들은 이전 보다 더욱 힘겹게 살아가고 있는데, 이들은 대략 1,400만 명 정도로 추산된다. 2006년 12월 한 연구통계에 의하면 식량배급 4순위에 있는 일반노

동자들, 즉 일반기업소 노동자, 교사, 의사, 서비스직 종사자 등의
600만 명과 농민 800만 명을 식량부족을 겪는 생존위기 층으로 보
고 있다.

2) 북한 주민의 일상생활

첫째, 일상화된 조직생활; 북한주민의 입장에서 조직생활이란 곧
자신이 '사회정치적 생명체'로서 살아있다는 의미를 지닌다.

조직생활에서 이탈하면 그 사회에서 살아갈 수 없고 육체적 생
명은 살아있어도 사회적으로는 죽은 것과 같은 상태로 인식한다.
때문에 주민들은 살기 위해 조직생활에 참가한다.

그리고 실제적인 측면에서도 조직생활에 열심히 참가하지 않으
면 다른 구성원에게 집단적으로 '모서리' 당하기 때문에 마치 사회
적 연결망이 끊어진 채 혼자 남게 된다는 것이다.

따라서 북한주민들은 어린아이부터 노인에 이르기까지 조직생활
은 필수적이다, 주민들이 누구나 자신이 속한 조직의 구성원으로서
철저한 조직생활을 하는데서 북한 체제가 여러 가지 위기로 인해
붕괴설이 나도는 중에서도 쉽게 무너지지 않는 원인 중의 하나로
작용해 왔다.

둘째, 북한의 가정생활; 북한은 가정의 개념을 두 가지로 구분한
다. 생물학적 혈연관계를 기초로 하는 원초집단으로서의 가정과,
'수령 - 당 - 인민대중'의 위계적 통일체로 이루어지는 '사회주의
대가정'으로 나누고 있다. 사회주의 대가정이란 북한사회 전체를

하나의 가정으로 보고, 수령－당－인민의 관계를 아버지－어머니－자녀의 관계와 같다는 개념이다.

북한은 사회주의 대가정론을 통하여 '국가'라는 2차 집단을 '가정'이라는 1차적 원초집단에 접목함으로써 '혁명의 최고 영도자인 수령'이 각 가정에서 육체적 생명을 준 부모보다 더 중요한 구심점이 되는 논리를 펴고 있다.

각 가정의 가장 좋은 벽면에 김일성－김정일의 사진을 정성껏 모시는 생활방식을 통해 수령을 '진정한 어버이'로 인식시킨다.

이런 정치적인 측면을 제외하면 북한의 가정생활은 우리의 전통적인 가정생활과 비슷하다. 부모는 자녀를 아끼고 사랑하며, 자녀는 부모를 믿고 의지하는 것이 보편적인 현상이다.

3) 사회일탈(逸脫)

(1) 일탈의 실태

사회통제가 고도로 잘 조직화돼 있는 북한사회에서 사회일탈과 범죄가 어떻게 나오는가.

그 요인은 북한이 풀어놓은 외부문물의 유입으로 인해 '가치(관념)문화'의 부분적 흔들림과 경제적 곤란이 가져온, 상대적 박탈감과 불안 등으로 인한 '물질문화'의 변동이 맞물리게 된다. 바로 이 과정에서 한시적으로 아노미적 가치 혼란이 증가하고 사회 범죄와 일탈행위로 이어진다.

1998년 이후의 공식적인 '고난의 행군' 종료 선언과 그 후 2000 년대에는 교양 강화가 다시금 시작을 했으나, 결국 '제도문화'의 측면에서 변동은 초래되기 시작했다. 이에 따라 결국 7.1조치 등과 같은 경제적 측면의 제도적 변화가 발생하였다.

이런 현상은 비록 부분적이지만 아래로부터의 변동이 당국에 자극을 주어 '위로부터의 변동'을 가져온 것은, 동구 사회주의 붕괴 요인이었기에 자못 의미가 크다. 아무튼 이 과정에서 한시적으로 아노미적 가치 혼란이 증가하고 사회 범죄와 일탈행위가 증가된 것이다.

대략 북한의 일탈과정은 1980년대 '나태 안일 형식주의' 등으로 비교적 소극적인 형태로 나오다가 1990년대 초반부터는 보다 적극 적이고 공격적인 형태로 일탈 수위가 높아지는 특징을 보였다.[295]

일탈의 소극적 형태 시기인 1980년대 동구 사회주의권의 붕괴와 고립, 그리고 평양축전 등으로 가속화된 재정 위기와 에너지 수급 문제 등이 1990년대 초의 배급제 이완을 가져왔다. 나아가 김일성 의 사망과 연이은 3년간의 수해 및 식량구입을 위한 중국으로의 이 탈과 정보의 유입은 총체적인 혼란을 초래했다.

이로 인해 1990년대 중반 들어서는 보다 공격적인 형태로 바뀌 어 나갔다. 예컨대 일탈과 범죄는 '하나의 생활양식'으로 자리를 잡아가고 있다. 범죄의 증가에 대해서는 이미 1990년대부터 당국 자들이 문제시해왔다.

일탈을 유형별로 보면 다음과 같다.

---

295) 이온죽, 이인정, "북한 사회의 체제유지 기제의 성격과 변화에 관한 연구: 통합연구를 위한 대북실태 재조명(Ⅱ)", 서울대학교 통일연구소, 2008년 2월 27일, p.88.

① 경제범은 주로 생계형에서부터 출발한다. 절도죄·밀수죄·고리대죄 등 북한 형법상 경제 질서를 침해한 범죄가 여기에 해당한다. 1990대 중반에 발생 빈도가 급증했는데 절도는 가장 발생 빈도가 높은 경제범이다. 절도의 대상은, 국가 소유의 재산인 양곡 창고와 기타 생필품 배급소, 공장부품과 자재, 농작물, 전화선과 전기선, 그리고 문화재 등이 있다.

북한－중국 국경을 통한 국경지역의 '황색바람'도 기승을 부린다. 북한에서 중국으로 반출하는 물품으로는 약초, 산나물, 조개, 오징어 등 1차 상품에서 부터 가격이 비싼 2차 상품이 주를 이룬다. 여기에는 전기선·전화선을 절단한 구리(銅), 공장 부품, 도굴품 등이다.

중국에서 들여오는 물건으로는 쌀과 옥수수 등 곡물을 비롯하여 신발과 옷 등 의류품, 소금, 치약 등 생활용품, 그리고 안경, 필름 등 기호품이 주를 이룬다.

② 일상생활에서 생명과 신체 그리고 사회적 규범을 침해한 범죄로서 주로 대인범죄와 문화침해 범죄를 들 수 있다.

대표적 대인범죄로는 살인죄, 상해·폭행죄, 유괴죄, 명예훼손죄, 강간죄, 그리고 미성년 성교죄를 들 수 있으며, 대표적 문화침해 범죄로는 외부의 문화를 반입하고 유포하는 행위를 들 수 있다.

최근 가장 심각한 문화반입 현상은 남한으로부터의 한류 문화침투다. 최근 북한 주민들 사이에 최근 한국 제품에 대한 인기가 높아가고 대도시 젊은이들 가운데는 한국 드라마, 영화를 보지 않는 사람이 거의 없을 정도인 것으로 나타났다.[296] 최근 몇 년간 북한에서 인기리에 유통되고 있는 영화는 '블루', '친구', '조폭마누라 1 - 3', '투캅스', '장군의 아들' 등이며 드라마는 '올인', '경찰특공대', '사랑이 뭐길래', '노란손수건', '가을동화', '겨울연가', '천국의 5일계단', '줄리엣의 남자', '야인시대' 등이다.

한국의 노래도 테이프나 CD는 물론 최근에는 MP3 파일까지 음성적으로 유통돼 주현미의 '또 만났네', '비 내리는 영동교', '신사동 그 사람'이나 송대관의 '해 뜰 날', '네박자', 김연자의 '홀로 아리랑' 등은 북한 주민들이 좋아하고, 발라드는 20대 젊은 층을 중심으로 유행하는 것으로 알려졌다.

남한 방송 청취도 북한이탈주민을 대상으로 실시한 청취 실태조사에 의하면, 북한에서 우리 방송을 직접 청취한 경우가 거의 반수에 달하고 있으며, 특히 남자의 경우 과반수가 직접 청취한 경험이 있는 것으로 나타나고 있다.[297]

③ 공공질서 위반 범죄다. 이 범죄는 성적(性的) 특성과 도덕성이 관련된 범죄로서, 여기에는 매춘, 도박, 약물중독, 술주정, 교통위반, 풍기문란 행위 등이 포함된다.

이 범죄는 가해자 외에 뚜렷한 피해자를 규정하기 힘들다는 의미에서 '희생자 없는 범죄(victimless crime)'라고 부르기도 한다. 북한의 형법상 공동생활질서 침해범죄가 여기에 속하며, 패싸움 죄, 매음 죄, 음탕한 행위 죄, 거짓행세 죄, 도박 죄, 미신행위 죄, 불법

---

296) 『연합뉴스』, 2011. 1. 5. 통계청은 북한 주요통계 지표 보고서에 부록으로 삽입된 경제 사회상 부문에서 열린 북한통신을 인용해 북한의 한류열풍을 자세히 소개했다.

297) 성숙희, 『북한이탈주민의 남한방송 수용』, 커뮤니케이션 북스, 2005, pp.42~44.

혼인 죄, 사례금·이익금 유용죄 등이 포함된다.

북한에서는 1990년대 중반부터 성(性)을 금전적으로 거래하는 매매춘 행위가 급격히 증가하였다. 장마당의 경우, 얼굴에 화장을 하고 립스틱을 칠한 젊은 여자들이 장사꾼을 대상으로 매춘을 한다. 역에서는 '대기 숙박업'을 하면서 매춘행위를 겸하는 것이 일반적이다.

물론 합법적인 것은 아니다. 1990년대 중반 이후 급증한 남녀관계의 유형 중 하나는 사실혼이다.

북한의 「가족법」에 "결혼등록을 하지 않고 부부생활을 할 수 없다"고 규정하는 등 사실혼은 인정되지 않지만, 유동인구가 급증하면서 사실혼이 증가해왔다. 부화(간통) 및 사실혼의 증가는 결국 이혼율의 증가로 연결되며, 높은 이혼율 때문에 가정해체가 증가해 왔다.

④ 권력형 범죄로 지도적 지위를 가진 자들이 지위를 이용해 저지르는 범죄다. 여기에는 뇌물수수, 물자 유용, 사례금 착복 등 부패행위가 포함된다.

북한 주민들은 북한사회를 일컬어 "돈 없이 되는 일도 없고, 돈 가지고 안 되는 일도 없다"라고 할 만큼 뇌물수수가 만연되어 있다고 한다.

여행 허가증 발급, 상급학교 진학, 직장 배치와 진급, 주택배정, 건강진단서 발급 등 이권행위는 물론, 암시장 거래, 무단 이동, 교통 법규 위반 등 불법 행위를 묵인하는 조건으로 뇌물수수가 이루어진다.

당·보위부·보안성 간부들이 국경 밀무역에 은밀히 개입하는

가 하면, 군인들이 농작물이나 생필품을 훔쳐가는 일도 흔히 발생한다. 권력자들은 또한 국가재산이나 배급물자를 유용하기도 하며, 일부는 고리대금업을 통하여 부를 형성하기도 한다.

4) 사회통제와 인권문제

북한은 사회통제론을 "자본주의 사회의 반인민적인 통치체제를 미화 분식하고 근로자들에 대한 보다 효과적인 통제수단을 고안해 내는 부르조아 사회학의 반동 리론"이라고 평가절하하고 있다.[298] 그러나 북한은 효과적인 사회통제를 실시하기 위해 부단히 노력하고 있으며, 여기에는 체제 동조이념의 내면화를 통한 자발적 동조, 조직생활 통제, 그리고 당과 정권기관을 통한 물리적 통제 등이 포함된다.

(1) 집단주의와 조직생활

북한은 정치, 경제, 문화, 도덕 등 사회생활의 모든 분야에서 개인의 이익보다 집단주의 정신하에 집단이익이 우선되는 사회다. 김정일도 "개인주의적 인생관이 개인의 안일과 향락을 최고의 목적으로 여기는 인생관이라면, 집단주의적 인생관은 자기의 운명을 집단의 운명과 결부시키고 집단을 위한 투쟁에서 참다운 삶의 보람과 행복을 찾는 인생관"이라면서 집단주의를 강조하고 있다. 개인주의는 사적 소유와 계급의 산물로 간주하기 때문에 착취계급의

---

298) 사회과학출판사(북한), 『철학사전』, 1985, p.355.

사상으로 보는 것이다.

북한에서의 집단주의 이념은 '군중노선'으로 나타나며, 사회적으로 '공산주의적 미풍'으로 나타난다. 이른바 천리마 운동,[299] 청산리 방법,[300] 속도전,[301] 3대 혁명소조운동 등 군중노선은 집단적으로 노동력을 동원할 뿐 아니라, 효과적인 정치사회화를 도모함으로써 사회질서를 유지하는 수단으로 활용하고 있다. 또한 '공산주의적 미풍'의 실천을 독려함으로써 체제동조 이념을 몸소 실천할 것을 요구한다.

집단주의적 가치는 유아시절부터 시학교생활과 직장생활을 거치면서 평생 학습되고 장려된다. 북한의 어린이는 태어나서부터 빠르면 3개월 늦으면 2년 후 대부분 탁아소에 수용되며, 그 후 유치원과 학교생활, 그리고 사회생활도 집단주의 원칙에 따라 통제된다. 그 결과가 표준형 인간 만들기로 귀착된다. 가령 아리랑 축전에 10만 학생들의 80분간에 걸쳐 펴는 카드 섹션, 길거리에서 최면 걸린 듯 꽃을 들고 눈물 흘리며 울부짖는 아우성, 수평적으로 표준화된 인간상들이다.

---

299) 천리마 운동은 혁명과 건설의 주인은 인간이다라는 기치아래 소극적인 작업 태도를 적극적으로 동원하는 방법이다. 농업 집단화가 끝난 1958년부터 실시된 고도의 노동 집약적 대중동원으로 중화학 공업을 기초로 경공업을 병진시키기 위한 자력갱생운동으로 확대 재생산의 산업개조운동이다. 1970년부터 노동 강화운동의 한계로 퇴색하자 1983년 3대 혁명 붉은 기 쟁취운동으로 천리마운동을 변형시킨 대중운동이다. 참고로 남한의 새마을 운동과 비교하면 새마을 운동은 자본주의 경제성장과 맥을 같이한다. 즉 관주도의 계몽주의 운동이나 자발을 규범이 아닌 물질로 자극시켜 참여를 유도한 운동이다.

300) 청산리 방법은 1960년 2월 김일성이 평남 강서군 청산리 협동농장 현지 지도 시 제시한 북한 경제의 관리의 기본지침으로, 상급기관이 하급기관을 도와 당의 노선과 정책을 관철해 나가자는 것이다.

301) 속도전은 1974년에 채택한 사회주의 노력경쟁 운동으로 1950년대 '평양속도', 1960년대 '비날론 속도' 등 속도라는 용어가 등장한 이후 '100일 전투', '200일 전투', '1980년대 속도창조운동', '1990년대 속도창조운동', 2009년 '150일 전투'와 '100일 전투' 등의 형태로 전개되었다. 속도전의 중심내용은 김일성에 대한 충성심 고취, 주체사상과 배치되는 낡은 사상배격, 전격전 적용, 기술혁신운동과의 적용이다.

(2) 주체사상과 변용

북한사회에서 반복·주입되는 집단주의는 주체사상으로 체계화되어 있을 뿐 아니라, 주체사상 자체도 김일성·김정일 부자에 대한 끊임없는 충성을 요구함으로써 북한 주민의 생활을 통제하는 이념적 도구로 볼 수 있다. 주체사상은 "혁명과 건설의 주인은 인민대중이며 혁명과 건설을 추동하는 힘도 인민대중에게 있다"는 명제를 중심으로 북한이 추구하는 이상적인 사회관계를 제시하고 있다.

주체사상에 따르면, 당은 인민을 대표하여 결성되고 정책을 수립하며, 수령은 당을 대표하여 정책결정을 하게 된다. 즉, 인민－당－수령 체계가 이루어짐으로써, 수령과 당은 인민 대중에게 '복무'하여야 할 책무가 있다.

그러나 주체사상이 끊임없이 변질·왜곡되고 급기야 "사회적 운동의 주체는 노동계급이며, 노동계급의 당이며, 노동계급의 수령이다"라는 명제를 주장함으로써 수령－당－인민대중이라는 관계로 변질되게 된다.[302]

이제 수령과 '인민'과의 관계는 상명하복의 관계를 이루며, 북한 주민은 수령에 대하여 무조건적으로 복종할 것을 요구받는다. 이와 관련하여 북한에서는 주민들로 하여금 '수령결사 옹위 정신, 총폭탄 정신, 자폭정신'으로 무장할 것을 강요하고 있다. 또한 '우리식 사회주의'와 '조선민족제일주의'라는 이념적 도구를 통해 북한 주민들에게 체제에 대한 자부심을 심어주고 사회를 안정시키기 위해 노력하고 있다. 북한에서 우리식 사회주의와 조선민족제일주의가

---

302) 황장엽, 『나는 역사의 진실을 보았다』, 한울, 1999, pp.369~393.

등장하게 된 배경은 소련과 동구 사회주의 체제의 해체에서 찾을
수 있다. 그 대안으로 단군릉을 복원함으로써 '역사적 허구'라고
비판하던 단군의 존재를 인정하고, 대동강 유역의 유적을 대대적으
로 '발굴'하여 종국적으로 '대동강문화'의 존재를 주장하였다. 여기
에서 대동강 유역은 "우리의 옛 조상들이 아득한 태고로부터 태를
묻고 살아온 보금자리였으며 인류의 초기 문화가 싹튼 유서 깊은
력사의 성지였다"는 주장을 함으로써 북한의 역사가 다른 나라보
다 우수함을 주장하였다. 이런 주장은 그 진위 여부를 떠나 '우리
식 사회주의'가 다른 사회주의보다 우월하기 때문에 소련이나 동
구권처럼 붕괴되지 않을 것임을 시사한다.

이와 병행하여 북한에서는 우리 민족을 '김일성 민족'이라고 칭
하는가하면, 주체연호와 태양절을 제정·시행하고 있다. 주체연호
는 김일성이 출생한 해를 기점으로 계산하며, 태양절은 김일성의
생일인 4월 15일이다. 이런 일련의 조치는 북한의 사회주의 체제가
그 어느 체제(자본주의 체제든 동구 사회주의체제든) 보다도 우월
하며, 김일성·김정일 부자가 이를 대표한다고 선전함으로써, 사회
주의 체제에 대한 신념과 김정일에 대한 충성을 유도하고, 궁극적
으로 사회주의권의 해체로 인한 주민의 동요를 차단하려는 노력으
로 보인다.

5) 인권 탄압

오늘날 인권은 인류의 보편적 권리로 인정되고 있다. 유엔 인권

선언에 인권이란 "모든 인간은 태어날 때부터 자유롭고 평등하며 존엄과 가치를 가진다"고 규정하고 있듯이, 인간이면 누구나 국가의 부당한 간섭이나 차별을 받지 않고 마땅히 누려야 하는 권리이다. 이런 권리는 생명권, 자유권 의사표시의 권리, 법 앞에 평등 등 시민적 정치적 권리와 문화적 활동 참가권, 존경과 존엄을 받을 권리, 노동권 교육권 등 경제적 문화적, 권리를 포함한다. 북한은 그럼에도 유엔 회원국이면서 마땅히 최소한의 인권을 보장해야 할 의무가 있는데도, 아직도 인권의 후진국으로 인정되고 있다. 그것도 사회의 다양성을 부정하는 전체주의 일당독재체제란 점에서 인권이 다양하게 침해되고 있다.

최근까지도 북한은 인권을 탄압하는 인간 생지옥이 39년째 연속되는 '최악의 인권탄압국'으로 분류됐다.[303]

(1) 공개처형

체제 불안 요인을 철저히 탄압하겠다는 북한 당국의 의지는 30년 만에 개정한 노동당 규약에도 잘 드러나 있다. 북한은 최근 당규약 제1장 '당원의 의무'에 '계급적 원수들과 온갖 이색적인 사상 요소들, 비(非)사회주의적 현상을 비롯한 부정적인 현상들을 반대해 투쟁해야 한다'는 조문을 집어넣었다.

북한에서 생명을 유린하는 대표적 행위가 공개처형이다. 공개처형은 사회가 안정될 때도 실시했지만 1880년대 이후 식량난이 심

---

[303] 미국의 소리 방송에 따르면 영국의 '이코노미스트 인텔리전스 유니트 민주주의 지수'에 "북한은 10점 만점에 종합점수 1.08점으로 최하위에 머물렀다"고 밝혔다.

해지고 이념적 동조가 약해지면서 크게 증가했다. 1997년 서관희 노동당 농업비서의 공개처형304) 2000년대 들어서도 공개처형은 계속 되고 있다.

일반적으로 공개처형은 대중이 집결된 장소에서 이뤄지며, 학교 와 기업소, 농장은 조직별로 공개처형 실시를 미리 통보한다. 군중 이 모인 자리에서 경력과 죄명을 공개하고 공개적으로 재판을 진 행하며 판결이 이뤄지면 즉시 처형한다.

이에 대해 우리 정부의 정보 당국자는 "남한 드라마를 본다거나 남한풍의 옷차림을 한 주민들도 반당(反黨) 행위자로 몰아 공개처 형할 근거를 만들었다"고 말했다.

최근엔 김정은 세습 치적 쌓기의 일환으로 더욱 처형을 벌린다 고 한다. 외교 소식통은 이날 "작년 공개 처형된 북한 주민은 확인 된 사례만 60명에 달한다"며 "2009년의 3배가 넘는 수준"이라고 말했다. 그는 "중국 휴대전화를 사용하는 행위 등에 대해 '공개 처 형한다'는 포고문이 나붙기 시작했다"고 전했다.305) 북한의 사정을 잘 아는 다른 소식통은 "김정은이 '전국적으로 총소리를 울려야겠 다'고 지시했다는 소문이 파다하다"고 말했다.

탈북자에 대한 '사살명령'을 내렸다는 증언도 나온다. 중국 지린 (吉林)성 창바이(長白) 지역의 고위 소식통에 따르면 작년 12월 14 일 얼어붙은 압록강을 건너 중국 땅을 밟은 북한 주민 7명이 북한 군의 사격으로 5명이 사살되고 2명이 부상당한 채 북송당하는 사

---

304) 김병로, 『북한인권문제와 국제협력』, 1997, pp.57~58.

305) 『조선일보』, 2011. 1. 13. 탈북자 단체인 북한인민해방전선의 장세율 사무총장은 "작년 함경북도 청진시에서만 인신매매와 강도 등의 혐의로 최소 6명이 공개 처형됐다"며 "징역 몇 년이면 될 범죄 도 무조건 공개 처형되는 분위기"라고 했다.

건이 발생했다.

(2) 정치범 수용소(관리소)

'관리소'라 이름 부쳐진 정치범 수용소는 북한의 인권유린을 보여주는 대표적 사례다. 국가 안전보위부 7국에서 관할하는데, 혁명화 구역과 완전통제구역으로 구분된다.[306] 물론 이들은 재판과정을 거치지 않고 수용되고 있다.

북한 정치수용소의 시초는 1956년 이후 정적(政敵)을 숙청하는 과정에서 처형을 면한 대상자들을 산간오지에 집단수용하여 특별 관리해 온 데서 시작됐다. 1966년 4월부터 새로운 성분분류에 따라 적대계층을 특정지역에 집단 수용하기 시작하였다.

1973년부터 김정일 세습체제 구축을 위한 정치투쟁조직인 3대 혁명소조가 본격적으로 활동, 1980년 제6차 당 대회에서 김정일이 후계자로 공식 등장하기까지 후계체제에 대한 비판자와 정적들을 적발, 그 가족들과 함께 수용소에 수감하여 왔다.

이에 따라 현재 15여만 명의 정치범들이 평남 개천을 비롯한 6곳의 정치범 수용소[307]에 15만 4,000여 명을 수용하고 있는 것으로 드러났다.

전국정치범수용소에 수용된 사람은 주로 반국가음모자, 유일사

---

306) 김수암, "북한구금시설의 실태와 개선방안", 『북한의 현실과 주민들의 삶』(평화재단 평화연구 총서 07-05, 2007. 11. 1), p.74.

307) 정부가 밝힌 수용소 위치와 현재 수용인원은 △평남개천(14호 · 1만 5,000명 수용) △함남 요덕(15호 · 5만 명) △함북 화성(16호 · 1만 5,000명) △평남 북창(18호 · 1만 9,000명) △함북 회령(22호 · 5만 명) △함북 청진(25호 · 5,000명) 등이다. 수용소는 번호와 함께 관리소로 불린다. 평남 개천 수용소를 '14 관리소'로 부르는 식이다.

상체계 반대자, 일부 납북인사들과 반혁명분자, 종파분자, 당 정책 위반자 등 소위 북한당국이 말하는 혁명화 대상자들이다.

정치범수용소에 일단 들어가면 가족·친지의 면회와 서신연락이 금지되는 등 모든 기본적인 권리를 박탈당하게 된다.

수용자들의 일과는 구역에 따라 다소 차이가 있으나, 일반적으로 새벽 5시에 기상하여 6시까지 아침식사 등 개인적인 일을 마치고 6시부터는 작업장에 들어가 작업량을 부여받고 7시부터 작업을 시작한다.

오전 작업은 오후 1시까지 진행되고, 오후 작업은 오후 9시에 끝나도록 되어 있어 하루 12시간 이상의 중노동이 부과되고 있다.

일과 후에는 1시간 이상의 자아비판 등 사상개조 학습을 받아야 한다.

이들이 하는 작업은 주로 석탄과 광물을 캐는 갱도작업과 벌목·개간 등이다. 정치범수용소는 국가안전보위부에서 총괄적으로 관장하고, 색출된 정치사상범의 이송 및 경비업무는 인민보안성 산하의 인민경비대에서 담당하고 있다.

이 가운데 요덕 수용소는 일정 기간을 거쳐 심사 후 출소할 수 있는 '혁명화 구역'과 사망할 때까지 종신 수용되는 '완전통제구역'으로 분리 운영되고 있다. 나머지 5곳은 모두 종신 수감 시설이다.

정치범들은 주로 권력 투쟁 과정에서 밀려난 고위층이나 반체제 인사, 탈북자 등이지만 김일성, 김정일 부자를 모욕하거나 단순한 말실수를 한 일반 주민도 다수 포함돼 있는 것으로 정부는 파악했다. 수감 절차는 국가 안전 보위부에서 주관하며 재판 없이 동행 명령에 의해 끌려간다. 일반 주민의 경우 정보원의 신고로 반동분자를 색출한다고 한다.

수용소 내에서는 기본적인 생존권이 위협받을 정도로 인권 침해가 심각한 것으로 파악됐다. 수감된 정치범들은 하루 10시간 이상 강제 노동에 동원되며 의료혜택도 전혀 제공 받지 못한 채 하루 평균 100~200g의 급식을 받는다. 식량배급제를 실시하는 북한의 0~4세 배급 기준이 234g이라는 점을 감안하면 생존 자체가 쉽지 않은 수준이다. 탈주를 시도한 정치범들은 모든 재소자가 모인 가운데서 공개 처형된다고 한다.

3. 사회복지

1) 사회보장제도

북한은 주민들에 대해 무상으로 치료받을 권리, 노령ㆍ질병ㆍ노동능력 상실자, 무의탁 노인 및 보호자 없는 어린이가 물질적 지원을 받을 권리를 헌법(제72조)에 명시하고 있다.

북한의 사회보장제도는 크게 소득보장과 사회복지서비스로 나눌 수 있다.

소득보장은 연금과 같은 국가보장 형태와 일시적 보조금, 장례보조금, 산전산후 보조금 등의 사회보험 형태가 있다. 국가가 보장하는 연금으로는 공로자연금, 연로연금, 노동능력 상실연금, 유가족연금등이 있다.

1978년 4월 제정된 노동법은 질병ㆍ부상ㆍ임신ㆍ해산에 관한

의료상의 방조, 질병·부상·불구로 인하여 일시적 노동능력을 상실한 경우의 보조금, 임신·해산으로 인한 경우의 보조금, 질병·부상으로 불구 또는 폐질이 되었을 때의 연금, 부양의 책임을 진 피보험자가 사망 또는 실종되었을 때의 그 유가족에 대한 연금, 연로한 피보험자에 대한 연금 등 다양한 명목상의 사회보장·복지시책을 마련해 놓고 있다.

2007년 4월에는 연로자의 부양, 건강보장, 문화 정서생활 등을 보장한 연로자보호법을 채택하였다.

보조금은 사회보험제도에 의해 운영되며 일시적 보조금, 산전산후 보조금, 장례보조금, 의료보조금 등이 있다. 사회보장서비스로는 탁아소, 유치원 시설과 노인들에 대한 복지서비스가 있다.

장애인에 대해서는 전쟁 등 국가사업에 동원되었다가 불구가 된 경우 공로자라고 하여 특별대우를 하는 반면, 선천성 장애인들에 대해서는 지방으로 강제퇴거를 당하는 이른바 장애인 소개사업을 90년대까지 시행하였다.

한편 북한은 1998년에 조선불구자지원협회라는 장애인 단체를 설립하여 장애인 실태조사, 재활용품 지원, 재활치료 등을 실시하는 것으로 알려지고 있다. 동 단체의 조사결과에 의하면 북한에는 1999년을 기준으로 총인구의 3.4%인 76만여 명의 장애인이 있는 것으로 알려지고 있으며, 2003년에는 장애인 존중과 권익보장을 규정한 장애자 보호법을 채택하여 국제사회에 장애인 용품 지원을 요청하는 등 과거의 일방적인 장애인 억압정책에서 다소 탈피하여 장애인 보호에 관심을 기울이는 모습을 보이고 있다.

이처럼 북한은 헌법에 사회보장에 관한 원칙을 망라하면서 노동

관련 법령에 다양한 복지시책을 마련해 놓아 명목상으로는 마치 복지국가를 구현하고 있는 것처럼 보인다. 그러나 실제로는 제반 사회보장제도는 규정과 달리 제대로 지켜지지 않으며, 특히 경제난 이후에는 각종 사회보장 제도가 유명무실화된 것으로 알려지고 있다.

2) 사회복지시설

(1) 탁아소·유치원제도

탁아제도는 원래 근로여성, 특히 저소득층 근로여성을 위한 사회복지적 차원에서 마련된 것이나 북한에서는 취학 전 아동에 대한 공산주의 정치사상 교육의 필요성에 따라 정립된 유아교육제도로서 의의가 더욱 크다.

어린이 보육교양법 제1조에 의하면 "어린이들은 조국의 미래이며 공산주의 건설의 후비대이며, 대를 이어 혁명할 우리 혁명위업의 계승자들이다"라고 규정하고 있고, 동법 제2조에는 "모든 어린이들을 탁아소와 유치원에서 국가와 사회의 부담으로 키운다"고 명시, 탁아소·유치원이 북한의 조기 정치사상 교육기관임을 시사하고 있다.

한편 동법 제6조에서는 "우리나라에 전반적으로 확립된 선진적인 어린이 보육교양제도를 더욱 공고히 발전시켜 모든 어린이들을 튼튼히 키우며 여성들을 어린이를 키우는 무거운 부담에서 해방하는 신성한 사업을 실현하며 나라의 사회주의 건설을 힘 있게 다그

치며 온 사회를 혁명화, 노동계급화하는 역사적 위업수행에 이바지
한다"고 규정하고 있다.

이는 탁아소와 유치원의 설치·운영이 어린이들에 대해 조기 집
단교육실시뿐만 아니라 여성노동력을 효과적으로 활용하고자 하는
의도에서 이루어졌음을 보여준다.

(2) 특수 사회복지시설

북한은 특수 사회복지시설로 육아원, 애육원, 양생원, 양로원 등
을 운영하고 있다. 육아원은 만 3세 이하의 고아들을 양육하는 기
관이며 애육원은 만 4세 이상 학령 전 고아들을 수용하여 양육하는
기관이다.

양생원은 무의탁 지체부자유자들을 수용하는 곳으로 각 도에 1
개소를 두고 있었으나 경제난에 따른 운영의 어려움으로 일부 도
에서는 통·폐합되고 있다. 양로원은 부양능력이 없는 남자 60세,
여자 55세 이상자를 수용하여 부양하는 곳이다.

외에도 북한에는 전쟁 또는 군복무 시 불구가 된 자를 수용하여
장기치료를 해주는 영예군인병원, 장기치료와 요양을 해주는 영예
군인정양소, 휴양소 등이 있다. 현재 북한에는 근로자들이 휴양생
활을 할 수 있는 휴양소가 100여 개 있는 것으로 알려져 있다.

3) 사회보험

(1) 연금제도

북한의 연금제도는 「국가사회보장법」과 「사회주의노동법」에 따라 임금노동자를 대상으로 실시되고 있는데 연금의 종류는 공로자연금, 연로연금, 노동능력상실연금, 유가족연금, 영예군인연금 등이 있다. 공노자 연금은 국가에 공로를 세워 표창을 받은 자에게 월임금의 100%를 지급하는 것이며, 연로자연금은 남자 60세, 여자 55세 이상자에게 월임금의 60~70%를 지급하는 제도이다. 노동능력상실연금과 유가족연금은 일종의 산재보험에 해당한다.

1986년 11월부터 임금노동자에게만 실시하던 연금제도를 협동농장농민에게 확대 적용하고, 1992년 3월 1일부터 주민복지향상시책의 일환으로 사회보장자들에 대한 사회보장연금을 기존보다 평균 50.7% 인상 조치하였다고 발표한 바 있다.[308] 또한 2002년 「7·1경제관리개선 조치」에서는 사회보험제 등 사회적 시책들을 강화·발전시킬 것을 강조한 바 있다.

그러나 실제로는 경제난의 여파로 사회보장 제도가 사실상 유명무실해졌기 때문에 중앙당 간부, 군 장성급이나 김일성 훈장, 김정일 표창장, 영웅 칭호, 인민·공훈칭호, 국기훈장 1급 등 국가표창자들을 제외한 대부분의 근로자들은 정년 후에 노후보장제도의 혜택을 제대로 받지 못하고 있다.

---

308) 중앙인민위원회 정령(1992. 2. 13)을 통해 1992년 3월 1일부터 생활비(임금) 43.4%, 사회보장연금 50.7%, 장학금 33% 등을 인상 조치하였다.

(2) 산재보험

북한의 산재보험(사회보험)은 앞에서 살펴본 「국가사회보장법」
과 「사회주의 노동법」제73조, 75조, 77조에 의거하여 실시되고 있
다. 이는 근로자가 일시적(통상 6개월 이내)으로 노동능력을 상실
하는 경우 보조금을 지급하는 사회보장 성격의 보험으로서 근로자
들은 의무적으로 매월 수입의 1%를 사회 보험료로 납부한다. 보험
급여는 취업당시의 임금을 기준으로 하여 1급부터 5급까지 구분되
어 있는데, 1급은 임금의 75%, 5급은 50%를 지급한다. 또한 유가
족에게는 가족 수에 따라 임금의 40~90%를 지급하도록 되어 있
다. 그러나 열성당원을 제외하고는 재해를 노동자들의 귀책사유 탓
으로 돌려 정당한 혜택을 받지 못하는 사례가 많은 것으로 알려져
있다.

4. 보건 · 의료

1) 보건 · 의료정책

사회주의 헌법 제56조는 '전반적 무상치료제', 선진적인 '의사담
당구역제' 치료에 예방을 선행시키는 '예방의학제도' 등을 명시하
고 있다.

전반적 무상치료제는 1946년 12월 19일 북조선임시인민위원회

에서 채택한 '노동자, 사무원 및 그 부양가족들에 대한 의료상 방조 실시와 산업의료시설 개편에 관한 결정서'에서 윤곽을 나타낸 이후 1948년에 개정한 치료비 관련 규정에 "산모의 해산료, 3세 미만의 유아, 혁명가 및 그 가족, 고아원·양로원 수용자, 정신병자, 2급 환자, 국가로부터 장학금을 받는 전문학교 학생과 대학생은 무상치료제의 대상에 포함시킨다"[309]고 함으로써 초기에는 특정대상에 국한하여 시행하였다.

그 후 무상치료제 적용대상은 점차 확대되어 1952년 11월 '내각 결정 제203호'에 의하여 개인상공업자와 개인농민을 제외하고는 모두 무상으로 치료를 받을 수 있도록 하고 1953년 1월부터 시행하고 있다.[310]

1960년 2월 27일 개최된 최고인민회의 제2기 제7차 회의에서 전반적 무상치료제를 전 지역에서 실시한다고 의결함으로써 무상치료제가 일반화되었다.

그러나 제도상으로는 "수술비, 치료비, 외래약값, 입원환자 식사비, 요양치료비, 예방접종비, 교정기구비, 보철비 등을 모두 국가가 부담한다"[311]고 규정하고 있으나, 실제 운용상으로는 완전 무상치료제가 아니고 주민들의 봉급에서 1%정도를 사회보험료 명목으로 원천징수하고 있다.

한편 북한은 1953년 8월 당중앙위원회 제6차 전원회의에서 예방사업 강화지시에 의하여 예방의학제도가 실시되었다고 주장하고

---

309) 송창호·이복희 편, 『인민보건사업 경험』(평양: 인민보건사, 1985) p.62.

310) 위의 책, p.63.

311) 『조선중앙연감』(2001), pp.219~221.

있다.

그러나 예방의학제도는 1958년 5월 4일 당중앙위원회 상무위원회가 중앙 및 각 도·시·군의 '위생지도위원회'와 읍 및 노동자구의 '위생검열위원회'를 발족시켜 조직을 정비하고 1966년 10월 20일 김일성의 노작 "사회주의 의학은 예방 의학이다"를 발표하여 예방사업 내용을 제시한 이후에 실질적으로 시행되었다.

의사의 '호담당구역제'는 의사가 담당지역 주민의 가정을 연 1~4회 순회하면서 의료상담, 치료 및 위생교육 등 체계적 진료를 하도록 되어 있는 제도이다. 그러나 과다한 의료대상, 넓은 진료범위, 의약품 부족 등으로 대부분 형식적 진료행위에 그치고 있는 실정이다.

의사의 '호담당구역제'는 보건시설과 보건인력이 어느 정도 준비된 이후인 1969년부터 각 시·군에서 소아과, 내과, 산부인과 등이 중심이 되어 시행되기 시작한 것으로 파악되고 있다.

이후 김일성이 1988년 3월 당 중앙위원회 제6기 제13차 전원회의에서 '의사호담당제' 강화를 지시한 데 따라 1990년부터는 일반의사가 담당구역의 전염병 파악, 진단서 발급과 환자발생 시 전문분야 의사와 연결시켜 주는 업무도 담당하고 있으며 탄광, 공장 등에서는 갱별·직장별 의사담당구역제를 실시하게 되었다.

북한은 이러한 정책들을 1980년 4월 3일 「인민보건법」(제7장 제49조)으로 법제화하였고, 1998년에는 이를 보완한 「의료법」을 채택하였다.[312] 북한은 의사담당구역제에 대해서 "전 주민이 일생동안 담당구역 의사들로부터 체계적이고 전면적인 건강관리를 받을 수 있는 건강관리책임제로서 구역담당사업을 맡고 있는 시·군(구

---

312) 『민주조선』(1998. 1. 21 · 23 · 25); 『조선중앙통신』(1998. 1. 30).

역)병원, 산업병원의 외래임상과 전체의사들 및 리 인민병원, 진료소 의사들은 주간 근무시간의 절반 이상을 담당지역에 나가 위생선전, 위생개조, 소독, 예방접종을 비롯하여 검진·상담 등을 계획적으로 하고 있다”고 주장하고 있다.[313]

북한의 방역 시스템은 1980년대 후반까지는 그런대로 유지되어 왔다. 그러나 1990년대 이후 재정사정 악화로 각급 위생방역소 및 병원에 대한 의약품 공급이 대폭 감소됨에 따라 종래의 ‘예방의학제’에 의거한 ‘지역담당의사’의 주민 순회 진료, 위생교육 등은 형식적 진료행위에 그치고 있다. 병원 치료, 식사, 의약품 등도 무상으로 제공하도록 되어 있으나, 특히 경제난 이후에는 의약품 공급이 안 되고 의료진에 대한 배급이 부실화됨으로 인해 실제로는 환자가 치료에 필요한 모든 것을 부담하고 있어 무상치료제는 유명무실해진 상태이다.

또한 식량난에 따른 주민 영양상태 악화와 경제난으로 빚어진 영양실조, 후진성 질병 발생, 필수 의약품 부족, 의료시설 손괴 등으로 보건 의료 실태는 열악한 상황에 놓여 있다. 위생, 방역 사정이 악화되자 1997년부터는 10월 20일을 ‘민족면역의 날’로 제정하여 어린이들을 대상으로 한 예방접종을 실시하고 있다. 북한은 2003년의 중국에서의 사스(SARS, 중증급성호흡기증후군) 발생을 계기로 가축 전염병의 방역에도 힘쓰고 있으며 조류독감(2005)과 구제역(2007) 발생 때에도 자체노력과 국제사회 등 외부지원으로 전염병 확산을 방지한 바 있다.

---

313) 『조선중앙연감』(평양: 조선중앙통신사, 1984), pp.289～292.

2) 의료시설

북한의 의료시설로는 일반병원과 특수병원이 있으며 위생·방역을 전문으로 취급하는 위생방역소도 있다. 일반 주민들은 대체로 3단계의 의료체계에 따라 거주지 의료 시설을 이용하나 특수질병·의학연구 대상 환자는 적십자병원 등으로 후송된다.

1차 진료기관은 리·동 인민병원, 진료소 약 4,000개, 2차 진료기관은 시(구역)·군 인민병원 약 200개, 3차 진료기관은 도·직할시 인민·대학병원 약 40개 등으로 병원 수는 총 4,240여 개이며 의료 인력은 약 72,000명에 이르고 있는 것으로 추정된다.

특수병원으로서는 도(직할시)·군에 각각 결핵병원, 정신병원, 간염병원, 구강병예방원 등이 있으며, 주요 군급에는 결핵요양소가 있다.

그 외에 주요 산업지역에는 기업소병원 및 구급소가 있고 주요 어선단에는 선의(船醫)가 배치되어 치료 및 예방업무를 수행하고 있다.

그러나 실제 의료 실태는 열악하다.

3) 보건·의료요원 양성

북한에서는 보건·의료요원을 "인민들을 건강한 몸으로 사회주의 건설에 적극 참가하게 하는 인간생명의 기사이며 영예로운 혁명가"[314]로 규정하고 있다.

---

314) 인민보건법」 제38조.

또한 보건요원들은 "자기업무에 대한 높은 명예감과 책임감을 가지고 인민들의 생명과 건강을 증진시키는 사업에 모든 것을 다 바치는 인민의 참된 충복이 되어야 한다.[315]고 하고 있다.

주요 보건·의료요원 양성기관으로는 의학대학, 약학대학 등이 있다. 과거에는 농촌병원의 의료요원 확보를 위해 2년제 도 보건간부학교가 있었으나 수료생들이 농촌배치를 기피함으로써 실효를 거두기 어렵게 되자 단계적으로 통폐합되었다.

의학대학[316]은 6년제로 졸업과 동시에 의사 자격이 부여되기 때문에 재학 중 의사자격에 필요한 과목별 시험에 합격해야 한다.

중앙급 대학으로 의학대학 중 서열 1위인 평양의학대학이 있으며 이밖에 단과대학으로 평양의과대학(4년제), 의사재교육대학 등이 있다. 또한 본 학부 외에 특설학부와 통신학부가 설치된 대학도 있다. 특설학부에서는 기초학부를 제외한 임상학과가 있는데, 이는 준의사로서 5년 이상 근무한 자가 추천을 받아 입학, 의사가 되는 과정이다.

약학대학은 고려약학대학(구 함흥약학대학)과 평양의학대학 약학부가 있으며 교육기간은 6년이다. 의료기구학부, 약제학부 등이 있고, 각 학부는 수개의 과로 나누어져 있다. 그 밖에 각도의 의학대학에는 약학부가 설치되어 있다.

이 외에 간호사 양성을 위해 별도의 1년제 간호양성소가 있으며

---

315) 위의 법, 제41조.

316) 대표적인 의학대학인 '평양의학대학'의 경우 임상학부(7년), 기초의학부(7년), 고려의학부(7년), 위생학부(6년), 구강학부(6년), 약학부(6년), 재교육학부(2년) 등으로 구성되어 있다. 교육기간에는 예과 1년이 포함되어 있는데, 중학교를 졸업하고 바로 입학한 학생은 예과를 거치지 않으나, 군대 및 직장을 거쳐 입학한 학생은 예과를 거쳐야 한다.

교육기간 3개월인 보육원 양성소가 각 시·군별로 설치되어 있다.

4) 고려의학317)

북한은 고려의학에 대하여 "역사적 과정에 창조된 민족의학으로서 독특한 치료법을 이용하여 사람들의 병 치료와 건강보호 증진에 이바지해 온 민족의 귀중한 의학유산"으로 규정하고 있다.318)

북한이 고려치료법을 정책적으로 장려한 과정을 보면, 1954년 6월 4일 내각결정 제76호로 '인민보건을 개선·강화하는 데 대한 결정'이 있은 후 고려의사에 대한 자격시험을 실시하였고, 1956년 4월 내각명령 제37호 '동의학을 발전시켜 동의치료를 개선·강화할 때 대하여'를 채택하여 국가치료기관에 동의과를 새로 설치케 하였다. 이에 따라 1960년 평양의학대학에 동의학부 설치를 시작으로 하여 1970년대까지 함흥의학대학, 개성의학대학 등 각 도 의학대학에 11개의 고려의학부를 설치하여 고려의사를 양성하였다.

또한 북한은 고려의학 발전의 필요성에 따라 1961년 의약학연구소 내의 동의학연구실을 동의학연구소로 확대·개편하였다. 1989년에는 동 연구소를 '동의과학원'으로 분리하였으며, 1993년에는 동의학을 고려의학으로 개칭하고 '고려의학과학원'으로 명칭을 변경하면서 확대·개편하였다.

한편 각 지역 의학대학 및 도 병원 등에도 각기 고려의학연구부를 설치하여 연구 사업을 하고 있다.

---

317) 1993년부터 '동의학'을 '고려의학'으로 개칭하였다(변경 명칭: 동의서 → 고려의사, 동의요법 → 고려치료법, 동약 → 고려약, 동의학부 → 고려의학부, 동의과 → 고려치료과).

318) 『동의학사전』(평양: 과학백과사전 종합출판사, 1992), p.254.

　지금까지 ‘동의보감’, ‘동의수세보원’, ‘향약구급방’ 등 10여 종의 고전 서적들을 번역·출판하고 ‘고려의학사전’, ‘고려약처방집’ 등 160여 권의 관련 서적들을 출간하기도 하였다.

　북한은 고려의학을 정책적으로 뒷받침하고 민간요법을 이론적으로 체계화하기 위하여 전국적으로 수만 건의 민간요법을 수집, 이를 과학적으로 검토한 후 이 중에서 가치가 있고 실효성이 있다고 판단되는 9,000여 건의 민간요법을 내각 보건성에서 책자로 출판, 이용토록 하고 있다.

　평양의 고려병원 등 각급 고려의료기관과 의학과학연구소, 의학대학 등에서 고려의학의 과학화 연구 사업을 추진, 고려 약의 성분, 약리작용, 고려치료법의 치료효과, 고려약과 침·뜸·부항을 비롯한 가치 있는 민간요법의 치료효과를 과학적으로 해명하는 데 큰 성과를 거두었다고 주장하고 있다. 특히 난치나이치료법, 광천요법 등을 고려의학의 연구성과로서 대외적으로 선전하고 있다. 특히 1990년대 이후 북한의 경제난과 동구권 국가들의 붕괴로 수입에 의존하던 신약공급체계가 와해됨에 따라 이에 대한 보완으로서 고려의학 발전 및 민간요법 개발에 더욱 치중하였다.

　전통의학과 민간요법을 이론적으로 체계화시키고 제약공장도 고려약 위주로 생산하였으며 의료인력 양성과 진료에도 양·한방을 병행하고 있다. 1995년 이전에는 현대의학에 의한 치료가 80% 정도였으나 최근에는 80% 이상을 전통의학에 의존하고 있는 것으로 알려져 있다.

제 VII 장

교육, 문화, 예술

1. 교육

1) 교육의 기조

목표를 「사회주의 헌법」과 「어린이 보육양법」 등에 각각 명시하고 있다. 1992년에 개정된 북한의 사회주의 헌법 제43조에는 "국가는 사회주의 교육학의 원리를 구현하여 후대들을 사회와 인민을 위하여 투쟁하는 견결한 혁명가로, 지·덕·체를 갖춘 '공산주의적 새 인간'으로 키운다"라고 규정하고 있다.

그리고 1976년에 채택한 「어린이 교육보양법」에서는 "어린이들은 조국의 미래이며 공산주의 건설의 후비 대이며 대를 이어 혁명할 우리 혁명위업의 계승자들이다"라고 명시하여 교육목표가 어린이들을 '지·덕·체를 갖춘 공산주의적 새 인간', '공산주의 건설의 후비대', '혁명위업의 계승자'로 육성한다고 밝히고 있다.

이러한 교육의 이념과 목표에 따른 구체적 지침으로는 김일성이 교육문제와 관련하여 한 연설, 교시와 명령을 일정한 체계에 맞추어 1977년 공포한 「사회주의 교육에 관한 테제」를 들 수 있다.

여기에는 '모든 학생들이 개인주의, 이기주의를 없애고, 집단주의 원칙에 따라 사회와 인민의 이익, 당과 혁명의 과업을 위하여 몸 바쳐 투쟁하도록 교양해야 한다'고 제시하고 있다. 이는 교육을 공산주의적 인간을 양성하는 사상, 문화교양의 거점으로 정의한 것이며, 교원을 '후대들을 혁명의 계승자, 공산주의자로 키우는 직업적인 혁명가'로 명시한 것이다.

북한은 1975년부터 '사회의 모든 성원들을 공산주의적 인간으로 키우기 위한 전민교육' 차원에서 11년제 의무교육을 실시하고 있다.

그러나 실제로는 학교운영에 필요한 비용·물품을 학부모로부터 수시로 징수하는가 하면 '학생 의무노동제'를 실시, 無보수 노동으로 교육의 대가를 받아내고 있다. 또한 교육에 있어서도 성분차별 정책이 적용되어 출신 성분이 나쁜 적대계층(전체 주민의 27%) 자녀들은 공부를 아무리 잘 해도 대학에 갈 수 없도록 원천봉쇄한다.

2) 교육과정과 방법

(1) 교육과정

'사회주의 교육에 관한 테제'에 의하면, 학교에서 중요하게 다루어지는 내용은 정치사상교육, 과학기술교육, 체육교육으로 구분된다. 정치사상교육은 김일성·김정일의 혁명역사와 혁명 활동을 가르치고, 과학기술교육은 일반과학과 전문기술을 가르치며, 체육교육은 노동과 국방에 필요한 체력향상을 목적으로 한다.

초등교육의 경우 소학교 재학 4년 동안 국어 등 총 13개 과목을 교육하고 있다. 특히, 2008년 9월부터 소학교 3학년 이상의 학생들에게 영어 및 컴퓨터 조기교육을 실시하고 있으며, 초등교육의 교육내용은 사상교육·과학기술교육·체육교육·예능교육·국방교육·외국어교육 등 여섯 가지로 나누어 볼 수 있다.

주당 수업시간을 수학·자연·체육·음악·도화공작의 순으로 국어가 전체 수업시간의 1/3을, 수학이 1/4정도의 비중을 차지하여 두 과목의 시간배당이 전체의 57%를 차지하고 있다.

중등교육의 경우 중학교 재학 6년 동안 모두 23개 과목을 교육하도록 되어 있다. 중학교의 교과목 역시 과목들이 보다 세분화되어 있다는 점을 제외하고는 소학교 과목과 대체로 유사한 내용을 가르친다.

최근 북한에서는 사상교육을 강화함과 동시에 실리적인 교육을 강조하면서 세계화와 정보화의 진전에 따른 외국어 교육과 과학기술 교육 등 실용적인 차원의 교육도 강화하고 있다.

2000년에 들어서 영어와 중국어가 그동안 제1외국어였던 러시아어를 누르고 가장 인기 있는 외국어로 자리 잡았다. 특히 영어의 비중이 높아, 대부분 중학교에서 영어를 외국어 과목으로 지정하도록 하는 한편, 평양외국어대학 영어과 정원을 대폭 늘리고 다른 어학 전공자들도 영어를 필수적으로 수강하도록 하고 있다. 영어교육의 강화에 이어, 최근 외국어교육을 문법에서 회화 위주로 전환시켜 외국어 실기능력과 일상적인 외국어회화 수준을 높이려고 노력하고 있다.

또한 일부대학에서는 외국어의 자질을 높이기 위한 방안으로 전공과목의 교재를 원서로 채택하는 한편, 강의도 외국어로 진행하도록 자연과학 부문의 교원들을 대상으로 '전공과목 외국어교수경연'을 개최하기도 하였다.

최근에는 영어와 함께 컴퓨터 조기교육의 실시에 따라 2008년 9월 이후 소학교 3학년부터 컴퓨터 교육이 이루어지고 있다.

국가와 당이 교육의 전반을 관리·통제하는 북한교육에서 개별 학교 및 학생에게는 교육의 내용은 물론이고 교과목의 선택권이 없었으나, 2001년 4월 1일 새 학년도가 시작되면서 처음으로 지역별·지대별 특성에 맞는 선택과목제가 중등교육에 도입되었다. 예컨대, 농촌지역에서는 농업 관련 교육, 어촌지역에서는 어업 관련 교육, 산간지역에서는 임업 관련 교육, 그리고 경공업 공장지역에서는 경공업 관련 교육을 집중시키는 방식이다. 선택과목제가 되면서, 광업·기계·임업·식료·피복·약전(弱電: 통신공학) 등 6종의 교과서를 펴내기도 하였다.

대학의 교육과정은 학교와 전공별로 다르나 대체로 정치사상 교과, 일반 교과, 일반기초, 전공기초, 전공 등 다섯 가지 영역으로 구분되어 있다.

정치사상 교과와 외국어, 체육 등의 일반교과는 전공과 무관하게 모두 이수해야 한다.

일반기초과정은 전공학과의 특성에 맞게 지정한 과목과 전 대학에 규정된 공통과목으로 구성되며, 전공기초는 전공에 필요한 준비과목으로 강좌별로 결정되고 전공은 지정과목과 선택과목이 있다.

최근에는 첨단 분야의 인재양성을 통해 경제위기를 타개하기 위한 목적에서 대학의 교육과정과 내용을 개선하고 있다.

최근 김일성종합대학에 법률대학을 설치하는 등 법에 대한 연구 및 교육을 강화하고 있다. 이 법률대학에는 법학과, 국제법학과, 정치학과 등 3개의 학과가 있다. 김일성과 김정일의 교시가 법에 우선하는 북한의 현실에서 법학은 1970년대까지만 해도 역사학부나 철학부에 흡수되어 있었다.

한편 북한은 경제난으로 인한 사회 전 분야에 걸친 사상적 이완을 정치사상 교육의 강화를 통해 방지하고자 하였다. 정치사상 교육의 목표는 김일성과 김정일에 대한 충실성 교양이다. 이에 따라 소학교와 중학교에서는 김일성 가계의 우상화, 즉 '백두산 3대 장군'(김일성, 김정일, 김정숙)의 위대성 교양을 기본으로 한 <어린 시절>이나 <혁명활동> 등의 교과목을 배우며, 대학의 경우도 전공과 관계없이 <주체철학>, <혁명역사> 그리고 <주체정치경제학> 등을 이수해야 한다. 북한 정치사상 교육은 지도자에 대한 충성심 고양이 핵심내용이나, 경제난 이후 자본주의 요소 유입에 대한 경계와 핵과 미사일 등의 문제를 둘러싼 북·미 갈등이 고조되면서 반미대결과 투쟁의식의 고취 등과 같은 계급교양도 주요 내용을 이루고 있다.

북한의 대미 적대 및 투쟁의식은 청소년에 대한 반미교육과 제국주의 사상과 문화침투를 배격하는 교육의 강화와 함께 청소년·학생의 군입대 장려교육에도 활용되고 있다.

이와 같이 북한의 교육과정의 구성 및 내용을 볼 때 북한의 교육과정은 다음 몇 가지 특징으로 요약될 수 있다. 우선 북한의 사상

교육 강화는 교육을 사상혁명의 핵심적인 수단으로 간주하는 것으로 교육과 정치가 결합되어 있다는 점이다. 또한 교육과정에 기초 기술 교육과 실습 또는 생산노동 등이 포함되어 있는 등 북한의 교육은 생산 활동과 직접 결합되어 있다. 또 다른 특징은 교육의 내용과 방법이 국가에 의해 규격화되어 하달되고 있어 학습자가 선택할 수 있는 권리는 존재하지 않는다는 점이다.[319]

(2) 교육방법

「교육테제」는 교육방법으로서 '깨우쳐주는 교육', '이론과 실천의 결합', '교육과 생산노동의 결합', '조직생활·사회정치활동 강화', 그리고 '학교전교육·학교교육·성인교육의 추진' 등을 제시하고 있다. 이것은 '공산주의적 새인간' 양성을 위해 집단교육, 반복교육, 조기교육, 그리고 평생교육을 통하여 다양한 교육방법이 동원되고 있음을 말해주는 것이다.

북한의 교육방법 가운데 가장 중요한 것은 조직생활을 통한 정치사상의 강화이다. 학교 내의 정치조직들은 거의 정기적으로 상호비판과 자아비판시간, 이념학습, 조직규범에 대한 교양시간을 갖는다. 조직을 통한 정치사상교육에서는 '긍정적인 학습법'을 장려한다는 취지하에 인내력과 지구력 그리고 자발 심을 고취·함양할 것을 강조한다.

북한의 교육방법은 '사회주의 교육에 관한 테제'에서 규정된 다섯 가지의 사회주의 교육방법에 기초하고 있다.[320] 첫 번째 교육

---

319) 조정아, 「북한의 교육: 체계와 문화」, 2005년 북한연구학회 하계학술회의 발표논문, pp.330~332.

방법은 「깨우쳐 주는 교수교양」으로, 학생들 자신의 능동적인 사고 활동을 통해 교수내용을 깨닫게 함으로써 그들의 '창발성'을 발전시키는 교육방법이 강조되고 있다. 이 교육방법에는 설명을 통한 교육, 토론과 논쟁을 통한 교육, 문답식 학습을 통한 교육, 직관을 통한 교육, 실물을 통한 교육, 긍정감화교육 등이 있다.

설명을 통한 교육은 담화 형식으로 진행되는 교육을 의미하고, 토론과 논쟁을 통한 교육은 다른 학생들과의 의견 교환을 통해 폭넓은 견해를 가지도록 하는 방법이다. 문답식 학습방법은 같은 책상에 앉은 학생끼리 서로 묻고 대답하는 형식으로 진행된다. 특히 각종 시험에 대비한 문제집을 교사가 미리 작성하여 학생들에게 나눠주면 답안집을 만들어 서로 도와가며 공부하는 데 활용된다.

직관교육, 실물교육은 교수내용을 직관적으로 이해하도록 실물적인 학습수단을 많이 활용하며 이론교육과 실기교육의 조화를 강조하는 것이다. 예컨대 공장견학과 지원을 통하여 학생들이 교과서에서 배운 내용을 직접 체험하도록 교육하는 것을 말한다.

긍정감화교육은 사상학습과 그것을 실천하는 과정에서 모범적인 사례들을 대중 앞에 발표하고, 그것을 통해 학생들이 자신을 총화하고 분발하도록 이끄는 사상 교육 방법이다. 북한에서 대중들을 동원하는 전형적인 방식 가운데 하나인 '… 따라 배우기' 운동이 이 교육방식의 예이다.

두 번째 교육방법은 이론교육과 실천교육, 교육과 생산노동의 결합이다. 이는 학생들을 쓸모 있는 산지식을 지닌 공산주의적 혁명인재로 키우는 데 필요한 방식이다. 학생들이 현실 속에서 폭넓은

---

320) 김일성, "사회주의 교육에 김일성, 사회주의 교육에 관한 테제", 『김일성저작집』 32, pp.389~398.

지식을 배울 수 있도록 혁명전적지 및 혁명사적지의 답사와 생산
노동에 참여하도록 독려하고 있다.

세 번째 교육방법은 조직생활과 사회정치활동의 강화이다. 조직
생활과 사회정치 활동은 학생들을 정치사상적으로 단련하고 혁명
적으로 교양하는 데 목적이 있다. 이에 따라 북한학생들은 학생소
년단, 청년동맹조직에 가입하여 녹화 근위대 활동, 사회주의건설지
원 운동에 참여하여야 한다.

네 번째 교육방법은 학교교육과 사회교육의 결합이다. 교육은 학
교만이 아닌 사회관계 속에서 이루어지므로, 후대 교육을 전 사회
적인 사업으로 진행해야 한다는 것이다. 이에 따라 북한의 교육은
학교 이외에 학생소년궁전, 학생소년회관, 소년단 야영소, 도서관
등 사회교양 시설들을 거점으로 한 정치사상 강연, 과학토론회 발
표모임 등 다양한 소조활동을 통해서도 이루어진다.

다섯 번째 교육방법은 학교 전 교육, 학교교육, 성인교육의 병진
이다.

이 방법은 사람들의 사상과 품격이 어릴 때 형성되어 일생 동안
공고히 발전된다는 전제 아래 사회의 모든 성원들에게 일생동안
전면적이고 지속적인 교육이 실시되어야 한다는 주장에서 나온 것
이다. 이에 따라 북한은 학교 전 교육에서 부터 성인교육에 이르기
까지 구성원 각각의 수준에 맞게 평생교육을 받을 수 있는 교육체
계를 확립·운영하고 있다고 주장한다.

이상과 같은 북한의 교육방법은 북한체제가 필요로 하는 인간을
보다 효율적으로 육성하기 위한 방식으로, 정보화·세계화 등 급변
하고 있는 국내외 상황에 능동적으로 대처할 수 있는 인재 양성과

는 거리가 있다.

최근 북한은 단순한 지식습득만이 아닌 지적 능력과 지식탐구 방법의 향상을 위해 지능교육을 강조하고 있다. 이를 위해 암기능력 중심의 교육에서 창의적 사고력을 강화시키는 교육으로 전환하여 시험을 암기테스트 방식에서 탈피하여 실기 위주로 실시하고 컴퓨터 등을 이용한 현장실습교육을 강화하고 있다. 소위 사고능력을 배양하는 교육인 지능교육을 위해 학교마다 과목별 지능문제 만들기, 소논문 집필, 지능 문제풀이 경연, 멀티미디어 자료개발 등을 실시하고, 교수방법 강습, 과목별 교수교양경험 발표회, 교수방법 토론회 등을 조직 · 운영하고 있다.

또한 교원들의 교육방법에 대한 연구와 교재개발을 독려하기 위해 새로운 교수방법을 개발한 교사에게 '새 교수방법 등록증'을 수여하고 우수교원에게 '10월 8일 모범 교수자' 칭호를 수여하고 있다.

2. 문학 예술

1) 문예정책

(1) 문예정책의 기조

북한에서 '문학예술'은 문학을 비롯하여 음악 · 미술 · 공연예술 등 모든 예술 장르를 포괄하는 용어이다. 북한은 목적 주의적 문예관에 기초하여 문학예술을 '근로대중을 정치·사상적으로 교화하는 수단'이자 '온 사회를 혁명화, 노동계급화하는 데 복무하는 수단'으로 규정하고 있다.

지난 30여 년 이상 북한의 문화·예술은 김정일에 의해 주도되었다. 그 과정에서 김정일은 북한 문화예술의 각 장르를 주체사상과 주체미학에 입각하여 재구성한 이론서들을 발표하였는바,「영화예술론」·「무용예술론」·「미술론」·「음악예술론」·「주체문학론」 등이 그것이다.

특히「주체문학론」은 1980년대 후반 이래 급속하게 전개된 대내외적 환경 변화 속에서 문학뿐만 아니라 북한 문화예술의 모든 분야가 견지해야 할 '주체문예' 창작의 기본과제 및 원칙 등을 구체적으로 제시한 대표적 문예이론 저술이다.

북한에서는 예술작품이 갖추어야 할 요건으로 당성·노동계급성·인민성을 들고 있다. 여기서 일컫는 '당성'이란 '당에 대한 끝없는 충실성'321)을 의미하는 것으로 예술은 '당의 노선과 결정을 관철하기 위하여 모든 것을 다 바쳐 투쟁'322)하는 것을 말한다. 또한 북한에서는 노동계급을 '어느 계급보다도 혁명성이 강한 가장 선진적인 계급'323)으로 규정하고 예술은 그 본질적 특성인 '노동계급성'에 따라 "사회주의·공산주의 사회를 건설하기 위한 혁명투쟁과 건설 사업에 복무하며 인민대중을 공산주의 세계관으로 무장시키며 온 사회를 혁명화·노동계급화 하는 것"324)이라 주장한다.

---

321)『김일성 저작집』 35, p.378.

322) 위의 책, p.378.

323) 위의 책, p.249.

324)『문학예술사전』(평양: 사회과학출판사, 1972), p.364.

‘인민성’이란 “인민들의 생활을 진실하게 반영하고 인민들의 사상감정에 맞는 예술로 만드는 것”325)을 의미한다. 인민대중에게 맞도록 예술을 대중화함으로써 “인민들을 혁명사상으로 철저히 무장시켜 그들의 역할을 높이며 혁명과 건설을 힘차게 떠밀고 가도록”326)하는 수단으로 예술을 이용하고자 하는 이념이 인민성이라 할 수 있다.

이러한 세 가지 요소 중에서 ‘당성’을 ‘노동계급성의 가장 철저한 표현이며 인민성의 가장 높은 형태’로 규정하여 당성을 노동계급성이나 인민성보다 우위에 놓고 있다.

이와 같이 북한의 문예정책은 당성과 계급성 강화를 강조하면서 당과 지도자를 중심으로 한 사회주의 혁명과 건설과업에 기여하는 것을 목적으로 하고 있다.

(2) 주체 문예이론

북한의 문예정책을 뒷받침하는 대표적인 이론은 주체문예이론이다.

북한에서는 초기에 사회주의적 사실주의를 예술의 기본 원리로 삼아 왔으나 주체사상이 대두된 이후 사회주의적 사실주의를 변형한 주체 문예이론을 정립하였다.

북한 문예작품 창작의 이론적 근거는 ‘주체사실주의’와 ‘종자론’에서 찾아진다. 주체사상을 세계관적 기초로 하고 주체적 문예사상을 사상 미학적 기초로 하여 창시되었다는 주체사실주의는 북한에

---

325) 『김일성 저작집』 13, p.345.
326) 『주체사상에 기초한 문예이론』(평양: 사회과학출판사, 1975), p.88.

서 '유일하게 정당한 창작방법'이며, 「주체문학론」에서 처음으로 공식화된 이른바 '우리 식의 사회주의적 사실주의'인 주체사실주의는 주체사상에 입각한 문예창작 방법이다.

주체사실주의가 공식화되기 전까지 북한이 문예창작의 기본원리로서 표방되어 왔던 사회주의적 사실주의와 마찬가지로 주체사실주의도 '민족적 형식에 사회주의적 내용을 담는 것을 원칙'으로 하는 창작방법이다. 그러나 주체사실주의에서는 사회주의적 내용이란 '주체사상을 구현한' 혁명적 내용을 의미하며, 핵심은 수령에 대한 것, 수령·당·대중의 혈연적 연계에 관한 것이다. 따라서 주체사실주의 방법에 의한 문예작품 창작이란 수령에 대한 충실성을 핵으로 하는 사회주의적 내용을 민족적 형식에 담는 것을 의미한다.

이 문예이론이 공식화된 것은 1980년 12월 김정일이 '전국선전일꾼 대회에 보낸 서한'에서 "문학예술사업에 대한 수령의 유일적 영도를 철저히 실현하고 창작가, 예술인들을 당의 유일사상으로 철저히 무장시키며 그에 기초한 혁명적 문학예술의 창작"할 것을 제창하면서부터이다.

북한에서는 '주체의 문예관'이 마르크스-레닌주의 문예관을 창조적으로 계승 발전시킨 것으로, 주체사상의 철학적 원리에 기초하여 "사람의 이익의 견지에서 문학예술을 대하고 미의 본질을 밝히며 사람의 활동을 기본으로 하여 창작의 본성을 고찰하는 혁신적인 관점과 견해"를 정립하였다고 말한다.

주체문예이론은 기본적으로 사회주의적 사실주의의 문예관, 기본이념, 창작방법 등을 바탕으로 하고 있으면서 종국적으로는 모든 문학예술의 기본원리를 '김일성 유일사상'으로 종속시키고자 하는 이론이라 할 수 있다.

따라서 주체문예이론은 '문학예술사업에 대한 수령의 유일적 영도를 철저히 실현'하고 '당의 문예정책 관철과 당의 유일사상이 정확히 구현된 문학예술작품을 만들어 낼 것'[327]을 기본적인 목표로 삼고 있다.

주체문예이론은 주체사상의 기본원리인 '공산주의적 인간학'을 기초로 하고 사회주의적 사실주의의 기본이념인 '당성·노동계급성·인민성'을 김일성 유일사상으로 종속시키고 있으며 이를 바탕으로 종자론, 전형화론, 속도전 등을 기본 이론으로 내세우고 있다.

'종자론'은 작품의 내용과 관련되는 이론이다. '종자론'에 의하면 문예 창작에서 기본 요건은 당 정책이 의미하는 바를 체득하고 있는가이며, 이는 종자를 올바르게 잡는 일이다. 여기서 종자란 "소재와 주제·사상을 유기적인 연관 속에서 하나로 통일시키는 작품의 기초이며 핵"[328]이다.

즉 작가가 작품을 통해 말하려는 기본 문제를 의미한다. "창작가가 종자를 똑바로 잡아야 자기의 사상, 미학적 의도를 정확히 전달할 수 있고 작품의 철학성을 보장할 수 있다"고 보며, 종자를 선택하는 데 있어, 가장 중요한 것은 "수령님의 교시와 그 구현인 당 정책의 요구에 맞는 것"[329]이라고 규정함으로써 문예작품이 지도자의 교시와 당의 정책구현 수단으로서 기능해야 한다는 점을 강조하고 있다.

---

327) 『주체사상에 기초한 문예리론』(평양: 사회과학출판사, 1975), p.20.
328) 김정일, 『영화예술론』(평양: 조선노동당출판사, 1972), p.17.
329) 『문학예술사전』(평양: 사회과학출판사, 1972), p.769.

속도전이란 예술창작에서 "모든 역량을 총동원하여 창작사업을 최대한으로 빨리 밀고 나가면서 작품의 사상 예술적 질을 가장 높은 수준에서 보장하는 것"[330]이다. 즉, 최대한 빠른 시간 내에 주민들에게 당 정책을 정확하게 전달할 수 있는 예술적 작품을 만들어내는 것을 의미한다. 북한에서는 사회주의 사회에서 예술에 대한 수요가 양적·질적으로 높아가고 있어 더 우수하고 많은 작품을 창작해야 하기 때문에 속도전이 필요하다고 주장한다. 이러한 속도전을 벌이기 위해서는 문학예술의 사상의 핵인 '종자'를 바로 쥐어야 한다고 말하는데, 이는 결국 당과 지도자가 제시하는 노선과 정책을 빠른 속도로 예술 창작에 반영함으로써 예술을 인민대중의 사상의식 강화의 수단으로 삼기 위한 이론이라 할 수 있다.

2002년 10월 북핵문제 발생 이후에는 국제적 고립 심화에 따른 체제위기감 속에서 문학예술인들에게 김정일의 선군정치 찬양, 주민들의 반미투쟁 제고 등을 주제로 한 선군문학 예술작품 창작을 적극적으로 독려하고 있다.

2) 문예단체

직업예술인의 조직체이자 문학·예술을 총괄하는 단체로서 '조선문학예술총동맹'(문예총)이 있다. 이에 소속된 예술단체로는 조선작가동맹, 조선미술가동맹, 조선무용가동맹, 조선음악가동맹, 조선영화인동맹, 조선연극인동맹, 조선사진가동맹 등 7개 동맹이 있다.

---

330) 한중모 외, 앞의 책, p.186

　문예총은 김일성에 의하여 이룩되었다는 혁명문학예술의 전통을
계승하고 노동당의 문예정책 관철을 위해 투쟁할 것을 설립목적으
로 하고 있다.

　문예총은 1946년 3월 25일 북조선문학예술총연맹으로 발촉되었
다가 1951년 3월 10일 월북한 남한 예술인들을 흡수하여 개편된
조선문학예술동맹의 후신이다.

　이 조선문학예술동맹은 1953년 9월 주도적 역할을 담당해온 임
화, 이원조, 김남천, 설정식 등 남로당계 문예인들의 숙청으로 해산
되고 개별단체로 작가동맹, 작곡가동맹, 미술가동맹만이 남게 되었
다. 그러다가 1961년 2월 무용가동맹, 사진가동맹 등 몇 개의 예술
동맹을 다시 망라하여 현재의 조선문학예술총동맹으로 재조직된
것이다.

　북한의 모든 작가, 예술인들은 의무적으로 문예총과 그 산하동맹
에 가입하고 있으며 그렇지 않으면 예술인으로서의 자격을 인정받
지 못하게 되어 있다. 따라서 북한의 작가·예술인들은 문예총과
그 산하동맹에 소속된 철저한 조직인으로서 주제의 구성과 선정,
작업기간이나 분량 및 작품평가에 이르기까지 동맹을 통해 하달되
는 노동당의 지시에 따라야 한다.

　문예총의 각 하위동맹들은 각각 기관지를 발간하고 있는데, 월간
지로는 '조선 문학', '청년문학', '아동문학', '선예술' 등이, 계간지
로는 2001년부터 발간한 '예술교육'이 있다.

　주체문예이론의 대두와 주체사상체계의 확립 이후에는 각 예술
분야의 창작단을 통해 김일성·김정일 부자의 '위대성과 영도의
혁명성'을 그려내기 위한 집체창작을 활성화하고 있다. 문학 분야

의 4·15문학창작단, 공연예술 분야의 피바다가극단, 만수대예술단, 미술 분야의 만수대창작사 등이 대표적인 창작 및 예술단이라 할 수 있다.

한편 북한에는 작가·예술인 전문 조직인 문예총과는 별도로 아마추어, 작가와 예술인의 모임인 예술소조가 전 지역에 걸쳐 조직되어 있다.

3) 문화의 분야별 현황

(1) 문학

북한의 문학은 해방 후부터 현재에 이르기까지 체제와 정책의 변화에 따라 소재와 내용 측면에서 변화해왔다.

해방 직후에는 문학이 인민들의 생활 속에 들어가 선전선동의 수단이 될 수 있어야 한다는 '대중화론'이 주요한 이론으로 등장하고 작가는 '인간의지를 개조하는 기사'로 규정되었다. 이때의 문학은 주로 해방의 감격을 노래하거나 사회주의 제도로의 변화를 찬양하거나 또는 소련과의 우호친선을 주요한 소재로 삼은 작품들이 주를 이루었다.

그 후 1980년대에 이르러 김정일이 후계자의 지위를 공식화하기에 이르자, 김정일의 주도로 문학예술을 통해 김일성과 그의 주체사상을 우상화, 절대화하는 일이 가속화되었다.

1980년대 중반 이후부터는 문학·예술분야에 대한 '위대한 수령 김일성 동지의 교시'가 사라지고 '친애하는 지도자 김정일 동지의 지적'이 그 자리를 대신하게 된다. 1980년대 이후의 문학은 '주체 시대의 문학'이라고 불린다.

1972년부터 4 · 15 문학창작단에 의해 창작되기 시작된 김일성 우상화 시리즈물인 '불멸의 역사'총서가 1988년에 이르러 항일 혁명 투쟁의 시기를 다룬 15권으로 총정리되었고, 1990년대 이후부터는 해방 후 편이 창작되기 시작하여, 2002년까지 '개선', '푸른 산악', '번영의 길' 등이 출간되어 현재 총 20여 편에 이르고 있다. 또한 이와 대비될 수 있는 김정일 우상화 총서로 '불멸의 향도' 총서도 1992년 '푸른 하늘'을 시작으로 2003년 '총대'에 이르기까지 10여 편 간행되었다.

한편 1980년대에는 그 이전의 틀에 박힌 주제로부터 벗어나 다양한 생활상의 문제를 다루는 '사회주의 현실 주제' 문학이 등장하였다. 시문학에서 서정화의 경향이 나타나게 되었고 소설에서는 도시와 농촌의 갈등, 세대 간의 문제, 여성 문제, 애정윤리 문제 등 다양한 현실 문제들이 다루어지기 시작하였다. 시문학에서는 '휘파람', 소설문학에서는 '청춘 송가'가 남녀의 애정을 다룬 이 시기의 대표적 작품이다.

1990년대에 이르면 김일성 우상화 작업인 '수령 형상화'작업이 활발하게 진행되고, 김정일을 형상화하는 예술작품들이 대거 등장하게 된다. 이는 사회주의권의 붕괴 및 김일성의 사망이라는 국내외 정세 속에서 진행되었는데, 특히 '지도자 형상화'작품이 대량 창작되기 시작한 것은 김정일이 군 최고사령관으로 추대된 직후인 1991년 말부터라고 할 수 있다. 김정일이 '원수'로 추대된 1992년

4월부터 10월까지 6개월 기간에는 무려 1천 6백여 편의 찬양시가 창작·발표되었다. 북한에서는 1990년대를 '일대 전환의 시기'로 간주하면서 그 이유를 '수령형상 문제 해결'과 '지도자 형상화'에서 찾고 있다.

1994년 김일성 사망 이후에는 김정일과 김일성을 동일시하는 작품들을 통해 김정일이 김일성을 잇고 있는 유일한 계승자임을 강조 하고 있는 것을 볼 수 있다. 또한 식량난과 국제적 고립 등으로 인한 내부동요를 막기 위한 작품들이 많이 나타나고 있는데, '고난의 행군'정신과 '내일을 위한 오늘'의 정신을 강조함으로써 사상적 해이를 막기 위한 노력을 기울이는 한편, '우리식 사회주의'를 찬양하는 작품들을 통해 북한 주민의 사상교육을 강화해 왔다.

한편, 1990년대에는 '주체형의 공산주의 혁명가'의 전형을 창조하되, 긍정성과 부정성을 동시에 지닌 현실적 인물을 그려내도록 함으로써 작품의 사실성을 높이고 주민들의 공감을 불러일으켜 문학의 사상교양적 기능을 강화하고자 하는 시도가 나타났다.

2000년대 이후에는 '선군혁명 문학'이 본격적으로 강조되면서 선군사상·선군정치 선전 등을 주제로 한 작품들이 집중 창작되고 있으며, 비전향장기수를 소재로 한 문학작품들도 지속적으로 창작되고 있다.

한편으로는 중간관리층의 관료주의적 태도와 부패상에 대한 비판이나 이혼문제, 세대 간 갈등 등의 사회문제를 다룬 소설도 등장하여 주민들의 호응을 얻고 있다.

(2) 미술

북한은 "미술은 인민의 생활감정과 정서에 맞는 참다운 인민적인 미술로 되어야 하며 당과 혁명의 리익을 위하여 복무하는 혁명적 미술로 되어야 한다"[331]는 김일성 교시에 따라 사회주의적 사실주의와 당의 지도에 충실한 작품을 요구하고 있다. 즉 미술을 "조형적 언어를 가지고 현실을 사상 미학적으로 파악하며 시각적 구체성, 직관적 명료성을 특징으로 하는 조형적 형상을 통하여 인민들의 사상정서 교양에 이바지"[332]하는 예술로 보고 있다.

북한은 미술이 노동과정에서 생겨나서 인간생활과 밀접한 연계를 가지고 발전해 왔다고 하면서도 지난날의 미술 유산에는 착취계급의 사상과 취미를 반영하고 그들에게 이용된 것이 많으며, 일제식민지 통치에 의해 왜곡되어 민족적 및 계급적 대립과 투쟁을 심각하게 제기하여 예술적으로 해결하지 못하였다고 한다.

따라서 북한은 참된 미술의 전통을 항일혁명미술에서 찾으면서 김일성이 이끈 항일혁명미술이 최초로 당성 · 노동계급성 · 인민성의 원칙을 철저히 구현한 혁명미술이었다고 주장한다.[333] 때문에 북한의 미술에는 기념비 미술이라는 명칭의 목적적 작품이 많고, 선전화가 중요한 위치를 차지한다.[334].

북한에서는 미술의 분야를 사회적 기능에 따라 기념비 미술, 영화미술, 무대미술, 장식미술, 산업미술, 건축미술, 일반미술로 나누

---

331) 『김일성저작집』 20(1982), pp.427~473.

332) 『문화예술사전』, p.377.

333) 『조선대백과사전』 24(평양: 백과사전출판사, 2001), pp.113~114.

334) 북한 최고의 주체 미술가로 평가받았던 사람은 정영만이다. 노력영웅인 정영만은 1999년 6월 사망하였으며, 그의 사망 후 김정일은 유가족에게 친필서한을 보내기도 하였다

고 있다.

재료와 기법에 따라서는 회화, 조각, 공예 등으로 나누기도 한다. 그러나 사실주의의 원칙에 따라 추상화, 추상조각 등은 '추상은 죽음'이라 하여 배척된다. 따라서 인간성격과 인간생활을 현실 그대로의 구체성과 진실성을 가지고 생동하게" 그려낸 사실화만 존재한다.[335]

북한의 회화는 조선화, 유화, 벽화, 판화, 역사화 등이 망라되는데, 조선화는 동양화의 맥을 이은 것이지만 채색과 서양화적 기법을 혼합한 독특한 모습을 보여주고 있다. 조선화는 전통적인 동양화와는 달리 원색 위주이며 형태감이 분명하다.

(3) 음악

'대중교양의 훌륭한 수단의 하나'로 간주되는 북한의 음악 역시 '생활과 인간의 사상 감정을 진실하게 반영'하는 사회주의적 사실주의의 원칙을 따른다.[336] 김정일의 통치방식의 하나로 '음악정치'를 선전하며 음악을 통한 사상교양을 강조함에 따라 북한에서는 기악곡보다 가사를 통한 의사전달이 가능한 성악곡을 중요시한다. 이들 노래의 가사는 당과 김일성에 대한 충성심,[337] 혁명성, 노동의욕 등의 고취를 추구하는 것이 대부분이며 순수 서정적인 가사는 거의 찾아볼 수 없다.

---

335) 『주체이론에 기초한 문예이론』(1976), p.146.

336) 『문화예술사전』, pp.1171~1186.

337) 최초의 김일성 찬가는 '조선의 별'로 알려지고 있다. 북한은 이 노래를 청년공산주의자 '김혁'이 창작하여 1920년대 후반기부터 널리 보급하였다고 말하고 있다: 『조선중앙통신』(1999. 2. 5)

‘조선음악 600곡집’에는 가극아리아 190곡, 가곡 302곡, 영화주제가 108곡이 수록되어 있는데, 가곡 중 80%에 가까운 232편이 직접 김일성을 찬양하는 가사로 되어 있다. 1980년대에 들어서면서는 김일성에 이어 김정일 찬양가요까지 제작되기 시작하였다. 김일성 사망 이전까지는 ‘김정일화’, ‘영원히 한길을 가리라’, ‘친애하는 지도자 김정일 동지의 노래’, ‘빛나라 정일봉’ 등이 대표적인 것으로 널리 보급되었는데, 주로 김정일 권력승계에 초점을 두었다. 1990년대에 들어와서 1995년부터 8년간 발표된 1,000여 곡은 ‘선군혁명 음악’이라고 규정하는데 ‘수령님은 영원히 우리와 함께 계시네’, ‘승리의 길’, ‘강성부흥 아리랑’, ‘선군시대 인민의 노래’ 등이 대표적이며 김정일 및 당에 대한 충성과 체재결속에 주안점을 두고 있다. 이들 노래는 주제가 선명한 가사와 따라 부르기 쉬운 평이한 멜로디, 4·4조 혹은 4·3조의 전형적 박자를 사용하여 누구나 쉽게 배울 수 있는 것이 특징이다.

북한의 전통음악은 그 원형이 많이 변형되었다. 전통성악 중 판소리와 남도민요는 김일성이 특유의 탁성을 ‘쐑소리’라 하여 비판하였기 때문에 배척되었다. 김정일은 민요야말로 “민족적 정서와 생활감정에 맞는 참다운 인민의 노래”라고 하면서 민요 발굴을 강조하였으나, 그 결과 발굴된 상당수의 민요를 현대적으로 재창작하였으며, 이를 목에서 쉽게 나오는 비성이 섞인 독특한 가성으로 발성하며 부르기 때문에 전래 민요와는 차이가 있다.

또한 1950년대부터 국악기 개량사업을 진행하였고, 1970년대에는 김정일의 주도로 이를 더욱 본격화하였다. 오음계로 인한 종래 악기의 제한성을 극복하고 아무리 복잡한 곡도 자유자재로 연주하게 한다는 명목으로 음계개조운동을 벌여, 전통악기를 12음 반음체계에 맞게 개량하였다. 예컨대 가야금은 명주실로 꼰 줄 대신 쇠로 만든 줄을 사용하며 부들을 없애고 현을 18줄 또는 그 이상으로 개량하였다. 전통악기를 새로이 제작하기도 하였는데, 와공후를 개량한 33현의 옥류금이 제작되어 전통음악에서 필수적으로 연주되고 있다.

서양음악은 1950년대 중반까지는 연주가 되었으나 1960년대 이후에는 대외용과 전문 교육기관에서의 교육을 제외하고는 거의 연주되지 않는다.

대중가요는 노동의욕 고취를 위한 경제선동가요 등이 경제현장에서 연주되는 것을 종종 볼 수 있는데, 이때 주로 사용되는 악기는 아코디언, 멜로디언, 멜로디카, 관악기 등이다.

1990년 이후 비정치적인 생활가요풍의 가요가 창작·전파되기 시작하면서 사랑을 주제로 한 '휘파람'이 북한 전역에서 선풍적인 인기를 끌었고, '보천보 전자악단'과 '왕재산 경음악단'[338)의 공연도 인기를 얻고 있다.

김정일 체제 출범 이후에는 선군정치, 군민일치 미풍 등을 강조하는 가요창작이 활발해지고 있으며 전시가요도 다시 등장·보급되고 있다.

2000년 6월 남북정상회담 이후 남한을 의식하여 '우리는 하나', '반값입니다' 등 통일을 주제로 한 가요 보급에 적극적인 모습을 보이기도 하였다.

근래에는 일제시기에 불렀던 대중가요, 동요, 가곡 등도 반일·

---

338) 인민배우 김광숙, 공훈배우 이분희 등은 '보천보 전자악단'에, 인민배우 염청 등은 '왕재산 경음악단' 에 소속되어 있다.

애국의 신념을 심어준 계몽기 노래들이라 하여 긍정적으로 재평가하고 있다.

북한의 음악가 양성은 크게 조기교육, 수재교육, 전문교육을 통해 이루어지고 있다. 조기교육은 음악적 소질과 재능을 가진 아동들을 일찍 발굴하여 체계적으로 교육을 시켜 뛰어난 음악가로 키우기 위한 교육이다. 주로 유치원 특별교육형태로 실시되고 있는데 경상유치원, 대동유치원, 창광유치원 등 유치원 음악반이 그 대표적인 예이다.

(4) 영화

예술을 순수예술로서가 아니라 목적예술로 파악하는 북한에서는 영화를 '직관예술'이라 하여 선전·선동효과를 증진시키는데 있어서 가장 효과적인 수단이라고 보고 어떤 예술장르보다 중요시하고 있다.

영화는 음악, 미술, 연극 등의 모든 예술적 요소가 결합된 종합예술로서 주민들에 대한 파급력이 크다고 보기 때문에 노동당의 노선 및 정책을 그대로 반영할 수 있도록 특별한 관심과 정책적 배려를 보이고 있다.

김정일의 저술로 주체사상과 주체적 문예이론을 영화분야에 구체적으로 적용시킨 문헌이라고 선전하고 있는 '영화예술론(1973)'은 북한의 영화정책과 영화제작에 관한 이론서이자 실무지침서이다. 1970년대 중반 이후 제작된 모든 영화는 이에 의거하여 제작되고 있다.

북한영화는 전형적으로 긍정 전형과 부정 전형의 대립에서 긍정

전형이 승리하는 구도를 취하며, 악역으로는 미군, 일제, 반당분자, 지주, 자본가 등이 설정되었다. 그러나 이러한 부정 전형인 악역이 시대적 공감을 얻지 못하게 됨에 따라 김정일의 지시로 상대적으로 부정 전형이 없는 상태에서 '긍정 전형을 통한 감화'를 추구하는 것으로 변화되었다.[339]

그 후 절대적 악역은 없어지고 오직 긍정적 주인공의 감동적인 태도로 모든 오류가 시정되는 구도로 변화하게 되었다.

북한영화는 1950년대 말 천리마운동 이후 대형화되어 20편까지 이어지는 대작시리즈 등 방대한 작품 위주로 제작되었다. 1984년 이후엔 규모를 다소 줄이는 대신 서정성, 사실성을 강화하는 변화를 보였다. 최근에는 영화작품에서도 과거 계급성, 이념성 일변도의 작품에서 결혼문제, 가족문제 등 개인의 일상적인 삶을 주제로 하는 작품들이 등장하고 있다. 김정일 체제 출범 이후에는 선군정치가 강조되면서 군사 관련 영화제작에 보다 높은 비중을 두고 있다.

한편 대외적인 선전에도 노력을 기울이면서 국제영화제에 참여하였고, 1987년 9월에는 '비동맹 및 기타 발전도상국가들의 평양 영화 축전'[340]을 창설하였다. 제1차 영화축전에서는 극영화 '도라지꽃'으로 작품상과 여우주연상을, 1990년 9월 개최된 제2차 축전에서 극영화 '생의 흔적'으로 여우주연상, 기록영화 '통일의 꽃'으로 축전 최고상인 횃불금상을 수상한 바 있으며, 1992년 9월에 개최된 제3차 축전에서는 예술영화 '민족과 운명 제2부'가 횃불금상

---

339) 최윤섭, "부정인물형상에서 도식성을 극복하자", 『청년문학』(평양: 문예출판사, 1988.4), pp.43~47.

340) '비동맹 및 개발도상국영화축전'은 2~3년을 주기로 개최되며, 금 · 은 · 동 횃불상과 촬영 · 연기상 등이 주어진다.

을 수상한 바 있다.

또한 북한의 영화가 유럽에서 개최되는 국제영화제에 참가하기도 하였었다. 2007년에 칸 국제영화제에 북한영화 '한 여학생의 일기'가 처음으로 출품되어 상영되었다.

국내 영화제로는 1991년 2월 김정일 49회 생일을 기해 신설한 '조선화축전'이 유일한데, 여기서는 전년도에 제작된 영화 중 예술ㆍ기록ㆍ과학ㆍ아동영화 등 분야별 최우수 작품을 선정, '2ㆍ16 영화상'을 수여하고 있다.

한편 영화기법 측면에서 영화에 컴퓨터 그래픽을 이용하는 데 대한 관심이 증대되고 있다. 2000년 제작된 '살아있는 영혼들'은 북한판 타이타닉에 비견되기도 한다. 촬영기재, 특수효과를 위한 미니어처 제작, 합성촬영, 편집, 디지털기술 등 영화기술 발전을 목적으로 5ㆍ18 영화과학연구소를 설립하기도 하였다.

주요 영화촬영소로는 극영화 전문의 조선예술영화촬영소, 조선인민군 4ㆍ25미술영화촬영소,[341] 조선과학영화촬영소, 조선기록영화촬영소, 조선4ㆍ26아동영화촬영소 등이 있다. 각 촬영소 내에는 2~3개의 제작진이 '창작단'이란 이름으로 활동을 하고 있다.

영화인 양성전문기관으로는 평양연극영화대학이 있는데, 이 대학은 영화전문가 외에도 방송원, 사진촬영가 등 영화매체 분야의 전문종사자들을 양성하고 있다. 평양연극영화대학에는 영화창작학부, 영화배우학부, 영화기술학부 등이 있으며 연구소와 박사원, 재직간부 양성 및 통신교육체계를 갖추고 있다.

북한에서 영화를 상영할 수 있는 공간은 극장, 문화회관을 포함해

---

341) 경희극 '약속'(1996. 3), '축복'(1997. 3), '편지'(1998), '동지'(1998) 등도 창작하였다.

서 북한전역에 영화상영시설은 약 1천 개가 있으며, 전문영화관은 주요 도시에는 3～4개, 지방 소도시에는 1개소 정도가 건립되어 있다.

(5) 연극

북한에서 연극은 영화나 가극에 비해 크게 활성화되지 못한 편이다.

김일성이 일제시기 때 직접 써서 공연했다는 연극 '성황당'을 1978년 6월 14일 김정일이 대규모 무대용으로 음악, 무용 등을 가미하여 새롭게 창작하도록 지시한 후, 새로운 형태인 '성황당식 혁명연극'방식이 발전하게 된다.[342] 성황당식 혁명연극은 자주적 인간의 전형 창조, 과장 없고 솔직한 대사, 방창 등 음악적 요소 첨가 등을 주요 특징으로 하고 있다. '김정일의 지도 아래 찬란히 개화 발전하여 주체예술의 새 전성기'[343]를 열었다고 주장한 '성황당식 5대 혁명연극'으로 '성황당', '3인 1당', '경축대회', '혈분만국회', '딸에게서 온 편지'를 꼽고 있다. 성황당식 혁명연극들은 기존의 연극내용에 보다 웅장하고 화려한 무대와 음악·무용을 가미함과 동시에 "원작에 밝혀진 주제와 사상을 철저히 살리고 그것을 주체 사상의 근본원리에 기초하여 폭넓게 심화시켰다"[344]고 선전하고 있다.

5대 혁명연극 외에 1980년대에 성황당식 혁명연극으로 새롭게 창조된 현대극으로는 '초석', '조국의 품을 찾아서', '이 길을 간다',

---

342) 『조선중앙방송』(1988. 6. 14)
343) 『조선중앙방송』(1988. 6. 14)
344) 『노동신문』(1998. 6. 4)

'어머니와 아들' 등을 들 수 있다. 1990년대 이후에는 선군혁명시기 연극으로 대표되는데 연극 소재로 혁명적 군인정신, 강계정신을 구현하고 있다.

대표작으로 '각하는 잘못 보았소', '약속', '축복', '끝장을 보자' 등을 들 수 있다.

한편 북한의 연극인 양성은 평양연극영화대학을 비롯하여 각 도 예술대학, 영화촬영소 양성반과정 등을 통해 이루어지고 있다고 선전하고 있다.

3. 언론 · 방송

1) 언론

(1) 언론정책

북한 사회주의헌법 제67조는 '공민은 언론 · 출판 · 집회 · 시위와 결사의 자유를 가진다'라고 명시함으로써 표면적으로는 언론의 자유를 보장하고 있다. 그러나 언론의 역할은 "김일성의 교시와 김정일의 방침을 해설, 선전하고 옹호 관철하는 한편 인민들의 정치사상적 통일과 단결을 강화할 것을 맹세한다"고 함으로써[345] 언론이 김일성 · 김정일 유일체제수호의 수단으로 이용되고 있음을 보

---

345) 조선기자동맹 제8차 대회(2001. 11. 19)에서 결의.

여주고 있다.

북한에서 언론은 김일성·김정일의 교시관철과 인민의 정치사상적 통일에 복무한다는 역할과 함께 '인민대중을 사회주의 건설에 더욱 힘차게 다그치는 데 이바지해야 한다'는 기본조건 하에서 그 존재 가치가 인정된다.[346]

특히 김정일은 1995년 11월 언론매체에 보낸 친필서한을 통해 언론매체가 사상교양 및 통제기능을 강화해 체제결속에 앞장설 것을 촉구함으로써 이러한 언론의 역할을 분명히 하고 있다.[347]

2) 언론현황

(1) 신문

매년 신년 초에 반복되는 일이지만, 올 2011년 1월 초에도 북한의 한해 정책 추진목표 과제들을 담은 내용이 신문 방송의 공동사설 형식을 통해 발표됐다. 또 지난 한해 추진해왔던 정책의 완성과 독려도 포함됐다. 바로 국가 정책 목표를 신문 방송을 통해 발표한다는 점이 우리와 개념이 다르다. 오직 모든 언론이 노동당, 내각, 사회단체들의 기관지임을 뜻하는 것이다. 즉 노동당 기관지인 '노동신문', 내각 기관지인 '민주조선', 김일성사회주의 청년동맹의 기관지인 '청년전위' 등 3개 중앙지와 각 시·도 당위원회에서 발행

---

346) 『노동신문』만호 발간기념 사설(2001. 12. 1)

347) 김정일이 조선중앙통신사·조선중앙방송위원회·노동신문사 창간 50돌을 맞아 발송한 기념 축하서한(중방, 1995. 12. 13)

하는 10여 개 지방지가 있다. 그 외에도 내각의 각 성에서 발간하는 '철도신문', '건설신문', '교육신문' 등의 기관지가 있으며 공장·기업소 발행의 공공신문과 각 대학 발행의 '대학신문' 등이 있다. 이들 신문들 모두가 우리와는 달리 정보전달이나 비판기능보다는 당이나 정권의 선전선동 수단으로서 기능하고 있는 것이 공통점이다. 내용면에서도 김일성·김정일 찬양을 비롯하여 각종 정치 관련 행사와 선동기사들이 집중 게재하는 기관지 형식을 띠고 있다. 반면, 범죄·도난사건, 체제비판 기사나 광고 등은 게재되지 않는 것이 특징이다.

＊ 노동신문

노동당 중앙위원회 기관지로 노동신문사에서 발행하고 있는 노동신문은 1945년 11월 1일 '정로(正路)'라는 제호로 창간되었으며, 1946년 9월 1일 현재 이름으로 개칭되었다. 북한 언론의 '총참모부'라 지칭되고 있는 이 신문은 "위대한 수령의 혁명사상, 주체사상의 요구대로 사회와 인간을 혁명적으로 개조하고 전당과 전체인민을 김정일의 주위에 철석같이 묶어세우며 당 대열의 정치사상적 통일을 보장하기 위하여 투쟁하는 것"을 기본임무로 하고 있다.[348]

또한 노동신문은 대내외 주요현안 및 계기 발생 시 정론이나 사설 등을 통해 북한의 입장을 대변하고 있다.

노동신문은 총 6면으로 발행되는 일간신문이다. 노동신문사의 기구와 편제는 조선기자동맹 위원장직을 겸직하는 책임주필이 최고책임자로 있고, 책임주필 밑에 고문 부주필과 3~7명의 부주필이

---

348) 『조선대백과사전』7(평양: 백과사전출판사, 1998), p.489.

있으며, 그 아래 편집국, 당 역사 교양부, 당생활부, 혁명교양부, 남조선부, 국제부 등의 부서가 있다.

노동신문사는 신문발행말고도 수시로 기념행사를 개최하고 사설 논집, 대내·대외일지, 노동통신원 등의 출판물을 발간하는 사업을 펴기도 한다. 2005년 11월 1일 노동신문 창간 60돌을 맞이하여 창간 60돌 기념보고회를 개최하고 '선군혁명위업실현을 위한 투쟁에서 사상적 기수로서의 사명을 수행해 나갈 것임' 등을 천명한 바 있다.

* 민주조선

민주조선은 1945년 10월 15일 평안남도 인민위원회 직속 기관지인 '평양일보'로 출발하여 1946년 6월 4일 북조선임시인민위원회 기관지인 민주조선으로 창간되었다. 그 후 1948년 9월부터 북한의 최고인민회의 상임위원회와 내각의 기관지로 발행되고 있다.

민주조선은 "국가, 경제기관 일꾼들과 근로자들을 김일성의 혁명사상, 주체사상으로 튼튼히 무장시키며 그들을 당과 수령의 두리에 굳게 묶어 세워 당 정책 관철에로 힘 있게 조직 동원함으로써 온 사회의 주체사상화 위업수행에 적극 이바지하는 것"을 기본 임무로 하고 있다.

* 청년전위

청년전위는 '김일성사회주의청년동맹'349) 중앙위원회의 기관지

---

349) 청년동맹은 1946년 1월 각계각층의 청년학생단체들을 망라하는 대중단체다. 14세부터 30세까지의 모든 청년들을 가입대상으로 하며, 1996년 1월조선 김일성사회주의청년동맹으로 개명되었다. 현재 맹원 수가 500만 명에 이른다. 북한 당국은 요즘 더욱 이 단체에 민감한 반응을 보이는데 그것은 과거 1990년 초 사회주의권 붕괴, 중국 천안문 사태의 홍위병(紅衛兵) 모두가 청년들이 정권 붕괴의 주역이었다는 데서 신경을 쓰고 있다. 그래서 "청년은 혁명계승자"란 기치 아래 강도 높은 당성을 요

로서 1946년 1월 17일 '민주청년'이라는 제호로 창간되었다. 1964
년 5월 12일 조선민주청년동맹 제5차 대회에서 동 연맹의 명칭이
'조선사회주의 노동청년동맹'으로 바뀌자, 기관지명도 '노동청년'
으로 개칭되었으며, 1996년 1월 '조선 사회주의 노동청년동맹'이
'김일성사회주의청년동맹'으로 바뀜에 따라 1월 19일 '청년전위'로
명칭이 바뀌었다.

"청년들 속에 불멸의 주체사상을 해설·선전하며, 그들을 당과
수령에게 끝없이 충실한 주체혁명위업의 믿음직한 계승자로 키우
며 청년 대중을 당의 노선과 정책관철에로 힘 있게 조직 동원하는
것"에 그 임무를 두고 있다.[350]

(2) 방송

* 라디오 방송

북한의 방송사업은 일제하에 있던 평양방송국을 조선중앙 방송
국이라 개칭하고 1945년 10월 14일 김일성의 귀환을 환영하기 위
해 개최한 '조국개선환영 평양시군중대회'를 중계방송함으로써 시
작되었다.

1955년 4월 9일에는 소련으로부터 원조를 받아 평양중앙방송의
출력을 150kw로 대폭 강화한 것을 시작으로 다시 300kw로 증강하
는 등 방송시설을 확장하고 평양시의 주요 가로와 직장클럽, 각 도·
시·군소지방지와 노동자구 등지에 유선방송을 설치했다.

구한다.

350) 『조선대백과사전』10(평양: 백과사전출판사, 1999), p.97.

1957년에는 각 방송국의 시설을 정비하고 기술을 개선하는 사업이 본격적으로 진행되었으며 사리원, 강계, 혜산방송국의 무선방송 출력이 증대됨에 따라 방송의 청취지역이 확장되었다. 또한 유선방송[351]시설도 확장되어 234개의 농촌과 리에 새로 유선망이 설치되었고 2만 대의 스피커가 증설되었다.

한편 북한은 정규방송과는 별도로 노동당 중앙위 통일전선부에서 관장 운영하는 대남 흑색방송을 목적으로 하는 방송체계를 가지고 있는데, 1985년 8월부터 '구국의 소리방송'으로 명칭을 변경·운영하다가 2003년 8월 동 방송을 일시 중단하였으나 2005년 3월 '반제민전'으로 변경하여 운영하였다.

* TV방송

북한은 1961년 9월 11일 제4차 당 대회 이후 TV방송국 건설계획을 수립하여 1963년 3월 '평양텔레비전방송국'으로 개국한 후 1970년 4월 김일성의 생일을 기해 '조선중앙TV'로 개명하였다.

TV방송국을 개국한 북한은 TV수상기 제작기술 요원을 일본, 프랑스 등지에 파견하여 기술을 습득케 함으로써 연간 TV수상기 1만여 대를 생산할 수 있는 자체 능력을 갖추게 되었다.

1970년 11월 제5차 당 대회에서 김일성은 방송선전사업을 개선·강화하며 특히 TV방송망을 더욱 강화하여 전국의 텔레비전 보급을 실현하도록 할 것을 주요과제로 제시하였다.[352]

---

351) 홍승원, "북한 통신정책의 특성과 통신실태", 『전기통신논총』 제1집(한국전기통신공사, 1990), p.369. 유선방송은 북한에서 비중이 큰, 방송과 통신을 겸하고 있는 독특한 기능이다. 평양으로부터 10여 개의 유선 방송국이 설치돼 있다. 그리고 방송실은 각 시, 군 구역의 "체신소"라는 명칭의 중계소와 각 리 단위의 "체신 분소"라는 방송실에 까지 연결되어 있다. 이 방송의 역할은 주로 공장·기업소와 협동농장의 유선방송실을 통해 각 가정의 스피커로 중앙방송을 중계하는 것이다.

최근 들어 방송의 내용에 있어서 변화가 나타나고 있다. TV방송
내용은 드라마 소재가 다양화되는 추세를 보이고 있다. 특히 주민
들의 시청률 제고를 위해 흥미와 관심을 유발하는 드라마를 황금
시간대(20:30～21:30)에 편성하고 있다. 작품주제도 당, 수령, 체제
우월성 외에 '신사고', '대외관계' 등을 새로이 추가하고 드라마 내
용도 선동, 체제보위중심에서 남녀문제, 주민생활, 사회적 갈등 해
결 등으로 점차 다양화되고 있다.[353]

조선중앙TV는 남한에서 개최된 '한일월드컵축구경기대회' 및
'부산아시안게임' 등을 녹화방송하고, 2002년엔 평양 '봉화예술극
장'에서 개최된 남북 교향악단 합동 연주회를 최초로 남북 동시 생
중계하기도 하였다.

(3) 통신사

북한 유일의 국영통신사인 '조선중앙통신사'는 1946년 12월 5일
북조선임시인민위원회 직속 '북조선통신사'로 발족했다. 그 후
1948년 10월 12일 내각 직속기관으로 조직체계를 바꾸고 현재의
명칭으로 개칭, 노동당 및 내각의 공식 대변기관으로 존속해오고
있다. 조선중앙통신의 임무는 여타 언론매체와 같이 "모든 사회성
원들을 수령님과 김정일에게 끝없이 충직한 주체형의 공산주의 혁
명가로 만들며 사회를 주체사상의 요구대로 개조하여 온 사회의

---

352) 『노동신문』(1970. 11. 14).

353) 예컨대 주민들에게 인기를 끌었던 TV드라마로는 수중발레 선수를 소개한 '갈매기'(2001. 7), 월남자
　　가족의 생활상을 그린 '수평선'(2001. 8), 이혼문제를 다룬 '가정'(2001. 9), 평양냉면을 자랑하는
　　'옥류풍경'(2001. 11), 맞벌이 부부를 소개하는 '엄마를 깨우지 마라'(2002. 3) 등이 있다.

주체사상화와 자주화된 새 세계를 건설하는 데 적극 이바지하는 것"이다. 또한 "김일성과 김정일의 위대성을 내외에 널리 선전하며 주체사상의 순결성을 철저히 옹호 고수"할 임무를 지닌다고 명시하고 있다.[354]

4. 종교

1) 종교정책의 변화

북한은 철저한 마르크스주의 종교관에서부터 출발했다. 유물사관에서 과학으로 유신론을 반대한다. 초자연적인 정신의 힘으로 피착취자의 근로의식을 마비시켜 혁명을 마비시킨다고 본다. "계급의식과 혁명투쟁의식을 마비시키는 도구", "강대국의 약소국 침략을 위한 교두보"로 간주한다.

북한에서는 이미 해방 전에 기독교, 천주교 등이 남한보다 먼저 전파되어 전통 종교인 불교, 천도교 등과 함께 주민들의 의식과 생활 속에 깊숙이 영향을 미치고 있었다. 그러나 해방 이후부터 김일성 유일사상 체계를 유지하는 데 종교가 걸림돌로 보고 말살에 나섰다.

북한의 종교관은 김일성이 "종교는 일종의 미신입니다. 예수를 믿든지 불교를 믿든지 그것은 본질상 다 미신을 믿는 것입니다."[355]

---

354) 『조선대백과사전』19(평양: 백과사전출판사, 2000), p.70.
355) 『김일성저작선집』 1, p.173.

"종교는 반동적이며 비과학적인 세계관입니다. 종교는 아편과 같은 것이라고 할 수 있습니다"356)라고 발언한 데에서도 잘 나타나 있다.

그 결과 1955년경에는 북한에서 모든 종교단체와 종교의식이 "철천지 원수 미제의 앞잡이 종교"로 간주해 사라졌거나 지하화되었으며 1960년대에 이르러 종교 자체가 모습을 감추게 되었다.

그러나 북한은 1972년 남북대화가 시작되면서부터 북한 내에도 종교활동의 자유가 있는 것처럼 보이기 위하여, 그간 유명무실한 단체에 불과하던 이른바 '조선기독교도연맹', '조선불교도연맹', '조선천도교회 중앙지도위원회' 등의 활동을 재개시켰다.

북한은 1980년대 들어, 지금까지의 무조건 매도에서 한 발짝 물러서서 주체적인 해석을 하였다. 즉 "절대적인 신앙을 설교하는 교리에 기초하는 세계관", "미개한 사회에서 나타나는 비과학적 현상으로 간주", 반(反)종교의 자유란 헌법조문을 삭제, 종교건물 신축을 허용하면서 교포 종교인을 적극 초청했다, 1990년대 이후 북한은 미국의 선교단체들을 평양에 초청하는 등 서방국가의 종교단체들과의 접촉을 적극적으로 시도하였다.

식량난에 따른 구호물자 지원 등을 계기로 남한의 종교단체와 접촉이 빈번해지면서 종교단체들을 평양에 초청하고 남북한 동시 미사, 공동예배, 동시법회를 개최하는 등 대외활동을 활발히 전개하고 있다.

그러나 사회주의 헌법 제68조에서는 1992년 헌법에 명시되어 있던 "누구든지 종교를 통하여 외세를 끌어들이거나 국가사회질서를 해치는 데 이용할 수 없다"에서 '누구든지'라는 단어만 삭제하였을

---

356) 『김일성저작선집』 5, p.154.

뿐 근본적인 변화는 보이지 않고 있다.

이러한 헌법상의 종교 관련 규정은 "종교적 신앙의 자유는 소위 종교의 간판 밑에 숨어서 우리 당과 인민정권을 반대하는 반동적 음모와 책동을 허용하는 것은 결코 아니다"라는 종래의 입장과 맥을 같이하고 있는 것으로, 여전히 종교 활동의 자유를 제한하고 있는 것이어서 주민생활에서의 자유로운 종교활동은 이루어지지 못하고 있다.

최근에는 종교인 양성을 위한 교육도 실시하고 있는데 북한은 1989년에 김일성종합대학 사회과학대 역사학과 종교학부를 개설했으며 1995년에 중단되었던 '평양 신학원'을 2000년 9월에 개원하고 종교단체 등에서 활동할 목회자 양성을 위한 교육을 하고 있다. 이때 헌법도 개정 "누구든지 외세를 끌어들이거나 사회질서를 해칠 수 없다"에서 누구든지를 삭제 하며 종교탄압에서 한 발짝 물러섰다. 그리고 허용하되 절대 외세를 끌어 들일 수 없다. 이는 종교단체를 외화벌이 창구로 활용하려는 의도다. 특히 남측에 전략적 창구로 활용하고 있다. 그 사례로 대북식량 원조에서 정부와 종교계가 마찰을 빚으면 잽싸게 정부를 비난하면서 남한 측 종교계에 손을 벌리는 경우가 그렇다.

2) 종교단체의 실태

(1) 조선기독교도 연맹357)

북한은 해방 전부터 기독교의 요람으로 불릴 만큼 교세가 활발했다. 해방 전 교회가 2,850개, 신자가 12만 명, 그러다가 해방 후 토지개혁 당시 반봉건의 건장해물로 간주 철저히 말살했다.

조선기독교도연맹(위원장 강영섭)은 지난 1946년 11월 28일 창립된 '북조선기독교연맹'을 모체로 한 종교단체이다.

'북조선기독교연맹'은 1959년까지 존속되다가 1960년부터 잠적한 후 남북 대화가 시작되던 1970년대 들어 '조선기독교연맹 중앙위원회'란 이름으로 남한의 종교인 탄압을 비난하는 성명을 발표하면서 다시 모습을 나타냈다. 그동안 이 단체는 노동당의 대남 전위기구 역할과 함께 해외거주 반한교포 및 단체 포섭 국제기독교 단체와의 유대강화에 주력해 왔다. 1990년대 들어 한국 내에서의 통일논의 활성화에 편승, 남북기독교인들 간의 교류와 회담을 제의하는 등 활발한 대외활동을 보여주었다.

북한은 1974년 세계기독교회협의회(WCC) 가입신청을 냈다가 기각됐으며, 1976년부터는 해외 종교행사에 대표단을 파견하기 시작했는데 그 첫 기독교대표단 파견이 체코 브르노에서 열린 세계기독교평화회의(1976. 11)였다. 1981년 11월에는 오스트리아 빈에서 열린 '조국통일을 위한 해외동포 기독교 신자 간의 대화'에 대표단

---

357) 조선기독교연맹 및 이하 사회단체, 종교단체, 통일단체들은 『북한 연감 2000년』 및 연합뉴스 1999
~2001년까지의 주간판 '북한 바로 알기'난을 정리했음.

을 파견, 해외동포 종교인들과 접촉을 가졌다. 이어 1984년 10월 일본에서 열린 WCC 주최의 '동북아시아의 정의와 평화'에 이르러 남북 간 기독교 교류가 이루어졌다. 1988년 11월 열린 제2차 스위스 글리온 회의에서는 남북 기독교가 함께 1995년을 '희년' 선포하고 1995년 8월 15일을 통일기도주일로 정하고 공동기도문을 제정하기도 했다.

북한은 1980년대 후반에 평양에 봉수교회와 칠골 교회를 설립, 성탄절, 부활절, 예배 및 주일예배의식을 가짐으로써 대외적으로 종교 활동이 이루어지고 있음을 보여주기 시작했다.

북한의 종교인들은 매년 부활절을 맞이해 평양 장충성당과 봉수교회를 비롯해 지방에서 부활절 미사와 예배를 갖는다. 가정예배소 520개, 목사 30여 명, 교직자 300여 명, 신자 1만여 명, 전도사가 예배진행 10~15명 단위의 가정예배 전국 800여 개조에 이른다.

지난 1990년 「성경전서」와 「찬송가」를 각각 2만 부를 발행해 평양 봉수교회, 칠골 교회 등에서 예배용으로 이용하고 있다. 「성경전서」는 총 589쪽의 신·구약합본으로 남한에서 사용하는 성경과 거의 비슷하다.

모두 401곡을 수록한 북한 「찬송가」는 작사가, 작곡가 표시 없이 곡조만을 소개하고 있다. 총 406쪽의 북한 「찬송가」는 부록에 주기도문, 사도신경, 십계명을 담고 있으나 교독문은 없다.

(2) 조선불교도연맹

토지개혁의 최대 피해자가 불교다. 1946년 토지개혁의 차원에서 일하지 않는 자는 먹지 말라는 취지에서 경제적 토대를 박탈당했다.

'조선불교도연맹'은 지난 1945년 12월 26일 '북조선 불교도연맹' 을 모체로 결성되었으며 북한 최초의 종교단체이기도 하다. 그러나 중앙기구만 있고 하부조직은 없기 때문에 인위적으로 만들어진 관 변단체다.

현재 북한 각지에 60여 개의 사찰이 있고 승려는 대처승 300여 명, 신도 수는 1만여 명으로 북측은 밝히고 있고 신도는 대부분 당 원으로 구성돼있다. 그러나 북한이 공식적으로는 석탄일과 같은 기 념일에는 절을 찾는 이들이 10만여 명에 달한다고 한다.[358] 승려들 은 대처승으로 머리를 기르고 있으며 승려들이 출퇴근을 하고 있 다. 사찰에는 4~5명의 승려들이 거주하며 교직자와 관리원의 역 할이 구분돼 있다. 해방 당시에는 북한에 9개의 대불사와 400여 개 의 사찰, 그리고 1천 600여 명의 승려와 3만 5천여 명의 불교 신도 가 있었던 것으로 알려졌으나 50년대 이후 반종교정책 탓으로 불 교활동이 크게 위축되어 왔다. '조선불교도연맹'은 남북대화가 시 작되던 1972년부터 노동당 외곽 조직으로 '조선불교도연맹 중앙위 원회'(위원장 박태화)라는 이름으로 바꾼 후부터 대남선전활동과 함께 대외적으로 각종 불교회의에 참석하는 등으로 활동 폭을 넓 혀 나갔다.[359]

북한에서 본격적인 불교의식이 진행된 것은 서울올림픽이 열리 던 1988년부터였다.

---

358) 신법타, "한국의 불교연구"(서울: 민족사, 2000), p.97. 및 오일환, 북한의 종교 실태(통일 교육원 2000), p.41.
359) 김병로, 『북한종교정책의 변화와 종교 실태』(통일연구원, 2002), p.102.

불교는 여타 종교보다 비교적 활발한 움직임을 보이고 있다. 2002년 12월에는 각지 사찰(59개)에 대한 전면적 단청사업을 추진하였으며, 2005년 10월에는 개성 '영통사'를 복원하는 등 사찰보수에도 주력하고 있다. 김정일의 사찰 방문도 2002년 6월 '양천사'(함남 고원), 2003년 4월 '안불사'(함남 금야) 방문 등 매년 증가하고 있다.

이와 함께 남한의 불교계와도 활발한 접촉을 갖기 시작했다. 불교계는 1988년 대원 스님, 1989년 법타 스님 등의 방북으로 남북교류의 물꼬가 트이기 시작했고, 1991년 미국 LA에서 남북 해외불교지도자 합동통일기원법회를 올렸다. 최근에는 조국통일기원 남북 불교도들과의 교류도 넓히고 있다.[360]

이후 다소 소강상태를 보이기는 했으나 꾸준한 접촉에 힘입어 사리원에 국수공장을 세우고 금강산 신계사 복원에 합의하는 등 성과를 거뒀다. 지난해는 진각종의 성초 통리원장이 불교 종단 대표로는 처음 방북하는 한편 민족화합불교추진위원회의 지선 상임추진위원장과 명진 집행위원장이 잇따라 묘향산 보현사에서 합동법회를 올렸다. 특히 6·15 남북공동성명 발표 후 매년 석탄절 행사를 맞아 조국통일기원 남북 불교도 공동 발기문을 채택하고 있다.

(3) 조선천도교 중앙지도위원회

민족종교로 간주되는 천도교는 1946년 2월 1일 소련군정의 인가를 받아 설립된 「천도교 북조선종무원」을 모체로 한 위장 종교단체로 노동당 외곽 정당인 조선 천도교청우당과 연관을 맺고 있다.

---

360) 홍승원, 앞의 책, 『새로 편 북한체제론』, p.234.

그 후 남북대화가 시작된 1970년대 들어서 현재의 「천도교회 중앙
지도위원회」란 이름으로 출현했다.

해방 당시 민족 종교로서 약 286만여 명의 신도 수를 가졌던 북
한지역의 천도교는 여타 종교와 마찬가지로 북한당국의 반종교정
책에 의해 50~60년대를 거치면서 제한 - 탄압 - 말살의 단계적 조
치를 당했다.[361]

북한에서는 천도교를 "사회가 부패하게 된 원인을 인간의 도덕
적 타락에 귀착시키며 사회를 구원하는 길을 모든 사람들이 동학
사상을 믿고 자기수양을 하며 도덕적으로 완성하는 데서 찾는 관
념론적이며 종교적인 사회 역사관",[362] "우리나라 고유의 동학이
개편된 종교로서 신비주의적인 면이 강화되고 반침략·애국사상이
상실된 신앙"(『백과전서』 1983년 판) 등으로 규정하고 있다.

이 단체 역시 70년대 이후 대남 선전활동에 나서, 1986년 4월 천
도교 창도 126주년 기념행사를 처음 개최한 후부터는 해마다 이 행
사를 통해 북한당국의 대남·대외정책을 지지·옹호해 오고 있다.

이와 관련 남한의 천도교 교령으로 있다가 월북한 이 단체 위원
장까지 역임한 바 있는 최덕신은 김일성을 「하느님」(한울님)에 비
유, 신격화시키는 글을 발표하기도 했다.

이 단체 역시 중앙조직만 있을 뿐 하부조직은 전혀 없는데 위원
장은 최덕신이 월북 후 맡다가 1989년 최의 사망 이후 최덕신의 처
유미영에게 물려주었다. 또한 부위원장은 월북한 오익제 전 한국
천도교 교령이 맡고 있다.

---

361) 김병로, 앞의 책, p.106.
362) 『정치사전』(평양 조선로동당 출판사, 1973년 판).

(4) 조선천주교인협회

조선천주교인협회는 1988년 6월 30일 결성된 북한의 네 번째 관제(官製) 종교단체다.

1987년 10월 결성준비위원회가 구성, 9개월 동안의 준비작업 끝에 발족되었다. 물론 중앙기구만 있을 뿐 하부조직은 없다.

북한이 협회를 발족시킨 목적은 다른 종교단체 등과 마찬가지로 종교의 '형식'을 빌려 대남 및 외교적 선전활동에 활용키 위한 데 있다. 북한은 이 협회 결성에 앞서 1987년 평양서 개최된 비동맹 각료회의에 교황청 대표단(한국의 장익 신부 포함)을 옵서버로 참가시켰으며 1988년 부활절을 기해 북한인 2명을 바티칸의 부활절 미사에 참석시켜 고해성사를 하게하고 영성체를 배수 받도록 했다.

이 협회 결성 직후 평양에 장충성당이 건립(1988. 9)되어 부활절·성탄절 등에 미사를 올리고 있는데 미사에 행해지는 설교내용은 기독교 교리 해설보다 주한미군 철수·연방제통일 실현 등 북한 측 대남정책에 대한 지지와 반한·반미 선전에 치중하고 있다.

이와 함께 한국 내에서 통일논의가 활발해지는 데 편승, 남북 천주교인들의 교류 등 각종 대남제의를 내놓고 있다, 한편 해방 당시 북한에는 평양·함흥·덕원 교구 등 3개 교구와 50여 개의 성당·수도원이 있었고 신도 수는 5만여 명이었는데, 현재는 약 800여 명의 천주교 신도가 있는 것으로 북한은 주장하고 있다.

장충성당은 북한 유일의 성당으로 천주교인협회 결성 직후인 1988년 9월 평양 선교구역 장충동에 건립됐으며 같은 해 10월 1일 로마교황청의 장익 신부 등이 참석한 가운데 첫 미사가 진행됐다.

그러나 아직 교황청으로부터 공인받은 신부도 공직석인 명예신자
도 없기 때문에 미사를 드리지 못하고 있다. 따라서 신도 대표 2명
이 미사를 인도하고 있다.

참고문헌

『국방백서』, 국방부, 2000

『국방백서』, 국방부, 2011

김병로, 『북한종교정책의 변화와 종교 실태』, 통일연구원, 2002

김유민, 『후계자론』, 동경; 구월서방, 1986

김일성, 『사회주의를 위하여』, 평양; 조선로동당출판사, 1993

______, 『위대한 수령 김일성 동지의 불멸의 혁명업적: 혁명위업계승 문제의 빛나는 해결』, 평양; 조선로동당출판사, 2000

______, 『김일성 선집 Ⅳ』, 평양; 1964

______, 『김일성 저작집』, 평양; 조선노동당 출판사, 1980

______, 『김일성 저작집 9권』, "사상 사업에서 교조주의와 형식주의를 퇴치하고 주체를 확립할 데 대하여", 평양; 조선노동당 출판사, 1980

김정일, 『주체사상에 대하여』, 평양; 조선로동당출판사, 1982

______, 『영화예술론』, 평양; 조선노동당출판사, 1972

______, 『김정일 선집 제10권』, 1990년 10월 10일

김창순, 『공산주의 민족이론과 정책비판』, 북한연구소, 1981

______, 『북한 15년사』, 서울; 지문각, 1961

리상걸, 『주체의 당 건설이론과 전면적 발전』, 평양; 사회과학 출판사, 1984

『문학예술사전』, 평양; 사회과학출판사, 1972

박명림 외 편저, 『남과북을 만든 라이벌』, 역사비평사, 2008

박재규, 『북한이해의 길라잡이』, 법문사, 1997

박찬식 편 역, 『등소평』, 서울; 두레, 1979

『주체사상에 기초한 문예이론』, 평양; 사회과학출판사, 1975

『북한정치론』(편서), 서울; 북한연구소, 1976

『북한이해』, 통일교육원, 2009

『북한이해』, 통일교육원, 2010

서대숙, 『현대북한의 지도자』, 서울; 을유문화사, 2000

사회과학원 주체경제학연구소, 『경제사전 1』, 평양; 사회과학출판사, 1985

스칼라피노 · 이정식 공저, 『한국공산주의 운동사 2』, 서울; 돌베개, 1980

이종석, 백학순, 『김정일시대의 당과국가기구』, 세종연구소, 2001

_____, 『조선노동당 연구』, 서울; 들녘, 2001.

『2009 북한개요』, 통일연구원, 2009

임경석, 『이정 박헌영 일대기』, 역사비평사, 2003

『위대한 주체사상 총서』 1권, '주체사상의 철학적 원리', 평양; 사회
        과학출판사 편, 1985,

이은호 · 김영재, 『북한의 정치와 사회』, 서울; 어울 프레스, 1994

『정치사전』, 평양; 조선로동당 출판사, 1973

『주체사상에 기초한 문예리론』, 평양; 사회과학출판사, 1975

『조선대백과사전 1』, 평양; 백과사전출판사, 1996

『조선 중앙 연감』, 조선중앙통신사, 1972,

『조선중앙연감』, 평양; 조선중앙통신사, 1982

『조선중앙연감』, 평양; 조선중앙통신사, 1984

『조선중앙연감』, 평양; 조선중앙통신사, 2001

『조선중앙연감 1987』, 평양; 조선중앙통신사, 1987

『조선대백과사전 24』, 평양; 백과사전출판사, 2001

『조선대백과사전 7』, 평양; 백과사전출판사, 1998

『조선대백과사전 10』, 평양; 백과사전출판사, 1999

『철학사전』, 북한; 사회과학출판사, 1985

최수영, "북한의 산업 구조 연구", 통일연구원, 『연구총서 05-18』, 005

최성, 『김정일과 북한체제』, 서울; 한국방송출판(주), 2002

최진욱, 『현대 북한행정론』, 도서출판 '인간사랑', 2002

『한국의 자기발견』, 한국정신문화연구원, 1981

허동찬, 『김일성 평전』, 서울; 북한연구소, 1987

황장엽, 『황장엽 회고록』, 시대정신, 1998

_____, 『나는 역사의 진리를 보았다』, 한울, 1999,

홍성국, 『자력갱생의 기로』, 도서출판 '피시라인', 2006.

홍승원, 『북한학개론』, 서울; 국제문화개발연구원, 1996

_____, 『북한 정치사회의 이해』, 서울; 지식서관, 1998

_____, 『새로 편 북한체재론』(제4차 개정판), 한국 학술정보, 2007

W. Averell Harriman & Elie Able, Special Envoy to Churchill and Stalin 1941~1946 New York: Random House 1975,

U. S Department of state. North Korea: A Case Study in the Techniques of Takeover Washington, D. C.: G. P. O. 1961

Nikita Khrushchev, Khrushchev Remembers, with an introduction, Commentary and Notes by Edward Crankshaw. translated and Edited by Strbe Talbot, (Boston: Little Brown), 1970

Karl Marx. Friedrich Engels, The German Ideology New York: International Publishers, 1967,

伊東孝之, 『동구권혁명과 스탈린화』, Howard. Davisand Richard. Scase. 한상진 번역, "체제비교사회학", 서울; 느티나무, 1990

藤本健二, 『金正日 의 料理人』, 東京; 扶雙社 文庫, 2008

新谷不二, 『朝鮮戰爭』, 自由公論, 1966

重村智計, 『金正日の 正體』, 講談社 現代新書, 2008

고병철, "대내정책 변화전망", 「화해협력 시대의 개방과 남북한 관계」 (통일원, 1992).

권영민, "북한문화의 재조명", 「통일기반조성을 위한 다학제적 접근 Ⅰ」, 서울대학교, 2010년 통일학 기초 연구 심포지움, 서울대학교 통

일연구소, 2010

김영윤, "북한의 사회 간접 자본 현황과 경협 전망"(통일교육연구원, 2004년 5월 28일 월례 통일포럼)

김수민, "북한정권의 형성과 통치이념", 『북한학 입문』, 서울; 도서출판 '들녘', 2001

김열, 「北韓의 관료제에 관한 연구」(행정학 박사학위 논문, 동국대학교 대학원, 1989)

김태유, 「북한광물자원 개발의 필요성과 경제성 평가」('북한; 광물자원개발전망과 정책방안' 논문 발표집, 통일연구원 2005).

김상택·공정일, "북한의 정보화와 남북통신통합", 남북정상회담개최 기념 심포지엄(발표논문, 2000. 6. 23)

기광서, "해방과 전쟁 그리고 외교"(러시아 정부기록 영상기록 시사회: 국가기록원), 『경제연구』(평양; 과학백과사전 종합출판사, 1994. 2)

김철환, "주체과학 탈피, 첨단과학 추구", 『통일한국』(평화문제연구소, 1993년 4월 통권, 제112호), p.20

김용남, "북한 군사과학 기술공업 개람", 『국방과 과학』, 2006-8

Robert C. Tucker, "marxism and Communist Revolutions", 역서, 『공산주의』, 한국정신문화연구원, 고려원, 1982

양호민, "북한의 소비에트화", 『북한공산화 연구』, 고려대학교 아시아문제연구소, 1972

조정아, "최근 북한 교육의 변화 동향 및 전망"(북한과학기술 네트워크 2008년 5월 6일자 뉴스레다)

오층은, "38선 획정과 소련의 한반도 개입", 「신동아」, 1985. 10

"남북 간 통신교류진단"(델타마띠끄 문명과 정보문화, 1989. 4. 21 체신의 날 기념, 학술강연회, 발표문)

서재진·김태일, 『북한주민의 인성연구』(서울; 민족통일연구원, 1992)

박홍순, "건국과 UN의역할"(대한민국건국 60주년 기념 국제학술회의, 2008년 7월 23일)

신법타, "한국의 불교연구"(서울; 민족사, 2000), p.97 및 오일환, 북한

의 종교 실태(통일 교육원, 2000)

Dae-Sook. Suh. Kim il Sung: The North Korean Leader(New York Columbia University Press 1988), pp.15~54 및 (3) 김학준: 북한 50년사(서울; 동아출판사, 1995)

박형중, "사회주의론",『김정일 연구: 리더십과 사상 (1)』(통일연구원, 2001)

배경화, "북한 IT기술 활성화를 위한 청사진 마련"(북한과학기술 네트워크 2008년 5월 6일자. 뉴스레다)

사회과학원 주체경제연구소,『경제사전』(평양; 사회과학 출판사, 1985)

산업은행,「북한의 산업실태 분석」, (2005. 12)

서재진,『주체사상의 형성과 변화에 대한 새로운 분석』(통일연구원, 2001)

성숙희,『북한이탈주민의남한방송 수용』, 커뮤니케이션 북스, 2005

송창호·이복희 편,『인민보건사업 경험』(평양; 인민보건사, 1985),

유길재, "남북한 정권기관 형성과정 비교(2006년 한국정치학회 연례 학술회의), p.8

양운철, "북한식량난과 한국의 대북지원",「북한의 식량위기 실상과 해법」, 세종연구소, 2010년 11월 25일

양현수, "미군정과 소련 군정의 지도자 비교",「남북한정부수립 과정 비교」, 한국정치학, 2006년 12월 28일

안병민, "북한의 철도현황과 한반도의 대륙철도망"(남북철도연결기념, 정책 세미나, 2000)

안찬일,「북한의 통치이념에 관한 연구」(건국대학교 박사학위논문, 1997)

유영구, "북한의 정치 - 군사관계의 변천과 군내의 정치조직 운영에 관한 연구",「전략연구」4권 3호(서울; 한국전략문제 연구소, 1997)

윤명수, "조선과학 기술 발전사, 해방 후 편",『김일성 저작 선집 7권』(과학 백과사전, 평양; 종합 출판사, 1994).

이춘근, "북한 과학기술 체제 개혁과 시사점"(인터넷 과학신문 사이언스 타임스, 2004년 10월 14일자)

이종석,『북한위기의 구조와 전망』(통일경제), 1997, 1월호, p.36;『경제사전』1권, 1985

이온죽 · 이인정, "북한 사회의 체제유지 기제의 성격과 변화에 관한 연구: 통합연구를 위한 대북실태 재조명 (Ⅱ)", 서울대학교 통일연구소, 2008년 2월 27일

이창규, 『북한경제체제의 분권화 분석』(통일경제 1996년 6호 통권18호)

이승렬, '2011년 북한 신년공동사설 분석과 한반도 정세전망'(우리민족 서로 돕기 운동 평화나눔센터 주최 세미나 2011년 1월 3일)발표문 참조

이승열, 『후계자 결정 이후 북한 파워엘리트의 변화와 포스트 김정일 체제 전망』, "북한 김정일의 선택은"(현대 북한연구회 창립10주년 기념 학술회의, 2010)

전상인, "남북한 체제 내 사회갈등과 사회통합 비교"(「남북한 체제비교와 통합모델의 모색」, 세종연구소, 1995)

정낙근, "북한체제의 동향 및 남북관계 전망"(민주평통자문회의 경기지역회의 토론회 발표문 중에서, 2010년 12월 15일)

정성장, "북한의 '일제 타격식' 포사격은 군 장악 나선 김정은의 작품?", 「시사저널」(2010년 2월 22일자)

『조선대백과사전 1』(평양; 백과사전출판사, 1996)

조정아, 「북한의 교육: 체계와 문화」, 2005년 북한연구학회 하계학술회의 발표논문

정순미, "북한영화를 활용한 북한이해 수업 이해", 『윤리연구』 제78호, 한국윤리학회, 2010. 9

정영태, 『김정일 정권하 정치군사체계의 특성』, "김정일 정권 10년: 변화와 전망", 통일연구원, 국내학술회의, 2004년 4월 7일

최윤섭, "부정인물형상에서 도식성을 극복하자", 『청년문학』(평양; 문예출판사, 1988. 4)

최주활, "북한인민군 보위사령부의 체계 및 활동", 『북한연구 제1권 1호』, 1997

최진욱, "남북한 행정통합 방안"(통일연구원 연구총서, 2000. 10)

한국 행정학회 조직학연구회 편, 『정부조직구조 연구』(서울; 대영문화사, 1999)

최봉대, "계층구조와 주민의식", 정영철 등, 『1990년 이후 북한사회
　　　변화』(한국방송, 2005)

최수영, "북한의 산업구조 연구"(통일연구원, '연구총서 05-18' 005)

한부영, "통일대비 지방행정 통합방안"(서울; 한국지방행정연구원, 1998)

홍승원, "북한 통신정책 변화와 교류협력 모색"(한국방송통신학회『방
　　　통학회 연구』창간호, 2009)

______, "남북 간 통신교류진단"(델타마띠끄 문명과 정보문화, 1989.
　　　4. 21 체신의 날 기념 학술강연회 발제안)

______, "비핵개방 3000과 통신연계", 한국방송학학회 학술 심포지움
　　　국회 헌정회 발표안, 2008년 8월 6일

______, "북한통신정책 변화추이와 인력정책", 『북한과학기술연구』(서
　　　울; 한국 과학기술정보연구원, 2009)

______, "북한 통신정책의 특성과 통신실태", 전기통신논총 제1집(한
　　　국전기통신공사, 1990)

홍승원

경기도 화성시 출생
국립체신고등학교 졸업
동국대학교 행정학과 및 동대학원 정치학과 졸업(행정학 박사)
영국 왕립행정연구소(R. I. P. A)공무원교수과정 수료
정보통신공무원교육원 교수
한국자유총연맹 교수부장
북한연구소 편집주간, 상임연구위원
경기일보 논설실장(주간)
한국외국어대학교, 평택대학교 북한학 강사
경기대학교 행정대학원, 북한학 겸임교수
남북통신교류연구협의회 자문위원(정보통신부)
통일교육위원(통일부)
한국정치학회 평생회원
현) 아주대학교 사회과학연구소 북한학 객원교수
    한국과학기술연구원(KIST) 북한과학정책 자문교수

『북한총람』(집필위원, 1986)
『북한민주통일운동사』(경기·강원편, 1990)
『북한학개론』(공저, 1996)
『북한정치사회의 이해』(1999)
『북한정치행정론』(2002)
『새로 편 북한체제론』(2007)
「비핵. 개방3000, 전략과 방송통신연계 방안」(2008)
「북한통신정책 변화와 인력활성화 방안」(2009)
「남북방송통신교류 방안」(2009)
「북한과학정책의 변화 – 정착과정」(2010)

제5개정판

북한학

초 판 인 쇄 | 2011년 3월 15일
초 판 발 행 | 2011년 3월 15일

지 은 이 | 홍승원
펴 낸 이 | 채종준
펴 낸 곳 | 한국학술정보㈜
주   소 | 경기도 파주시 교하읍 문발리 파주출판문화정보산업단지 513-5
전   화 | 031) 908-3181(대표)
팩   스 | 031) 908-3189
홈페이지 | http://ebook.kstudy.com
E-mail | 출판사업부 publish@kstudy.com
등   록 | 제일산-115호(2000. 6. 19)

ISBN   978-89-268-2054-4 93330 (Paper Book)
         978-89-268-2055-1 98330 (e-Book)

내일을여는지식 은 시대와 시대의 지식을 이어 갑니다.